파이썬 데이터 분석
Python Data Analysis

파이썬 데이터 분석

초판 인쇄 2022년 2월 18일
초판 발행 2022년 2월 25일

지은이 | 장용식
펴낸이 | 김승기
펴낸곳 | ㈜생능출판사 / **주소** 경기도 파주시 광인사길 143
출판사 | 등록일 2005년 1월 21일 / **신고번호** 제406-2005-000002호
대표전화 | (031) 955-0761 / **팩스** (031) 955-0768
홈페이지 | www.booksr.co.kr

책임편집 | 김민보 / **편집** 신성민, 유제훈 / **디자인** 유준범
마케팅 | 최복락, 김민수, 심수경, 차종필, 백수정, 송성환, 최태웅, 김민정, 명하나
인쇄 제본 | 교보피앤비

ISBN 978-89-7050-560-2 93000
값 28,000원

이 저서는 한신대학교 학술연구비 지원에 의하여 연구되었음

DATA ANALYSIS

파이썬 데이터 분석

Python Data Analysis

장용식 지음

생능출판

머리말

제4차 산업혁명의 시대에 들면서 인공지능 기술은 산업과 우리 생활에 이르기까지 다양하게 활용되고 있다. 이제 우리 주변의 식당이나 호텔에서 로봇이 서빙을 시작하고 있으며, 일상적으로 로봇이 배달하는 피자를 먹을 날도 멀지 않은 것 같다. '인공지능'이란 용어도 그만큼 친숙하게 느껴지고 있다. 그러면, 인공지능은 어떻게 구현되는 것일까?

최근, 인공지능을 구현하는 한 방법인 머신러닝이 크게 활용되고 있다. 머신러닝은 사람들이 지식과 경험을 통해 학습하고 답을 찾듯이, 빅데이터를 기반으로 패턴을 분석하고 학습하며 문제에 대한 답을 준다. 머신러닝은 이미 여러 분야에서 사람보다 우수한 결과를 낳고 있다. 이미지 인식과 얼굴 인식은 물론, 의료 이미지 판독을 통한 진단도 인공지능을 더 신뢰하게 되었고, 인공지능이 작곡도 하며 영화 시나리오도 창착하고 있다. 이제 인공지능과 공존해야 할 세상이 되었다.

빅데이터 분석을 위한 머신러닝을 이해하는 것은 인공지능을 잘 활용하며 이 시대를 살아가는 경쟁력의 한 요인이기도 하다. 이 책은 머신러닝의 여러 기법들에 대한 기초적인 원리와 활용 방법을 익힐 수 있도록 만들어졌다. 데이터로 학습한다는 것은 어떤 의미일까? 데이터로 학습하는 방법에는 어떤 것이 있을까? 학습된 모형들은 어떤 일을 할 수 있을까? 이 책을 통해 이런 질문에 대한 답을 얻길 기대한다.

이 책이 나오기까지 오랫동안 인내로 기다리며 많은 조언을 주신 생능출판사의 김민수 이사님과 독자들에게 좋은 책을 보여드리고자 헌신적으로 정성을 쏟으신 편집부의 김민보 차장님께 감사드린다.

2022년 2월 15일

저자 장용식

학습 내용과 절차

학습 내용은 1장의 '데이터 분석과 머신러닝 개요'로 시작하여 2장~13장까지의 빅데이터 분석을 위한 12가지 머신러닝 기법들로 구성하였다. 각 장에서는 차원축소, 군집화, 연관분석, 분류분석, 회귀분석에 대한 대표적인 분석 알고리즘을 소개하였으며, 9장부터는 인공신경망을 이해하는 퍼셉트론을 시작으로 딥러닝을 단계적으로 소개하였다.

장	분석 알고리즘	분석유형 예시
1	데이터 분석과 머신러닝 개요	
2	주성분 분석	차원축소
3	K-평균 군집분석	군집화
4	Apriori 알고리즘	연관분석
5	K-최근접 이웃 알고리즘	분류분석, 회귀분석
6	서포트 벡터 머신	분류분석 (회귀분석은 제외함)
7	C5.0(의사결정나무 분석)	분류분석
8	경사하강법	회귀분석
9	인공신경망과 퍼셉트론	분류분석, 회귀분석
10	다층 퍼셉트론과 딥러닝	분류분석, 회귀분석
11	딥러닝: 회귀분석	회귀분석
12	딥러닝: 분류분석	분류분석
13	합성곱 신경망과 이미지 분류	분류분석
부록	Colab의 한글 폰트 설치 및 그래프 출력	

2장부터 소개하는 각 장의 학습 단계는 머신러닝 기법들의 기본 원리를 이해하고, 예시를 통해 활용 방법을 익히며, 파이썬 패키지 또는 머신러닝 관련 기관에서 제공하는 토이 데이터 세트(toy datasets)를 활용하는 학습 과정으로 설계되어 있다. 그 과정은 '개요 ➔ 기본 원리 ➔ 예제 분석 ➔ 파이썬 기반 예제 실습 ➔ 파이썬 기반 토이 데이터 세트 실습 ➔ 요약' 순이며, 각

장이 끝날 때마다 '연습문제'와 '응용문제'를 통해 이해 여부를 파악하고 응용 능력을 키울 수 있도록 하였다.

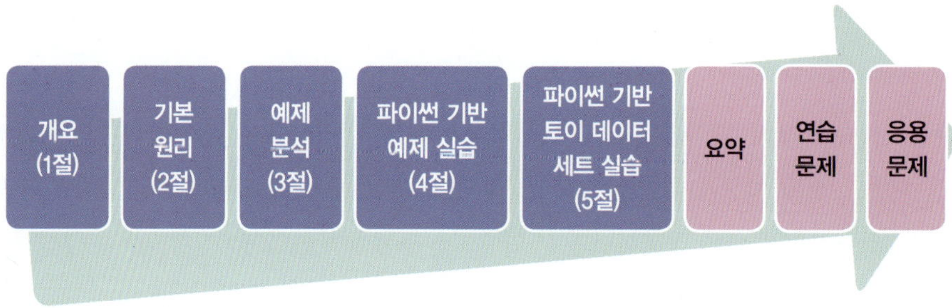

학습 절차는 다음과 같다. 먼저, 1장에서 데이터 분석 개요와 구글 Colab의 개발 환경을 파악할 필요가 있다. 그림 왼쪽에 있는 2장 ~ 7장은 순서에 관계없이 흥미 있는 주제를 적절히 선택하면 될 것이다. 한편, 그림 오른 쪽에 있는 8장의 경사하강법은 회귀분석의 원리를 설명하고 있으나, 인공신경망 학습의 기본 원리가 되기 때문에 잘 익혀둘 필요가 있다. 이어서 인공신경망의 학습모형을 단계적으로 설명하는 9장부터 13장까지 순서대로 학습하길 권한다.

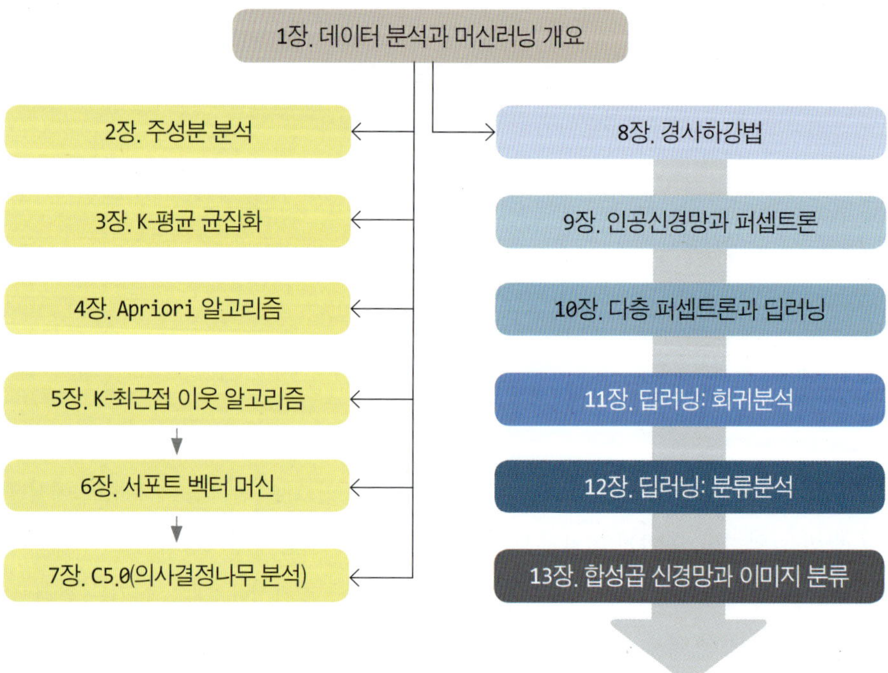

CHAPTER 파이썬 데이터 분석

1 데이터 분석과 머신러닝 개요

학습목표

산업 트렌드 변화에 따른 데이터 분석 이해

학습내용

산업 트렌드 이해
데이터 분석과 머신러닝의 이해

조르주 피에르 쇠라 – 그랑드 자트 섬의 일요일 오후 (1884)

1.1 인공지능과 데이터 분석

세계는 정치, 경제, 사회문화, 예술과 과학 모든 분야에서 급변하고 있다. 특히, 최근의 제4차 산업혁명은 사회는 물론 우리 생활에도 많은 영향을 주고 있으며, 그 근간에는 거대한 데이터의 흐름이 있다. 우리는 이를 빅데이터라고 한다. 빅데이터는 우리 생활과 기업 활동에 어떤 영향을 미치고 있을까? 빅데이터를 가치있게 만드는 머신러닝은 어떻게 작동되며, 어떻게 인공지능으로 나타나는 것일까?

인공지능이 최근 대중에게 다시 빛을 발하게 된 계기는 2016년 3월 서울에서, 구글 딥마인드(Google DeepMind)가 인공신경망으로 학습시킨 바둑 전문 컴퓨터 프로그램인 알파고와 바둑 기사 이세돌 간 대회에서 알파고가 4:1로 이긴 사건이다. 이후 알파고는 알파고 마스터, 알파고 제로로 계속 진화하면서 더 이상 대적 상대가 없을 만큼 발전하였다.

인공지능은 산업혁명의 큰 흐름으로 나타난다. 1차 산업혁명은 1769년 영국에서 제임스 와트의 증기기관 발명에 따른 생산의 기계화로 시작되었다. 1855년에는 베세머

(Bessemer)가 베세머 전로(Bessemer Converter: 선철을 산업현장에서 유용한 강철로 대량 생산하는 전로)를 발명하고, 전기와 더불어 컨베이어 벨트 등의 대량생산 체계가 가능하게 되면서 2차 산업혁명이 일어났다. 3차 산업혁명은 1946년 전기적 수치 계산용 컴퓨터인 에니악(ENIAC)의 발명, 그 후 인터넷과 스마트폰의 등장에 따른 디지털 혁명으로 나타나게 되었고, 생산의 자동화와 함께 정보가 중심이 되는 정보화 사회로 발전하게 되었다. 이제 세계는 4차 산업혁명의 시대로 접어들었다. 세계 경제 지도자들이 매년 스위스 다보스에 모여 세계경제를 주제로 토론하는 비영리재단인 세계경제포럼(World Economic Forum)이 있다. 지난 2016년 1월에 『4차 산업혁명의 이해』라는 주제로 열렸고, Klaus Schwab 회장은 이전과는 확연히 다른 새로운 세상이 올 것으로 전망하였다. 우리는 그 변화를 실감하고 있다.

4차 산업혁명의 시대에서 산업과 우리 실생활에 활용되는 주요 기술에는 모바일, 사물인터넷(IoT: internet of things), 자율주행차(self-driving car), 로봇(robot), 증강현실(AR: augmented reality)과 가상현실(VR: virtual reality), 3D 프린팅(3D printing), 드론(drone), 클라우드(cloud), 인공지능(AI: artificial intelligence), 빅데이터(big data) 등이 있다. 이런 기술들은 기업 환경은 물론, 우리 생활과 사회 전반에 큰 영향을 미치며 패러다임의 변화를 주도하고 있다. 이 중에서 빅데이터는 각 기술들과 서로 연관성을 가지고 융합적으로 발전하면서 사람과 사람, 사물과 사물, 사람과 사물이 사이버 공간을 매개로 하는 초연결 사회를 가능하게 한다. 즉, 빅데이터는 기술과 사회가 살아 숨쉬게 하는 에너지와 같다.

빅데이터로 움직이는 머신러닝은 여러 인공지능 분야에서 유용하게 활용되고 있다. 자율주행차는 머지 않아 교통환경과 사회문화 생활 전반에 큰 변화를 초래할 것으로 예상된다. 자율주행차는 말 그대로 운전자가 직접 운전하지 않고 차량이 스스로 판단하고 운행하는 것을 의미한다. 정해진 철길로만 주행하는 기차와 방해물 침입 등의 돌발상황이 상대적으로 낮은 항공기와 선박과는 다르게, 자동차 분야는 주변 환경요소를 많이 고려해야 하는 어려움이 있다. 지난 2010년 구글이 처음으로 무인자동차를 선보인 이후, 전세계 자동차 회사들이 자율주행 기술개발에 박차를 가하고 있다. 로봇과 자율주행차의 경계도 무너지고 있다. 2019년 1월에는 아마존이 무인 자율주행 배송 로봇인 스카우트(Scout)를 시애틀에서 선보이며, 물류 창고에서 고객 배송지까지 이동하고 돌아오는 시범 서비스를 시작하였다. 한편, 하늘에서는 드론이 배송하는 물류 서비스로 발전하고 있다.

택배 차량 기반 드론 배송

자료원: CES 2022, https://www.ces.tech/Topics/Robotics-Machine-Intelligence/Drones.aspx

한편, 특정 인물 이미지에 다른 사람의 얼굴과 음성 등을 합성하는 이미지 합성 기술인 딥페이크(deepfake)는 실제와 가상인물을 가려내기 힘든 정도로 발전하고 있다. 2017년 세계적 컴퓨터 그래픽스 학회인 SIGGRAPH에서 발표한 오바마 영상은 실제와 가상 인물을 구분하기가 쉽지 않다. 딥페이크는 특히 인물이 중심이 되는 영화 또는 광고 등의 영상 산업에 활용 가능성이 크지만, 범죄에 악용될 위험도 있다. 데이터를 기반으로 하는 기술과 비즈니스의 발전은 우리에게 편리함을 주지만, 부메랑이 되어 나타날 부작용도 대비해야 할 것이다.

1.2 머신러닝 기법

인공지능 모형은 사람이나 동물과 같은 자연적인 지능이 아니라 기계에 의해 학습되는 지능을 활용하는 방법으로, 전문가시스템(expert system), 퍼지시스템(fuzzy system), 유

전알고리즘(genetic algorithm), 그리고 최근 인가가 높은 머신러닝(machine learning, 기계학습) 등의 기법들로 구현된다.

전문가시스템은 전문가의 지식을 IT-THEN 같은 규칙으로 표현하여 결론을 도출한다. 퍼지시스템은 0과 1로 집합의 소속여부를 판별하는 크리스프 집합 (crisp set)의 이진논리 한계를 극복하고자 0~1 사이의 소속 정도를 표현하는 퍼지 집합 (fuzzy set)에 기반을 둔 제어시스템이다. 유전알고리즘은 돌연변이, 교차 및 선택의 생물학적 진화과정을 본 떠 알고리즘으로 구현한다. 그리고 머신러닝은 데이터로 학습된 모형을 만들고 답을 찾는 문제 해결 방법이다.

머신러닝의 학습 방법에는 지도학습(supervised learning), 반지도학습(semi-supervised learning), 비지도학습(unsupervised learning), 강화학습(reinforcement learning) 방법이 있다. 비지도학습은 입력 데이터만으로 데이터의 패턴을 분석하여 학습 모형을 만드는 방법이다. 비지도학습 알고리즘에는 차원축소, 군집화, 연관분석이 있다. 차원축소는 계산 복잡도를 줄이기 위해 변수의 수(차원의 수)를 줄이는 방법이며, 주성분분석이 한 방법이다. 군집화는 개체들을 서로 배타적인 여러 특정 집단으로 구분하여 군집들의 특성을 파악하는 것을 말한다. 군집화의 한 방법으로 K-평균 군집분석이 있다. 한편, 연관분석은 각 데이터들이 함께 발생할 확률을 기반으로 연관규칙을 만들게 되는데, Apriori 알고리즘이 대표적인 기법이다.

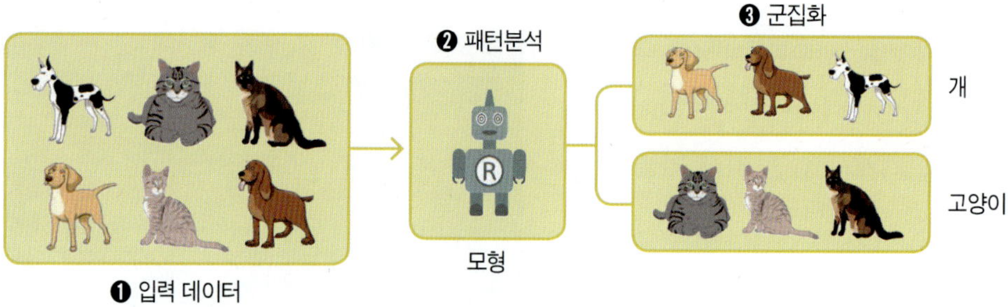

비지도학습(군집화의 예)

지도학습은 입력 데이터와 목표 데이터(라벨)로 학습 모형을 만들고, 테스트 데이터에 대해 예측한다. 분류문제는 임의 개체가 어떤 그룹에 속하는지 판단해 주며, 회귀문제에서는 정량적인 값을 예측해 준다. K-최근접 이웃, 서포트 벡터 머신, 인공신경망은 분류와 회귀문제에 응용된다. 그리고 의사결정나무는 분류문제, 경사하강법은 회귀문제에 응용된다. 한편, 경사하강법은 인공신경망의 기본 원리로 이용되고 있다.

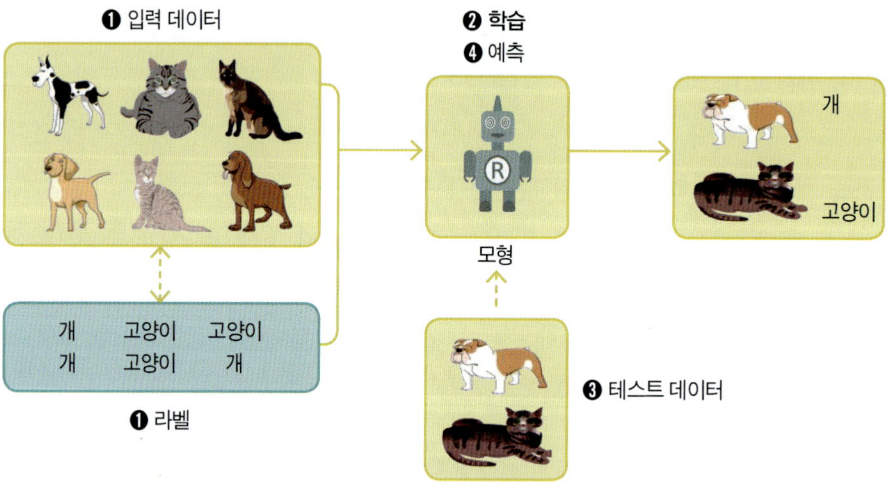

지도학습(이미지 분류의 예)

반지도학습은 라벨이 일부 누락된 경우에 해당한다. 즉, 라벨이 없는 개체를 그룹화할 때 라벨이 있는 개체의 데이터를 활용하며, 지도학습과 비지도학습을 함께 사용하는 방법이다. 강화학습은 현재의 상태에서 선택 가능한 행동들 중에 보상을 최대화하는 행동 또는 순서를 선택하도록 학습하는 방법이다. 이는 로봇 제어, 스케쥴링, 게임 등 다양하게 응용된다. 이 책에서 다루는 지도학습과 비지도학습의 학습모형은 다음과 같다.

머신러닝 기법

학습 방법	분석 알고리즘	분석 유형
비지도학습	주성분분석 (2장)	차원축소
	K-평균 군집분석 (3장)	군집화
	Apriori 알고리즘 (4장)	연관분석
지도학습	K-최근접 이웃 (5장)	분류분석, 회귀분석
	서포트 벡터 머신 (6장)	분류분석(회귀분석 제외)
	C5.0(의사결정 나무) (7장)	분류분석
	경사하강법 (8장)	회귀분석
	인공신경망: 퍼셉트론 (9장), 다층 퍼셉트론 (10장), 딥러닝 (11~13장)	분류분석, 회귀분석

1.3 머신러닝 개발 환경

기존 통계도구들이 머신러닝 기능을 제공하고 있지만, 최근 무료이며 빅데이터 처리 및 다양한 머신러닝 라이브러리를 제공하는 파이썬(Python)과 R이 각광 받고 있다. 특히, 파이썬은 다양한 분야에 활용되고 있기 때문에 자바와 더불어 전세계적으로 인기가 높다. 파이썬은 1991년에 네덜란드 출신의 귀도 반 로섬(Guido van Rossum)이 개발하였으며, 여러 유형의 시스템을 개발할 수 있는 범용적인 언어로 인공지능 기능을 포함한 수 많은 라이브러리를 제공하고 있다. 파이썬은 비영리 파이썬 소프트웨어 재단(PSF: Python Software Foundation)이 관리하고 있다.

한편, 개발자 컴퓨터에 설치하는 번거로움을 줄이고 편리한 코딩 환경을 제공하기 위해 최근 클라우드 기반의 개발 환경이 유용하게 활용되고 있다. 구글의 Colab과 Kaggle, 마이크로소프트의 Azure Notebooks, 아마존의 Sagemaker, IBM의 DataPlatform Notebooks 등은 PC에서 웹으로 접속하면 별도의 환경 설치 없이 사용 가능하다.

이 책에서는 Colab 환경에서 파이선을 사용하기로 한다. Colab는 구글이 파이썬 개발을 위해 제공하는 클라우드 기반 통합개발환경(IDE: integrated development environment)이다. CPU는 물론, 제한적으로 GPU와 TPU를 무료로 사용할 수 있다. 무료 버전은 "https://colab.research.google.com", 유료 버전은 "https://colab.research.google.com/signup"으로 접속하면 된다. 우리는 무료 버전을 사용하기로 하자.

• Colab의 시작

기본 절차는 다음과 같다. 웹브라우저는 크롬(chrome)을 사용해야 한다. 먼저, 구글(www.google.com) 계정을 만들고 로그인한다. Colab에서 '파일' 메뉴의 '새노트'를 클릭하면 코딩이 가능한 노트북 환경이 나타난다. Colab 접속 및 작업 절차는 다음과 같다. 간단한 그래프를 출력해보자.

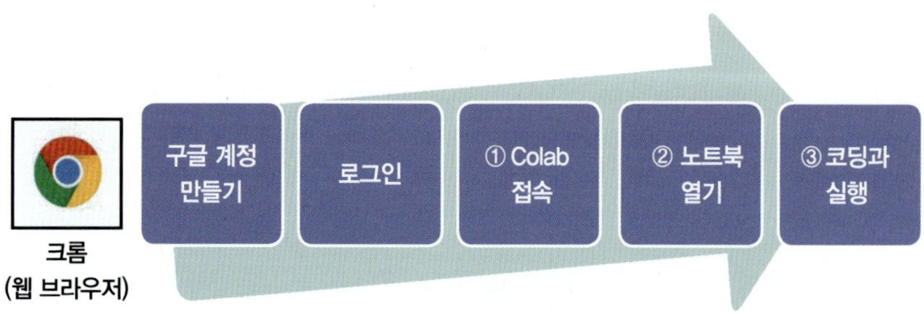

❶ Colab 접속

구글 코랩(https://colab.research.google.com)에 접속한다.

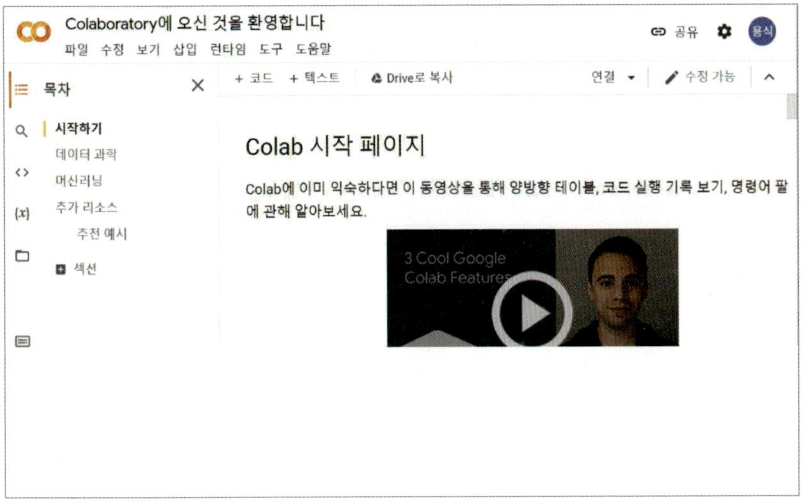

❷ 노트 열기

메뉴에서 "파일→새노트"를 클릭하여 편집이 가능한 노트북을 연다.

파일명은 “Untitled00.ipynb”로 나타난다. 파일명의 확장자(ipynb)는 파이썬 노트북을 뜻한다. 파일명은 수정 가능하다. 하나의 노트북은 최소 단위의 기능을 단계적으로 편집하며 확인할 수 있는 여러 셀로 구성된다. 셀은 추가 또는 삭제가 가능하다.

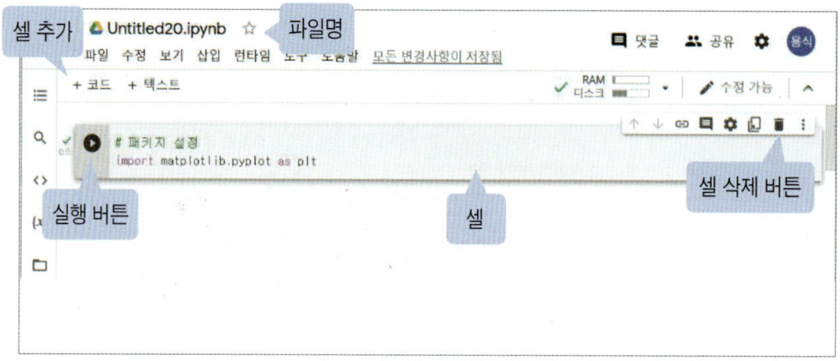

❸ 코딩과 실행

셀에 코딩 후, 실행 버튼을 눌러 그래프를 출력해보자.

❷ 실행

```
# 패키지 설정
import matplotlib.pyplot as plt
```

❶ 편집

```
# 데이터
X = [160, 170, 180]
Y = [55, 60, 75]
```

```
# 그래프 출력
plt.plot(X, Y)
plt.title("graph")
plt.xlabel("X")
plt.ylabel("Y")
plt.show()
```

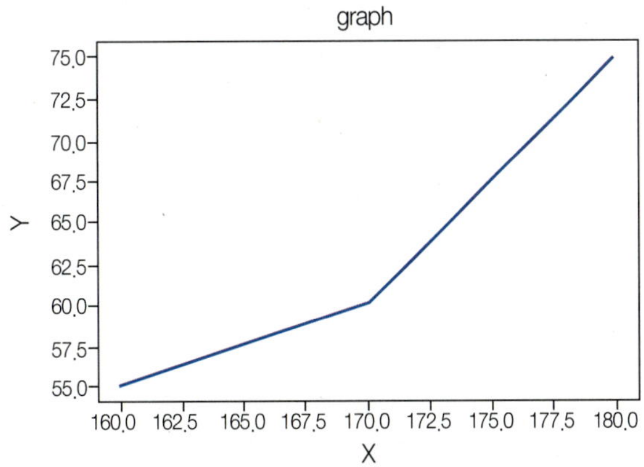

그래프에 X축, Y축, 제목을 한글로 설정하면 "한글 깨짐" 현상이 나타난다. 한글 출력이 필요한 경우, 한글 폰트를 추가해서 정상적으로 보이도록 해보자(부록 참조).

CHAPTER 파이썬 데이터 분석

2 주성분분석

학습목표

차원축소와 주성분분석의 이해

학습내용

주성분분석 원리 이해
파이썬을 이용한 주성분분석
주성분분석 응용

요하네스 페르메이드 – 진주 귀고리를 한 소녀 (1665)

2.1 차원축소 개요

개체들은 대부분 다차원적인 특성으로 표현되고 있다. 개체 수와 차원의 수가 커지면 복잡성은 더 증가하여 데이터 분석을 위한 계산에 더 많은 부하를 줄 수 있다. 이런 경우에 변수의 수, 즉 차원의 수를 줄이면 효율적인 분석이 가능하게 된다. 다음 그림은 개체들의 특성을 X_1, X_2 축으로 한 분포보다는 주성분(principal component)이라고 하는 변환된 축인 PC1축으로 사영해서 보면 분포가 더 넓어 개체들을 분류하는데 더 유용할 수 있는 상황을 보여준다.

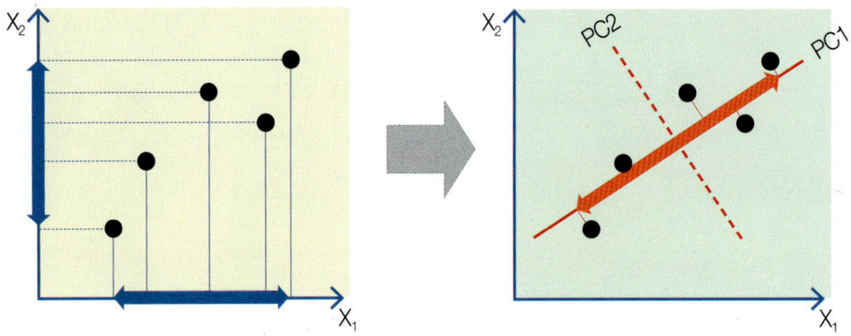

차원축소란 다차원 데이터 세트를 차원의 수가 적은 데이터 세트로 만드는 방법이다. 차원을 축소하는 이유는 차원을 줄여 계산 복잡도를 낮춤으로써 모형 분석의 효율화를 꾀하고, 시각적 표현을 용이하게 하기 위해서이다. 따라서, 이는 데이터 분석에서 데이터 전처리 과정으로 활용되기도 한다. 차원을 축소하는 방법에는 특성 선택(feature selection)과 특성 추출(feature extraction)이 있다. 특성 선택은 기존 변수들 중에서 유의미한 변수만 선택하는 방법으로, 분산이 작거나 상관계수가 높은 변수를 제거하여 기존 변수들의 수를 줄이게 된다. 한편, 특성 추출은 기존 변수들로부터 변환된 새로운 변수인 주성분을 만드는 방법이다. 주성분의 수는 기존 변수의 수와 같지만, 그 보다 적은 주성분을 이용한다. 주성분의 의미를 해석하는 데는 어려운 한계가 있다.

차원축소의 활용 예를 보기 위해 파이썬에서 제공하는 학습용 데이터 세트들을 보자. 붓꽃(iris)은 꽃받침 길이, 꽃받침 너비, 꽃잎 길이, 꽃잎 너비의 4가지 변수에 의해 setosa, virginica, versicolor의 3개종으로 분류된다(예: 2.5절 참조). 4차원의 변수를 2차원의 새로운 변수로 변환하여 사용해도 잘 분류되는 결과를 볼 수 있다.

붓꽃

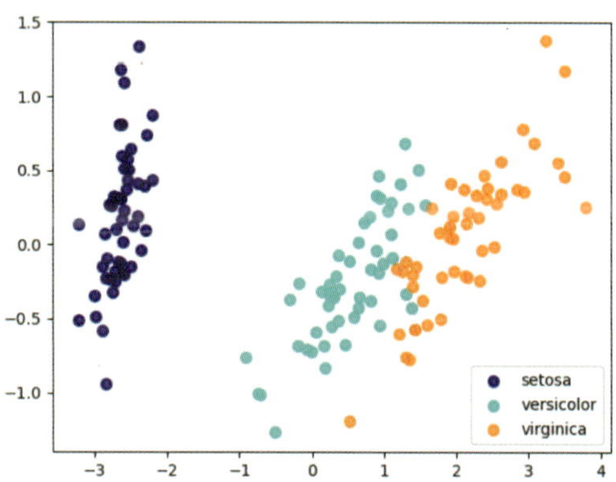

2차원 변수로 분류한 예

MNIST(Modified NIST) 데이터는 미국 국립표준기술연구소(NIST, National Institute of Standards and Technology)에서 제공한다. 인구조사국 직원들과 중등학교 학생들의 손글씨 숫자 이미지 데이터세트로 6만 개의 학습용 데이터 세트와 1만 개의 테스트 데이터 세트로 구성되어 다양한 이미지 처리 시스템의 학습에 활용되고 있다(예: 12장 참조). 각 숫자 이미지는 가로와 세로로 28×28 픽셀 단위의 784 차원이며, 각 차원에는 0 ~ 255의 숫자로 표현된다. 이처럼 고차원의 특성을 지닌 많은 이미지들에 대한 입력 변수 수를 줄인다면 학습시간을 줄이는 데 유용할 수 있다.

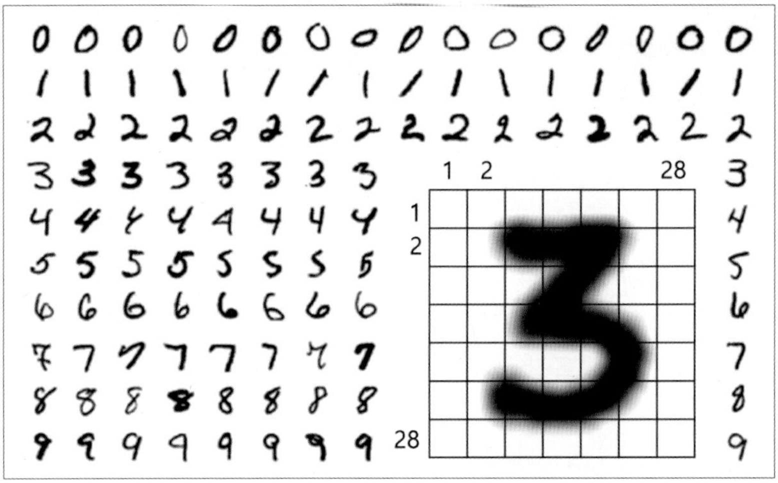

한편, 보스톤 주택 가격 데이터는 13개 독립변수로 1개의 종속변수(mediv)인 주택 가격을 예측하는 회귀문제에 응용되고 있다. 입력으로 사용되는 독립변수의 수를 줄여 효과적인 예측을 할 수 있다면 상당히 유용할 것이다(예: 11장 참조).

항목명	내용
crim	지역(town) 범죄 비율
zn	25,000 ft2 당 거주자 비율
indus	지역(town) 당 비소매업자의 토지 면적(에이커) 비율
chas	찰스 강 지역에 대한 더미 변수(dummy variable: 강의 경계에 위치하면 1, 그렇지 않으면 0)
nox	질소 산화물(NOx) 농도
rm	주택 당 평균 방의 수
age	1940년 이전에 지어진 소유자 점유 단위의 비율
dis	5개의 보스턴 고용센터까지의 가중 평균 거리
rad	방사형 고속도로의 접근성 지수
tax	$10,000당 재산세율
ptratio	지역(town)의 학생-교사 비율
black	1000(Bk - 0.63)^2, Bk는 지역(town)의 흑인 비율
lstat	인구의 하위 계층 비율(퍼센트)
mediv	주택 가격($1000 단위)

주성분분석(PCA: principal component analysis)은 특성추출의 대표적인 기법으로, 입력 변수들을 선형 변환하는 비지도학습 방법이다. 1901년에 Karl Pearson이 처음 개발했으며, 1930년대에는 Harold Hotelling이 독자적으로 개발하고 이름을 붙였다[1, 2, 3]. 주성분분석은 분산이 큰 주성분부터 차례로 선택한다. 서로 직교하는 주성분의 방향과 분산은 기존변수의 공분산행렬에 대한 고유벡터와 고윳값으로 나타난다. 주성분의 수는 기존변수의 수와 같지만, 데이터 분석에 적정한 수만큼 추출하여 활용한다.

2.2 주성분분석의 기본 원리

다음과 같은 데이터 분포를 생각해 보자. 변수(X_1, X_2)는 2개이며 표본은 5개이다.

〈데이터〉

표본	X_1	X_2
1	50	73
2	65	75
3	75	80
4	80	82
5	95	85

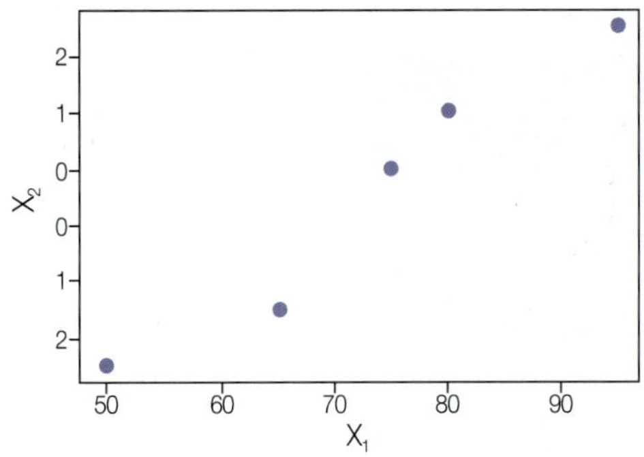

데이터를 행렬 $\boldsymbol{X}$로 표현하면 5행×2열의 행렬이 된다.

$$\boldsymbol{X} = \begin{bmatrix} 50\ 73 \\ 65\ 75 \\ 75\ 80 \\ 80\ 82 \\ 95\ 85 \end{bmatrix}$$

표본이 n개이고 변수의 수가 d개이면 $\boldsymbol{X}$ 행렬은

$$\boldsymbol{X} = \begin{bmatrix} x_{11}\ x_{12} \cdots\ x_{1d} \\ x_{21}\ x_{22} \cdots\ x_{2d} \\ \cdots \\ x_{n1}\ x_{n2} \cdots\ x_{nd} \end{bmatrix}$$

로 표현할 수 있다. 각 행은 표본, 각 열은 i번째 변수인 X_i를 의미한다.

주성분의 축으로 표현되는 데이터(***Z***)는 기존 변수들의 데이터(***X***)를 선형 변환하여 표현한다.

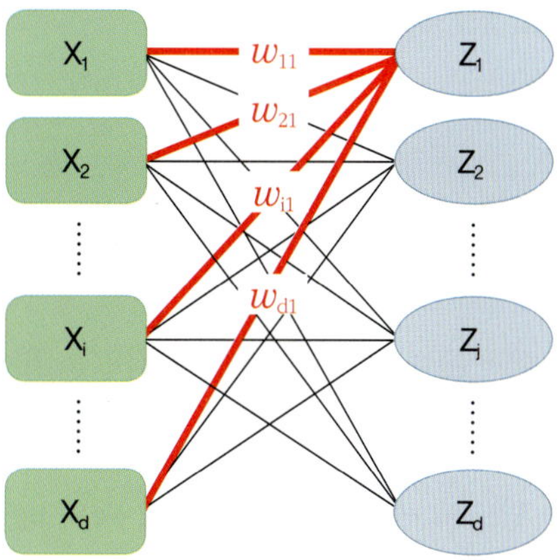

$$Z_1 = X_1 w_{11} + X_2 w_{21} + \cdots + X_d w_{d1}$$

$$Z_i = X_1 w_{1i} + X_2 w_{2i} + \cdots + X_d w_{di}$$

$n \times d$ 차원의 ***X*** 행렬에 대한 변환행렬 ***W***를

$$\boldsymbol{W} = \begin{bmatrix} w_{11}\ w_{12} \cdots\ w_{1d} \\ w_{21}\ w_{22} \cdots\ w_{2d} \\ \cdots \\ w_{n1}\ w_{n2} \cdots\ w_{nd} \end{bmatrix}$$

라 하면, ***Z***는 다음과 같이 쓸 수 있다. 변환 가중치로 사용되는 w_{ij}는 주성분의 로딩(loading)이라 한다.

$$\boldsymbol{Z} = \boldsymbol{XW}$$

공분산 행렬을 이용해서 주성분을 찾는 과정을 보자.

d차원의 모든 변수 간 공분산 행렬 Σ은 다음과 같다. 주대각원소의 공분산은 X_i 변수에 대한 분산이 된다.

$$\Sigma = \begin{bmatrix} Var(X_1) & Cov(X_1, X_2) \cdots & Cov(X_1, X_d) \\ Cov(X_2, X_1) & Var(X_2) \cdots & Cov(X_1, X_d) \\ \cdots & & \\ Cov(X_d, X_1) & Cov(X_d, X_2) \cdots & Var(X_d) \end{bmatrix}$$

$\boldsymbol{X}$ 행렬에서 각 열에 해당하는변수 X_i를 평균은 0, 표준편차는 1이 되도록 표준화한다. 다음 그래프는 2차원만 나타낸 예이다. 첫 번째 주성분(PC1)은 모든 개체들의 거리 제곱합($\sum_{i=1}^{n} D_i^2$)에 대응하는 분산을 최대로 하는 방향에 해당한다. $\boldsymbol{V}_1$은 PC1 축의 방향을 나타내는 단위 벡터이다.

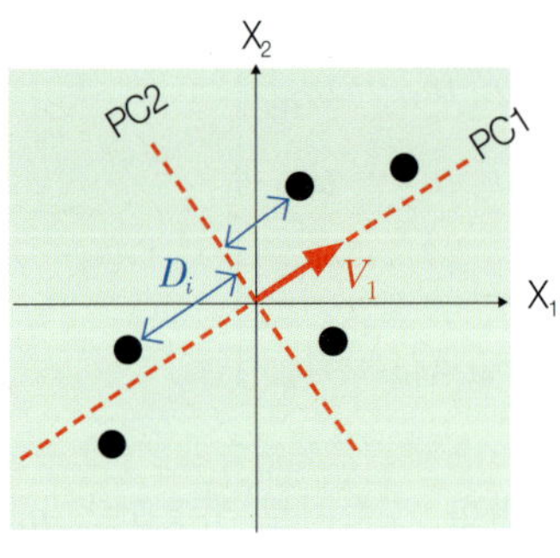

$$\boldsymbol{V}_1 = \begin{bmatrix} v_{11} \\ v_{21} \\ \cdots \\ v_{d1} \end{bmatrix}$$

각 개체들을 $\boldsymbol{V_i}$방향에 대해 사영한 값은 $\boldsymbol{XV_i}$ 가 되는데, 분산은 다음과 같다.

$$Var(\boldsymbol{XV}_i) = \boldsymbol{V}_i^T \Sigma \boldsymbol{V}_i \quad ①$$

이때 주성분은 ①식을 목적함수로 하는 최대화 문제에서 구할 수 있다. 단, 제약조건으로 단위벡터의 크기는 1이 된다.

$$\|V_i\| = 1$$

이를 만족하는 조건을 찾기 위해 라그랑주 승수법(Lagrange Multiplier)으로 풀면, Σ에 대해 $\boldsymbol{V_i}$가 다음 조건(②식)을 만족할 때 분산이 최대가 된다. λ_i와 $\boldsymbol{V_i}$는 Σ에 대한 고유벡터와 고윳값을 의미한다.

$$\Sigma \boldsymbol{V_i} = \lambda_i \boldsymbol{V_i} \text{ ②}$$

여기서 고유벡터와 고윳값은 각각 d개 존재하게 된다. 고윳값의 크기 순으로 $\lambda_1 \geq \lambda_2 \geq \cdots \geq \lambda_d$라고 하면, 주성분 PC_i에 해당하는 분산은 λ_i가 된다.

주성분으로 변환되는 행렬은

$$\boldsymbol{Z} = \boldsymbol{XV} \text{ ③}$$

이다. $\boldsymbol{V}$는 $\boldsymbol{V_i}$를 열벡터로 하는 행렬이다. 즉, $\boldsymbol{V_i}$의 원소들은 주성분의 로딩이며, $\boldsymbol{V}$는 $\boldsymbol{W}$를 의미한다.

분산의 총합 대비 주성분 PC_i의 상대적 분산 비율은

$$\frac{\lambda_i}{\sum_{i=1}^{d} \lambda_i} \text{ ④}$$

이다. 추출할 적당한 차원의 수는 ④식의 분자에서 λ_i가 1부터 k 차원까지의 합일때, 누적 분산 비율이 임계치(threshold)를 넘는 최소 수로 한다($k \leq d$). 일반적으로 임계치는 90% 또는 95%로 한다 (2.3절 참조). 또는 scree plot에서 elbow method를 적용하여 주성분에 따른 분산의 기울기가 완만해지는 지점에서 정하기도 한다(2.5절 참조).

2.3 주성분분석 예시

주성분분석은 다음과 같이 데이터에 대해 피처 스케일링 후에, 공분산행렬에 대한 고윳값과 고유벡터로 주성분과 그 분산을 구하고, 분산이 큰 순으로 주성분을 추출하게 된다. 추출한 주성분으로 데이터를 변환하거나 시각화를 통해 결과를 해석한다.

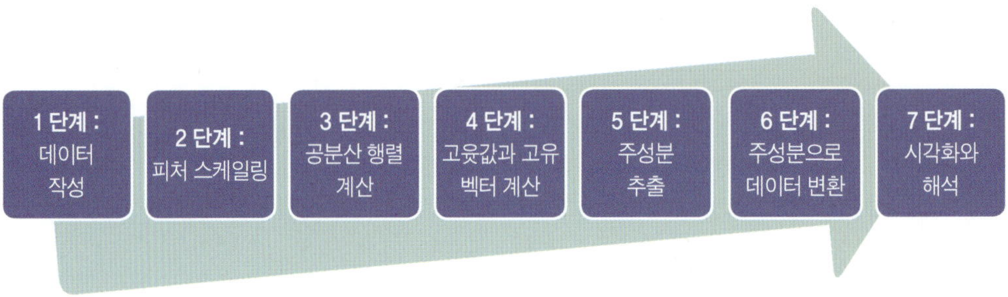

(1) 데이터 작성

다음 데이터 세트는 학생들에 대한 두 과목(코딩기초와 국어) 점수를 예시한 것이다. 변수는 두 개 (d = 2)이며 학생 수는 5명(n = 5)이기 때문에, 행렬 $\boldsymbol{X}$로 표현하면 5행×2열이 된다.

포본	코딩기초(X_1)	국어(X_2)
1	50	73
2	65	75
3	75	80
4	80	82
5	95	85

(2) 데이터 표준화

원데이터는 변수 간 분포가 다르고 변수들의 단위에 따라 데이터 값의 크기가 변하기 때문에, 데이터 전처리 과정으로 데이터의 범위를 조정하는 피처 스케일링(feature scaling)

을 한다. 피처 스케일링은 정규화(normalization)와 표준화(standardization)가 있다. 정규화는 각 변수의 데이터를 0과 1사이로 변환하고, 표준화는 평균과의 차이를 표준편차의 배수로 변환한다.

<table>
<tr><td>정규화</td><td>$x_i' = \dfrac{x_i - x_{\min}}{x_{\max} - x_{\min}}$</td><td rowspan="2">$\sigma_X^2 = \dfrac{1}{n}\sum_{i=1}^{n}(x_i - \bar{X})^2,\ s_X^2 = \dfrac{1}{n-1}\sum_{i=1}^{n}(x_i - \bar{X})^2$
파이썬 sklearn 패키지의 StandardScaler 모듈은 모표준편차(σ_X)로 표준화함 (일관성을 위해, 공분산 행렬은 모공분산을 사용하기로 함)</td></tr>
<tr><td>표준화</td><td>$x_i' = \dfrac{x_i - \bar{X}}{\sigma_X}$
(또는 $x_i' = \dfrac{x_i - \bar{X}}{s_X}$)</td></tr>
</table>

다음은 표준화 전후의 분포를 비교한 표와 그래프이다. 표준화는 모표준편차(σ_X)를 사용하였다.

표본	원데이터		표준화	
	X_1	X_2	X_1	X_2
1	50	73	$x_{11} = -1.5299$	$x_{12} = -1.3553$
2	65	75	$x_{21} = -0.5322$	$x_{22} = -0.9035$
3	75	80	$x_{31} = 0.1330$	$x_{32} = 0.2259$
4	80	82	$x_{41} = 0.4656$	$x_{42} = 0.6776$
5	95	85	$x_{51} = 1.4634$	$x_{52} = 1.3553$

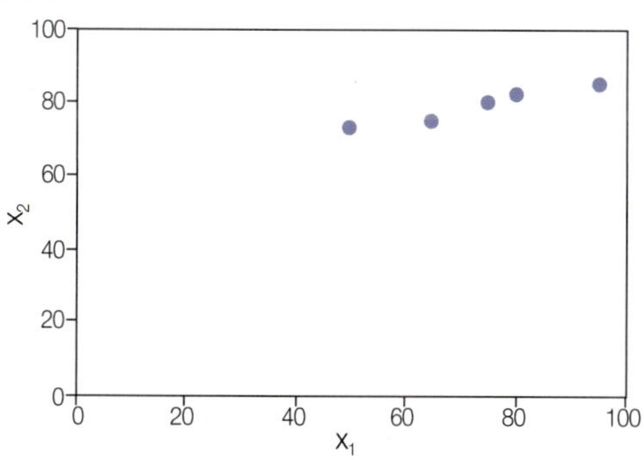

원 데이터 분포

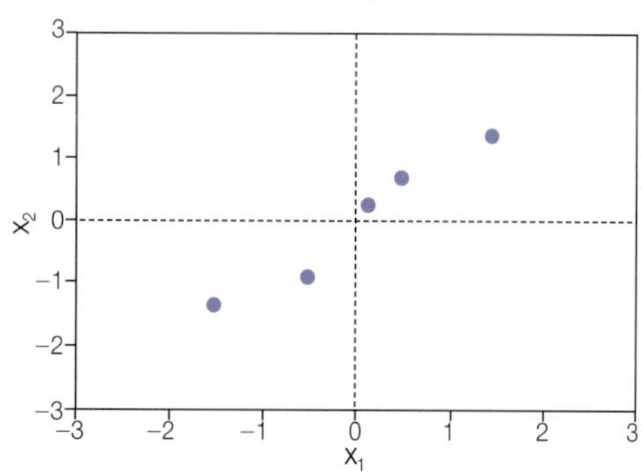

표준화된 데이터 분포

(3) 공분산행렬 만들기

표준화된 변수 X_i, X_j에 대한 공분산은

$$Cor(X_i, X_j) = \frac{1}{n} \sum_{k=1}^{n} (x_{ki} - \bar{X}_i)(x_{kj} - \bar{X}_j)$$

이다. 표준화된 데이터의 경우에 평균은 0, 분산은 1이 된다. 공분산을 계산하면,

$$Cov(X_1, X_1) = Var(X_1) = 1$$
$$Cov(X_2, X_2) = Var(X_2) = 1$$
$$Cov(X_1, X_2) = Cov(X_2, X_1) = 0.9766$$

이 되고, 공분산행렬은 다음과 같다.

$$\Sigma = \begin{bmatrix} 1 & 0.9766 \\ 0.9766 & 1 \end{bmatrix}$$

(4) 고윳값과 고유벡터 구하기

공분산행렬에 대한 고윳값과 고유행렬은 앞의 ②식

$$\Sigma \boldsymbol{V} = \lambda \boldsymbol{V}$$

에서

$$(\Sigma - \lambda \boldsymbol{I})\boldsymbol{V} = 0$$

의 해를 구하면 된다. $\boldsymbol{I}$는 항등행렬(identity matrix)을 의미한다. 이를 만족하는 필요충분조건은 다음 행렬식(determinent)이 0이 될 때이다.

$$\det(\Sigma - \lambda \boldsymbol{I}) = 0$$

따라서,

$$\det(\Sigma - \lambda I) = \det(\begin{bmatrix} 1 & 0.9776 \\ 0.9776 & 1 \end{bmatrix} - \begin{bmatrix} \lambda & 0 \\ 0 & \lambda \end{bmatrix})$$
$$= \det(\begin{bmatrix} 1-\lambda & 0.9776 \\ 0.9776 & 1-\lambda \end{bmatrix})$$

를 풀면,

$$(1-\lambda)^2 - 0.9776^2 = 0$$

이 된다. 고유값 λ에 대한 해를 구하면,

$$\lambda_1 = 1.9776, \lambda_2 = 0.0224$$

이 된다.

먼저 λ_1에 대한 고유벡터는

$$\Sigma \boldsymbol{V}_1 = \lambda \boldsymbol{V}_1 = 1.9776 \boldsymbol{V}_1$$

에서 구할 수 있다. 즉

$$\begin{bmatrix} 1 & 0.9776 \\ 0.9776 & 1 \end{bmatrix} \begin{bmatrix} v_1 \\ v_2 \end{bmatrix} = 1.9776 \begin{bmatrix} v_1 \\ v_2 \end{bmatrix}$$

에서,

$$v_1 + 0.9776 v_2 = 1.9776 v_1$$
$$0.9776 v_1 + v_2 = 1.9776 v_2$$

의 두 연립방정식을 푸는 문제가 된다. 해는

$$v_1 = v_2$$

이므로, 크기가 1이 되는 단위벡터는

$$\boldsymbol{V}_1 = \begin{bmatrix} v_1 \\ v_2 \end{bmatrix} = \begin{bmatrix} -\frac{1}{\sqrt{2}} \\ -\frac{1}{\sqrt{2}} \end{bmatrix} (\text{또는} \begin{bmatrix} \frac{1}{\sqrt{2}} \\ \frac{1}{\sqrt{2}} \end{bmatrix})$$

가 된다. 같은 방법으로 λ_2에 대한 고유벡터는

$$\Sigma \boldsymbol{V}_2 = \lambda_2 \boldsymbol{V}_2 = 0.0224 \boldsymbol{V}_2$$

에서 구할 수 있다. 즉

$$\begin{bmatrix} 1 & 0.9776 \\ 0.9776 & 1 \end{bmatrix} \begin{bmatrix} v_1 \\ v_2 \end{bmatrix} = 0.0224 \begin{bmatrix} v_1 \\ v_2 \end{bmatrix}$$

에서,

$$v_1 + 0.9776 v_2 = 0.0224 v_1$$
$$0.9776 v_1 + v_2 = 0.0224 v_2$$

의 두 연립방정식을 풀면

$$v_1 = -v_2$$

이므로, 크기가 1이 되는 단위벡터는

$$V_2 = \begin{bmatrix} v_1 \\ v_2 \end{bmatrix} = \begin{bmatrix} \frac{1}{\sqrt{2}} \\ -\frac{1}{\sqrt{2}} \end{bmatrix} (\text{또는} \begin{bmatrix} -\frac{1}{\sqrt{2}} \\ \frac{1}{\sqrt{2}} \end{bmatrix})$$

가 된다. 결과적으로 주성분1은 $\boldsymbol{V}_1$ 방향, 주성분2는 $\boldsymbol{V}_2$방향이며, 각 주성분에 대한 분산은 $\lambda_1 = 1.9776, \lambda_2 = 0.0224$가 된다.

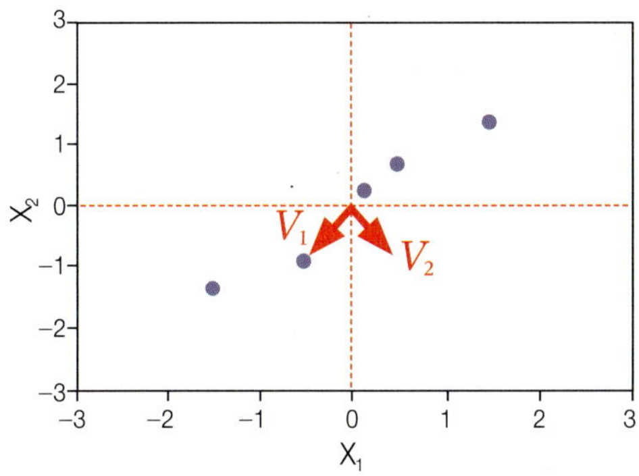

(5) 주성분 추출

주성분의 분산비율(④식)은 다음과 같다. 누적 분산비율의 임계치를 90%로 정한다면 주성분 1만 추출 된다.

$$PC1 : \frac{\lambda_1}{\lambda_1 + \lambda_2} = \frac{1.9776}{1.9776 + 0.0224} = 0.9888 \quad ⑤$$

$$PC2 : \frac{\lambda_2}{\lambda_1 + \lambda_2} = \frac{0.0224}{1.9776 + 0.0224} = 0.0112 \quad ⑥$$

(6) 주성분을 이용한 데이터 변환

표준화된 데이터를 주성분으로 변환해보자. 앞의 ③식

$$Z = XV$$

를 적용하여 각 주성분으로 변환한 값과 그 분포를 보면 다음과 같다.

$$Z=\begin{bmatrix} -1.5299 & -1.3553 \\ -0.5322 & -0.9035 \\ 0.1330 & 0.2259 \\ 0.4656 & 0.6776 \\ 1.4634 & 1.3553 \end{bmatrix} \begin{bmatrix} -\frac{1}{\sqrt{2}} & \frac{1}{\sqrt{2}} \\ -\frac{1}{\sqrt{2}} & -\frac{1}{\sqrt{2}} \end{bmatrix} = \begin{bmatrix} 2.0401 & -0.1235 \\ 1.0152 & 0.2626 \\ -0.2538 & -0.0656 \\ -0.8084 & -0.1499 \\ -1.9931 & 0.0765 \end{bmatrix}$$

No	원데이터		표준화		주성분	
	X_1	X_2	X_1	X_2	Z_1	Z_2
1	50	73	−1.5299	−1.3553	2.0401	−0.1235
2	65	75	−0.5322	−0.9035	1.0152	0.2626
3	75	80	0.1330	0.2259	−0.2538	−0.0656
4	80	82	0.4656	0.6776	−0.8084	−0.1499
5	95	85	1.4634	1.3553	−1.9931	0.0765

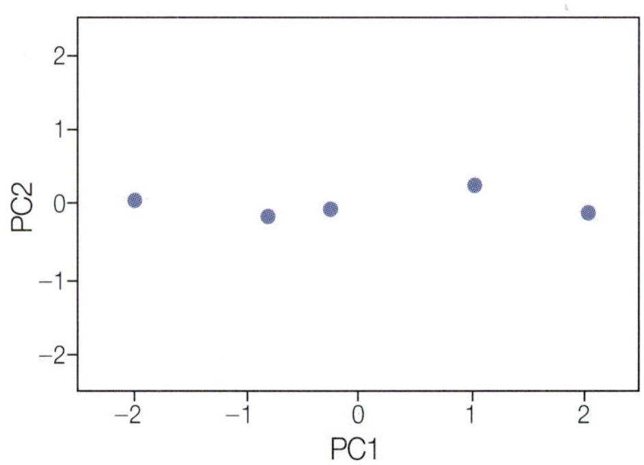

(7) 시각화와 해석

고유벡터는 주성분의 로딩에 해당하며, 각 기존변수들이 주성분으로의 변환에 미치는 영향도를 의미한다.

$$\boldsymbol{V} = \begin{bmatrix} -\frac{1}{\sqrt{2}} & \frac{1}{\sqrt{2}} \\ -\frac{1}{\sqrt{2}} & -\frac{1}{\sqrt{2}} \end{bmatrix}$$

$\boldsymbol{V}$의 1열인 고유벡터 $\boldsymbol{V}_1$은 X_1과 X_2 변수의 값을 주성분1(PC1)로 변환 시, $-\frac{1}{\sqrt{2}}$ 만큼 동일한 영향을 미치게 된다. 그리고 $\boldsymbol{V}$의 2열인 고유벡터 $\boldsymbol{V}_2$는 X_1과 X_2 변수의 값을 주성분2(PC2)로 변환 시, 각각 $\frac{1}{\sqrt{2}}$ 과 $-\frac{1}{\sqrt{2}}$ 만큼 영향을 미치게 됨을 의미한다.

한편, 각 주성분의 분산비율은 주성분의 설명력을 의미한다. 즉, 총 분산의 98.88%를 주성분1이 설명하며(⑤식), 총 분산의 1.12%를 주성분2가 설명하고 있다(⑥식). 주성분1은 주성분2에 비해 88배 이상의 설명력이 있기 때문에 주성분1만으로도 데이터 분석에 상당히 유용한 것을 알 수 있다.

또한, loading plot은 기존변수들이 주성분에 미치는 정도를 나타낸 그래프로, 그 크기는 고유벡터의 값과 같다.

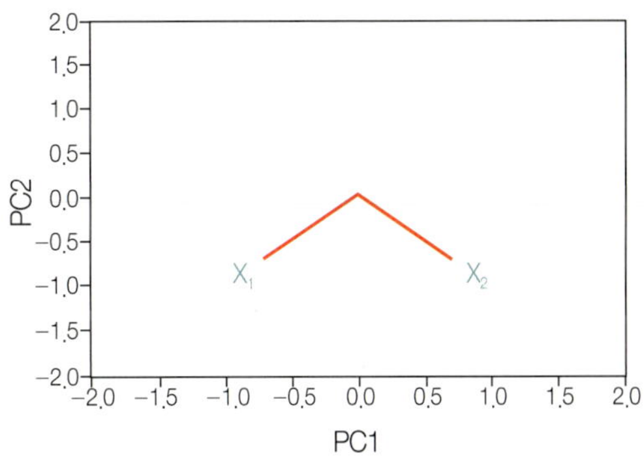

2.4 파이썬 기반 분석

2.3절의 예시를 파이썬으로 분석해보자. 그 기본 과정은 다음과 같다. 먼저, 사용할 파이썬 패키지를 설정하고 데이터에 대한 개략적인 분포를 파악하며, 피처 스케일링 후에 주성분분석을 한다.

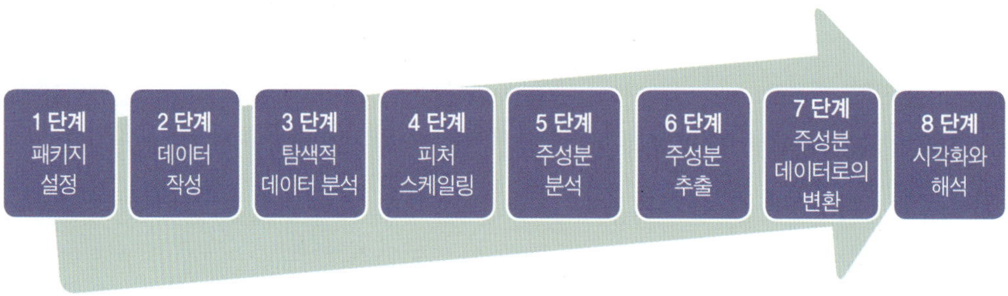

(1) 패키지 설정

주성분분석을 위해 sklearn.decomposition 패키지의 PCA 모듈을 사용한다. 한편 데이터 표준화를 위해서는 klearn.preprocessing 패키지의 StandardScaler 모듈을 사용한다(0~1의 정규화를 위해서는 MinMaxScaler 모듈 사용). numpy 패키지는 데이터 배열 만들기, matplot.pyplot 모듈은 데이터의 그래프 출력을 위해 사용한다.

```
# 주성분분석
from sklearn.decomposition import PCA
# 데이터 표준화
from sklearn.preprocessing import StandardScaler

import pandas as pd
import numpy as np
import matplotlib.pyplot as plt
```

(2) 데이터 작성

X_1, X_2로 구성되는 5개 리스트를 배열로 작성한다.

```
# 원데이터
X = np.array([[50, 73], [65, 75], [75, 80], [80, 82], [95, 85]])
X
```

```
array([[50, 73],
       [65, 75],
       [75, 80],
       [80, 82],
       [95, 85]])
```

(3) 탐색적 데이터 분석

산포도로 데이터에 대한 전체적인 분포를 파악해본다. X_1 변수의 데이터 분포는 크고, X_2는 작게 나타난다.

```
# 원데이터의 1열(X1)과 2열(X2)의 산포도
plt.scatter(X[:,0], X[:,1])
plt.xlabel('X1')
plt.ylabel('X2')
plt.xlim(0, 100)
plt.ylim(0, 100)
```

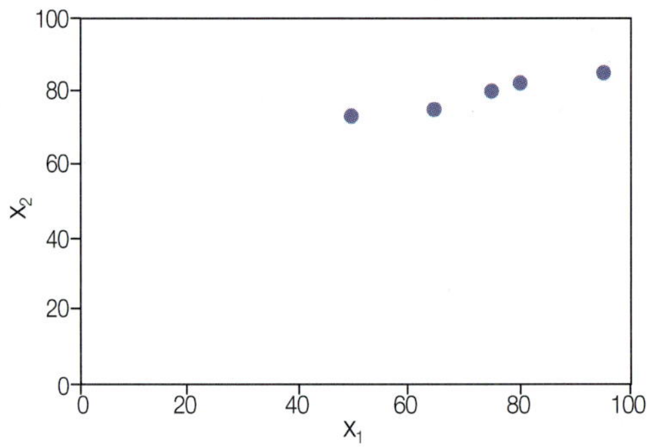

X_1, X_2 변수의 분산(σ_X^2)은 각각 226, 19. 6으로 크게 차이 나는 것을 볼 수 있다.

```
# 열별 평균
print np.mean(X, axis=0)
# 열별 분산
print np.var(X, axis=0))
```

```
[73. 79.]
[226.    19.6]
```

평균

분산

(4) 피처 스케일링

X_1, X_2 변수에 대해 표준화하고 산포도로 전체적인 분포를 파악해본다. 표준화된 변수의 평균은 0, 분산은 모두 1이 된다.

```
# 데이터 표준화
scalerX = StandardScaler()
scalerX.fit(X)
X_std = scalerX.transform(X)
# 데이터프레임으로 변환 및 열이름 설정
print(X_std)
```

표준화 스케일러 객체 생성

표준화 스케일러를 x의 각 열에 기준을 맞춤

x의 각 열을 표준화로 변환

```
[[-1.52993724 -1.35526185]
 [-0.53215208 -0.9035079 ]
 [ 0.13303802  0.22587698]
 [ 0.46563307  0.67763093]
 [ 1.46341823  1.35526185]]
```

```
# 표준화된 데이터의 1열(X1)과 2열(X2)의 산포도
plt.scatter(X_std[:,0], X_std[:,1])
plt.xlabel('X1')
plt.ylabel('X2')
plt.xlim(-3, 3)
plt.ylim(-3, 3)
```

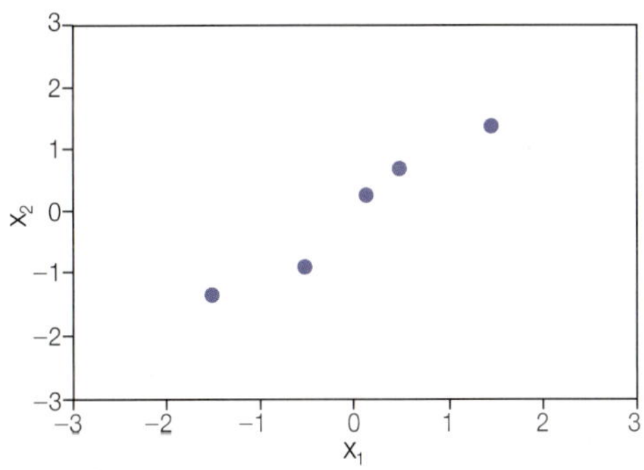


```
# 열별 평균
print np.mean(X_std, axis=0)
# 모공분산행렬
print np.cov(X_std[:,0], X_std[:,1], ddof = 0)
```

```
[0.0000000e+00 4.4408921e-17]
[[1.         0.97663234]
 [0.97663234 1.        ]]
```

평균

모공분산 행렬

(5) 주성분분석

PCA() 함수에 분석할 주성분 수를 설정하여 주성분분석 객체를 만들고 분석한다.

```
# 주성분의 수 설정
pca = PCA(n_components=2)
# 주성분분석
pca.fit(X_std_df)
```

추출할 주성분 수를 2개로 설정
☞기존 변수의 수와 같기 때문에 PCA()와 같다

(6) 주성분 추출

주성분별 분산은 각각 3.1437, 0.3418이며, 이로부터 분신비율로 각각 0.9883(98.8%), 0.0117(1.12%)가 된다(④식). 따라서, 누적분산비율의 임계치를 90%로 하면, 주성분1만 선택한다.

```
# 주성분 분산
print(pca.explained_variance_)
# 주성분 분산비율
print(pca.explained_variance_ratio_)
```

분산은 자유도가 n-1인 표본분산결과임.
(n-1)/n인 4/5를 곱하면 모분산의 결과로 2.3절의 값과 같음

```
[2.47079043 0.02920957]
[0.98831617 0.01168383]
```

(7) 주성분 데이터로의 변한

표준화된 데이터를 주성분 데이터로 변환하고 분포를 출력한다. 주성분1 (PC1)의 분산이 큰 반면, 주성분2(PC2)는 분산이 작게 나타난다.

```
# 주성분으로 데이터 변환
Z = pca.fit_transform(X_std)
Z
```

```
array([[ 2.04014385, -0.12351415],
       [ 1.01516491,  0.26258822],
       [-0.25379123, -0.06564705],
       [-0.80840973, -0.14990512],
       [-1.9931078 ,  0.07647811]])
```

```
# 주성분 좌표계의 분포
plt.scatter(Z[:,0], Z[:,1])
plt.xlabel('PC1')
plt.ylabel('PC2')
plt.xlim(-2.5, 2.5)
plt.ylim(-2.5, 2.5)
```

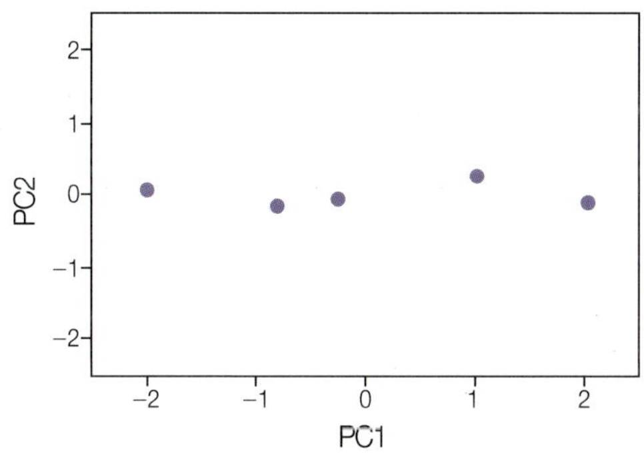

(8) 시각화와 해석

주성분 로딩을 출력하여 주성분에 기여하는 기존변수들의 영향도를 파악한다.

```
# 주성분 로딩(고유벡터)
loadings = pca.components
print(loadings)
```

```
[[-0.70710678 -0.70710678]
 [ 0.70710678 -0.70710678]]
```

X_1 변수의 주성분 로딩

X_2 변수의 주성분 로딩

PC1 PC2

```
# 주성분 로딩 분포
plt.scatter(loadings[:,0], loadings[:,1], color='w')
plt.xlabel('PC1')
plt.ylabel('PC2')
plt.xlim(-2, 2)
plt.ylim(-2, 2)

# 행과 열의 수
rows, columns = loadings.shape
# 행의 이름
rows_names = ['x1', 'x2']
for i in range(rows):
    # 선 긋기
    plt.arrow(0, 0, loadings[i,0], loadings[i,1],
              color = 'r',alpha = 0.5)
    # 변수명 출력
    plt.text(loadings[i,0]* 1.2, loadings[i,1] * 1.2,
             row_names[i], color = 'g',
             ha = 'center', va = 'center')
```

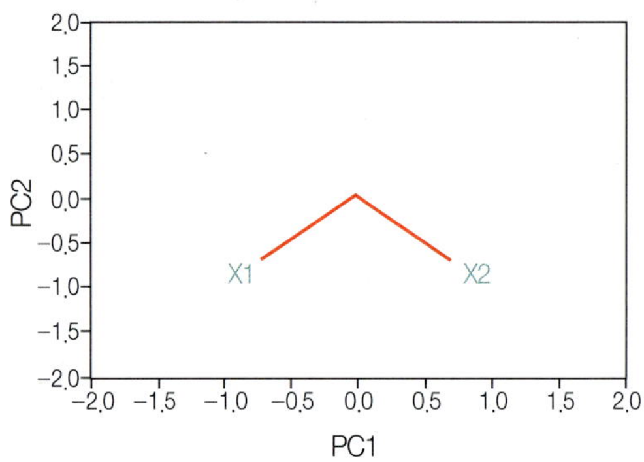

2.5 응용: 붓꽃의 차원축소

붓꽃 데이터 세트는 150개 붓꽃 식물 종의 분류를 위해 학습용으로 제공되는데, 1936년에 영국의 통계학자이자 생물학자인 Ronald Fisher에 의해 소개되었다. 붓꽃 종의 분류를 위한 변수는 꽃잎의 길이(petal length)와 너비(petal width), 꽃받침의 길이(sepal length)와 너비(sepal width)이며, 학습된 결과를 비교하기 위해 목표치로 setosa, versicolor, virginica의 세 가지 붓꽃 종(species)이 표시되어 있다. 4개 변수에 대해 주성분을 추출해 보자.

setosa　　versicolor　　virginica

붓꽃의 종

(1) 패키지 설정

붓꽃(iris) 데이터세트를 읽기 위해 sklearn 패키지의 datasets 모듈을 추가한다. 또한 그래프는 matplotlib 패키지를 기반으로 고급시각화 기능을 제공하는 seaborn 패키지를 사용한다.

```
from sklearn.decomposition import PCA
from sklearn.preprocessing import StandardScaler
# iris 데이터 세트
from sklearn import datasets

import numpy as np
import pandas as pd
import matplotlib.pyplot as plt
import seaborn as sns
```

(2) 데이터 작성

데이터세트는 4개의 특성(sepal length, sepal width, petal length, petal width)에 대한 data 부분과 종의 분류를 나타내는 목표치인 target으로 구분되어 있다.

```
# iris 데이터세트 읽기
data = datasets.load_iris()
data
```

```
{'DESCR': '.. _iris_dataset:₩n₩nIris plants dataset₩n--------------------
 'data': array([[5.1, 3.5, 1.4, 0.2],
        [4.9, 3. , 1.4, 0.2],
        [4.7, 3.2, 1.3, 0.2],
        [4.6, 3.1, 1.5, 0.2],
```

```
        [6.5, 3. , 5.2, 2. ],
        [6.2, 3.4, 5.4, 2.3],
        [5.9, 3. , 5.1, 1.8]]),
 'feature_names': ['sepal length (cm)',
  'sepal width (cm)',
  'petal length (cm)',
  'petal width (cm)'],
 'filename': '/usr/local/lib/python3.7/dist-packages/sklearn/datasets/data/iris.csv',
 'target': array([0, 0, 0, 0, 0, 0, 0, 0, 0, 0, 0, 0, 0, 0, 0, 0, 0, 0, 0, 0, 0, 0,
        0, 0, 0, 0, 0, 0, 0, 0, 0, 0, 0, 0, 0, 0, 0, 0, 0, 0, 0, 0, 0, 0,
        0, 0, 0, 0, 0, 0, 1, 1, 1, 1, 1, 1, 1, 1, 1, 1, 1, 1, 1, 1, 1, 1,
        1, 1, 1, 1, 1, 1, 1, 1, 1, 1, 1, 1, 1, 1, 1, 1, 1, 1, 1, 1, 1, 1,
        1, 1, 1, 1, 1, 1, 1, 1, 1, 1, 1, 1, 2, 2, 2, 2, 2, 2, 2, 2, 2, 2,
        2, 2, 2, 2, 2, 2, 2, 2, 2, 2, 2, 2, 2, 2, 2, 2, 2, 2, 2, 2, 2, 2,
        2, 2, 2, 2, 2, 2, 2, 2, 2, 2, 2, 2, 2, 2, 2, 2, 2, 2]),
 'target_names': array(['setosa', 'versicolor', 'virginica'], dtype='<U10')}
```

data 부분과 target 부분을 하나의 데이터 프레임으로 통합하고 일부 출력해본다.

```
# data 부분에 있는 feature_names을 열 이름으로 하는 데이터 프레임
df = pd.DataFrame(data['data'], columns=data['feature_names'])
# target 부분의 데이터를 데이터 프레임에 열로 추가
df['target'] = data['target']
# 데이터 프레임 앞부분 출력
df.head()
```

	sepal length (cm)	sepal width (cm)	petal length (cm)	petal width (cm)	target
0	5.1	3.5	1.4	0.2	0
1	4.9	3.0	1.4	0.2	0
2	4.7	3.2	1.3	0.2	0
3	4.6	3.1	1.5	0.2	0
4	5.0	3.6	1.4	0.2	0

(3) 탐색적 데이터 분석

data 부분의 4개 변수들에 대해 두 변수 간 산포도를 target별로 색을 구분해서 전체적인 분포를 파악해본다.

```
# 그래프 출력
plt.figure(figsize=(8, 8))          출력창의 가로와 세로 크기를 각각 8인치로 지정
ax = sns.pairplot(df, hue='target')     두 변수 조합의 target 분류
plt.show()
```

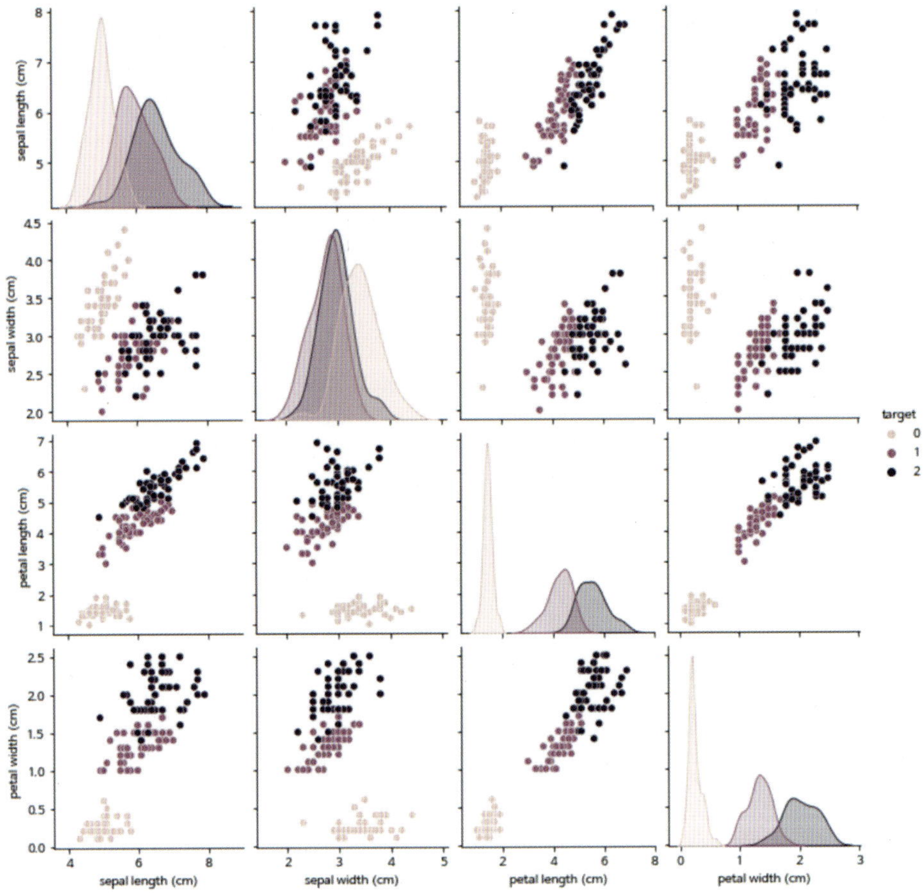

평균은 꽃받침의 길이(sepal length)가 5.843으로 가장 크고, 분산은 꽃잎의 길이(petal length)가 3.116으로 가장 큰 분포를 띠고 있다.

```
# data 부분
X_df = df.iloc[:, [0,1,2,3]]
# 열별 평균
print(X_df.mean(axis=0))
# 열별 분산
print(X_df.var(axis=0))
```

```
sepal length (cm)     5.843333   평균
sepal width (cm)      3.057333
petal length (cm)     3.758000
petal width (cm)      1.199333
dtype: float64
sepal length (cm)     0.685694   분산
sepal width (cm)      0.189979
petal length (cm)     3.116278
petal width (cm)      0.581006
dtype: float64
```

(3) 피처 스케일링

feature 변수들을 표준화한다.

```
# 데이터 표준화
scalerX = StandardScaler()
scalerX.fit(data.data)
X_std = scalerX.transform(data.data)
X_std
```

```
array([[-9.00681170e-01,  1.01900435e+00, -1.34022653e+00,
        -1.31544430e+00],
       [-1.14301691e+00, -1.31979479e-01, -1.34022653e+00,
        -1.31544430e+00],
       [-1.38535265e+00,  3.28414053e-01, -1.39706395e+00,
        -1.31544430e+00],
       [-1.50652052e+00,  9.82172869e-02, -1.28338910e+00,
```

(4) 주성분분석

PCA() 함수로 주성분분석 객체를 만들 때 옵션을 설정하지 않으면 주성분의 수는 feature 변수의 수로 설정된다.

```
# 주성분분석 객체 생성
pca = PCA()   (PCA(n_components=4))와 동일
# 주성분분석
pca.fit(X_std)
```

(5) 주성분 추출

주성분별 분산은 각각 20.923, 11.709, 4.692, 1.763이며, 이로부터 분산비율로 각각 0.7296(72.96%), 0.2285(22.85%), 0.0367(3.67%), 0.0052(0.52%)가 된다. 따라서, 누적분산비율의 임계치를 90%로 하면, 주성분 1과 2가 선택된다.

```
# 주성분 분산
print(pca.explained_variance_)
# 주성분 분산비율
print(pca.explained_variance_ratio_)
```

```
[2.93808505 0.9201649  0.14774182 0.02085386]
[0.72962445 0.22850762 0.03668922 0.00517871]
```

한편, scree plot으로 분산비율의 기울기가 완만해지는 elbow point(주성분3)까지 주성분을 선택하는 elbow method를 활용할 수 있다.

```
# 주성분 분산
plt.plot(pca.explained_variance_, 'o-')
plt.title('Scree Plot')
plt.xlabel('Principal Component')
plt.ylabel('Variance Ratio')
```

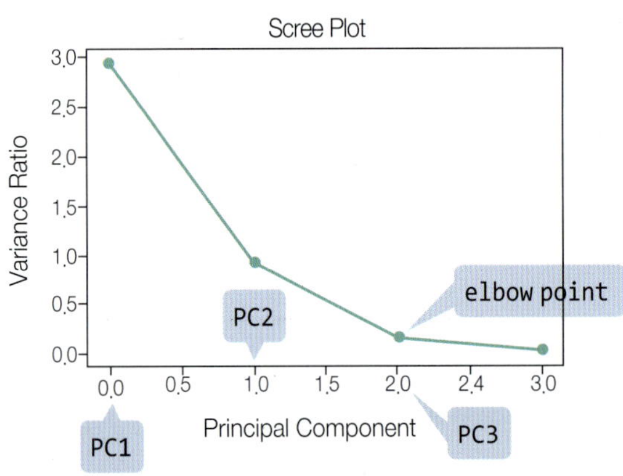

(6) 주성분 데이터로의 변환

표준화된 feature 데이터를 주성분 데이터로 변환하고 일부를 출력해본다.

```
# 주성분으로 데이터 변환
Z = pca.fit_transform(X_std)
# 데이터프레임으로 변환
Z_df = pd.DataFrame(data=Z, columns = ['PC1', 'PC2', 'PC3', 'PC4'])
Z_df.head()
```

	PC1	PC2	PC3	PC4
0	-2.264703	0.480027	-0.127706	-0.024168
1	-2.080961	-0.674134	-0.234609	-0.103007
2	-2.364229	-0.341908	0.044201	-0.028377
3	-2.299384	-0.597395	0.091290	0.065956
4	-2.389842	0.646835	0.015738	0.035923

두 변수 간 산포도를 target별로 구분하기 위해 target 열을 추가한다. 전체적인 분포를 파악해보면, PC1의 분포가 가장 큰 것을 볼 수 있다.

```
# target 열 추가
Z_df['target'] = data['target']

# 그래프 출력
plt.figure(figsize=(8, 8))
ax = sns.pairplot(df, hue='target')
plt.show()
```

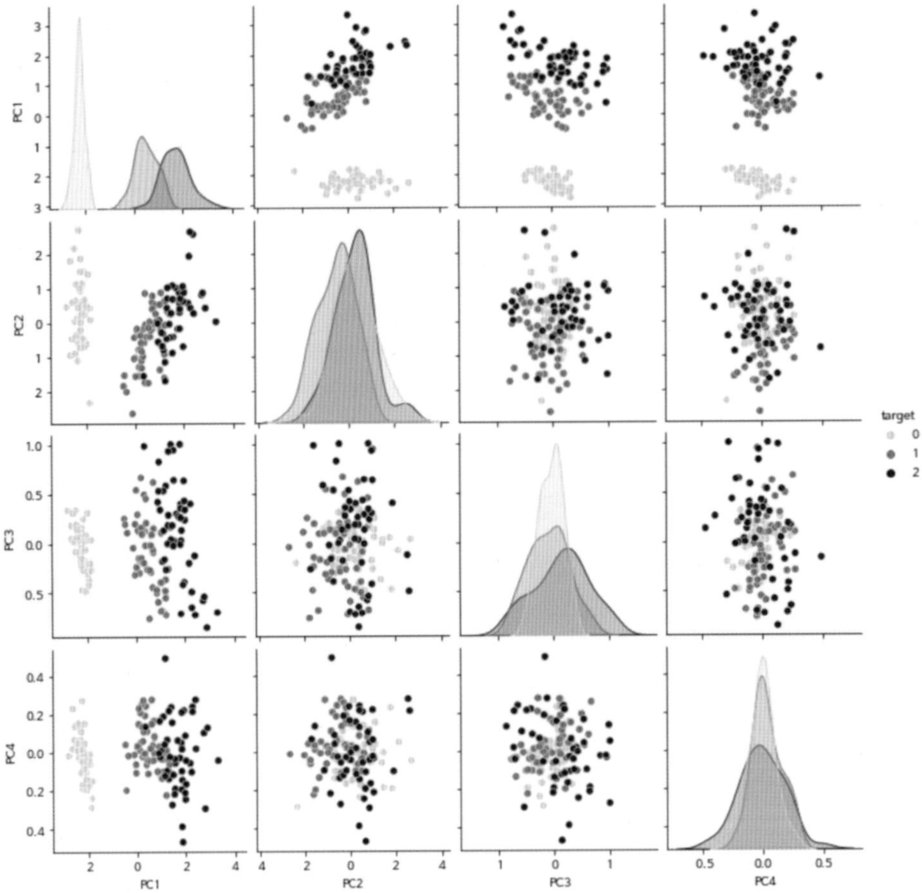

(7) 시각화와 해석

주성분 로딩을 출력하여 주성분에 기여하는 기존변수들의 영향도를 파악한다. 각 열은 크기가 1인 고유벡터에 해당한다.

```
# 주성분 로딩(고유벡터)
loadings = pca.components_
print(loadings)
```

```
[[ 0.52106591 -0.26934744  0.5804131   0.56485654]
 [ 0.37741762  0.92329566  0.02449161  0.06694199]
 [-0.71956635  0.24438178  0.14212637  0.63427274]
 [-0.26128628  0.12350962  0.80144925 -0.52359713]]
```

λ_1 λ_2 λ_3 λ_4

주성분 로딩을 데이터프레임으로 만들고, PC1과 PC2에 대해 loading plot을 출력하면 각 변수별 주성분에 미치는 영향을 파악할 수 있다.

```
# 주성분 로딩 분포 : PC1, PC2 관점
plt.scatter(loadings[:,0], loadings[:,1], color='w')
plt.xlabel('PC1')
plt.ylabel('PC2')
plt.xlim(-2, 2)
plt.ylim(-2, 2)

# 행과 열의 수
rows, columns = loadings.shape
# 행의 이름
rows_names = ['x1', 'x2', 'x3', 'x4']
for i in range(rows):
    # 선 긋기
    plt.arrow(0, 0, loadings[i,0], loadings[i,1],
              color = 'r',alpha = 0.5)
    # 변수명 출력
    plt.text(loadings[i,0]* 1.2, loadings[i,1] * 1.2,
             row_names[i], color = 'g',
             ha = 'center', va = 'center')
```

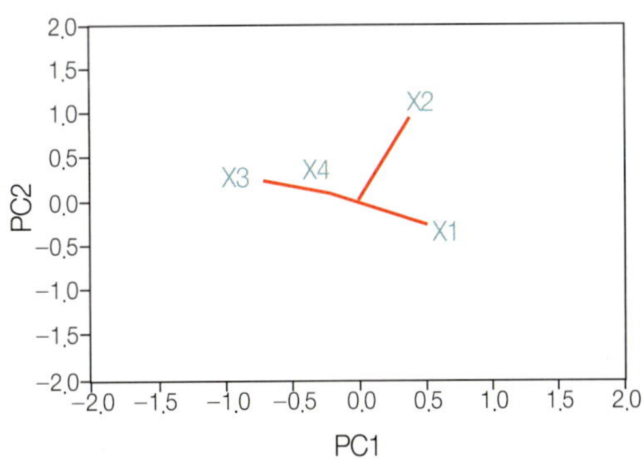

요약

차원축소: 다차원 데이터 세트로부터 차원의 수가 적은 데이터 세트로 만드는 방법으로,특성선택과 특성추출이 있다. 특성 선택은 기존 변수들 중에서 유의미한 변수만 선택하는 방법이며, 특성 추출은 기존 변수들로부터 새로운 변수들로 변환하여 추출하는 방법이다.

주성분분석 개요: 특성추출의 대표적인 기법으로, 기존 변수에서 분산이 가장 큰 방향의 서로 직교하는 주성분들로 선형변환한다.

주성분과 분산: 주성분은 기존 변수의 공분산행렬에 대한 고유벡터 방향의 축이며, 고윳값은 주성분의 분산을 의미한다.

주성분 분석: 주성분의 분산 비율이 큰 순으로 그 합이 90%를 넘는 최소의 주성분을 추출하거나, scree plot에서 주성분의 증가에 따른 분산 비율의 기울기가 완만해지는 elbow point까지의 주성분으로 추출한다.

주성분 분석 기본 절차: 데이터 작성 → 탐색적 데이터 분석 → 피처 스케일링 → 공분산 행렬 계산 → 공분산 행렬에 대한 고윳값과 고유벡터 계산 → 주선분의 분산비율 계산 → 주성분 추출 → 주성분으로의 데이터 변환

주성분 분석 패키지: 주성분분석에 사용되는 주요 모듈은 sklearn.decomposition 패키지의 PCA 모듈이다.

연습문제

1. 다음은 두 변수(X_1, X_2)에 대한 데이터이다. 다음 물음에 답하시오.

NO	X_1	X_1
1	−20	10
2	−10	7
3	5	6
4	20	4
5	35	1

(1) 데이터를 표준화하고 그래프에 표시하시오.
(2) 표준화된 데이터에 대한 공분산 행렬을 구하시오.
(3) 공분산 행렬에 대한 고윳값과 고유벡터를 구하시오.
(4) 주성분으로 변환된 값들을 구하고, 주성분 좌표계의 그래프로 표시하여 (1)항의 그래프와 비교하시오.
(5) 각 주성분의 분산비율을 구하시오.
(6) 주성분 누적분산비율의 임계치를 90%로 할 때, 주성분을 추출하시오.
(7) 추출한 주성분으로 변환된 값을 구하시오.

2. 파이썬으로 주성분분석 절차에 따라 주성분의 분산과 분산비율을 확인하고, 데이터 분석에 적당한 주성분을 추출하시오.

응용문제 보스톤 주택가격의 차원축소

다음은 2.1절에서 설명한 보스톤 주택 가격에 대한 데이터세트의 'data' 부분을 데이터 프레임으로 변환하는 스크립트이다. 데이터를 표준화 후에 3개의 주성분을 추출하시오. 각 주성분의 분산과 분산비율은 얼마인가?

```
from sklearn.datasets import load_boston
# Boston 주택가격 데이터세트 읽기
data = datasets.load_boston()
data
```

```
# 데이터 프레임으로 변환
X_df = pd.DataFrame(data['data'], columns=data['feature_names'])
X_df.head()
```

MEMO

CHAPTER 파이썬 데이터 분석

3 K–평균 군집화

학습목표

K–평균 군집화 방법의 이해

학습내용

K–평균 군집화 원리 이해
K–평균 군집화의 응용
K–평균 군집화 실습

칼 라르손 – 꽃이 있는 창문 (1894)

3.1 군집화 개요

군집분석(cluster analysis) 또는 군집화(clustering)는 유사한 개체들을 그룹화하는 작업이다. 군집화는 생물학 분야에서 형태 또는 유전자의 유사성으로 종과 속을 분류하거나, 의료분야에서는 단층촬영의 3 차원 이미지에서 여러 유형의 조직을 구별하는데 사용할 수 있다. 또한, 손으로 쓴 숫자 이미지(MNIST 데이터세트)나 패션 이미지(Fashion MNIST 데이터세트)들을 여러 그룹으로 분류하는 이미지 인식 분야에서 유용하게 활용할 수 있다. 한편, 고객의 취향에 따라 영화나 책을 추천하는 추천시스템에 사용하기도 한다. 이때 고객 특성에 관련한 인구적 변수(성별, 나이, 가구원 수 등), 지리적 변수(거주지 등), 사회적 변수(소득, 직업, 교육수준, 종교 등), 심리적 변수(의견, 가치 기준, 라이프 스타일 등), 행태적 변수(구매이력 등) 등 다양한 특성들을 활용할 수 있다.

개체들을 군집화하는 방법에는 개체들 간 거리가 가까운 것끼리 K개의 그룹을 만드는 K−평균 군집화(K−means Clustering)가 한 예이다. K−평균 군집화는 비지도학습에 의한 군집화의 방법이다.

"K−평균"의 개념은 1957년 폴란드 수학자인 Hugo Steinhaus가 소개하였으며, 용어는 1967년에 James MacQueen에 의해 처음 사용되었다. 표준 알고리즘은 1957년에 미국 벨

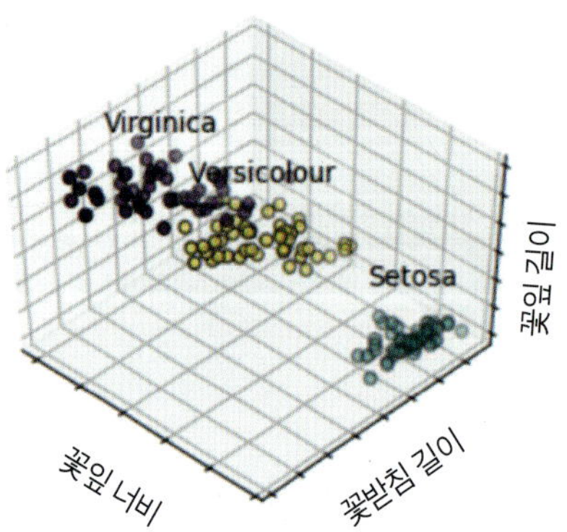

붓꽃 종의 군집화

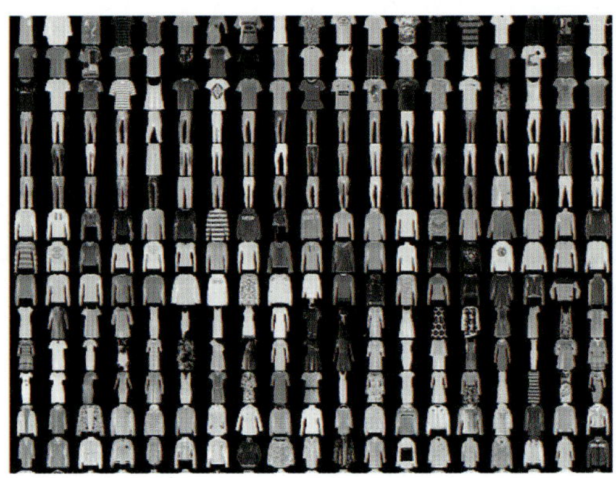

패션 이미지 데이터의 예

연구소(Bell Labs)의 Stuart Lloyd가 고안하였지만 1982년이 되어서야 컴퓨터 과학 매거진에 처음 공개되었다. 알고리즘이 공개되기 이전인 1965년에 E. W. Forgy 또한 같은 알고리즘을 제안하였다[4~7].

3.2 K–평균 군집화의 기본 원리

군집은 개체 간 유사도를 측정하여 유사성이 높은 개체들을 묶은 것이다. 유사도는 군집 중심들과 각 개체 간 유클리드 거리(Euclidean distance)로 측정한다. 직교 좌표계로 나타나는 n차원에서 두 점 $\boldsymbol{P}$, $\boldsymbol{Q}$를

$$\boldsymbol{P} = (p_1, p_2, \cdots, p_n), \boldsymbol{Q} = (q_1, q_2, \cdots, q_n)$$

이라고 하면, 두 점 간의 유클리드 거리는

$$D(\boldsymbol{P}, \boldsymbol{Q}) = \sqrt{\sum_{i=1}^{n} (p_i - q_i)^2}$$

로 정의된다. 2차원의 X–Y 평면인 경우, 객체 $s_1 = (x_1, y_1)$와 군집 중심 $\mu_1 = (x_1^c, y_1^c)$간 거리는

$$D(s_1, \mu_1) = \sqrt{(x_1 - x_1^c)^2 + (y_1 - y_1^c)^2}$$

가 된다.

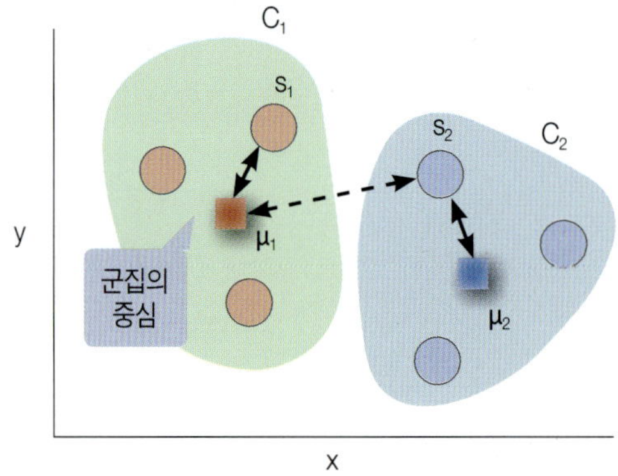

군집화는 각 군집 중심(μ_k)과 그 군집에(C_k) 속하는 개체들과의($s_i \in C_k$) 거리를 최소화하는 방향으로 진행된다. 즉 초기에 개체 1과 2를 군집의 중심으로 정하면, 각 개체들을 가까운 쪽의 군집중심으로 군집화한다. 그리고 두 그룹의 각 군집 중심을 다시 정하고, 각 개체들을 재군집화한다. 그 과정을 반복하다가 군집의 중심이 변하지 않거나, 정해진 반복수가 되면 종료한다.

군집은 군집의 초기 위치에 따라 달라질 수 있다. 즉, 초기 치들이 한쪽으로 쏠려 설정되면 결과가 적절치 못하거나 계산 시간이 오래 걸리게 된다. 이러한 문제를 해결하기 위해 다양한 연구들이 있으며, 초기 위치를 고르게 분포시킬 수 있도록 간단히 데이터 집합에서 무작위로 선택하는 방법이 있다.

한편, 군집 수(K)는 데이터의 분포에 따라 달라질 수 있는데, elbow method는 K를 정하는 한 방법이다(3.5절 참조). 각 군집내에서 개체들과 군집 중심 간 거리 제곱의 합을 군집 내 거리 제곱합(WSS : within-cluster sum of squares)이라 한다. 이때 TWSS(total WSS)는 군집의 수가 증가할수록 감소하게 된다.

$$WSS(k) = \sum_{s_i \in C_k} D(p_i, \mu_k)^2$$

$$TWSS = \sum_{k=1}^{K} WSS(k)$$

군집이 수가 개체의 수와 같다면 각 군집은 개체와 1:1로 대응되고 군집 중심과 개체의 위치가 서로 같기 때문에 각 WSS는 모두 0이 된다. Elbow method는 군집의 수에 따라 WSS의 기울기가 급격히 작아지는 지점(elbow point)의 군집 수로 정한다. 다음 그림의 예는 군집 수가 2에서 3으로 증가할 때 그 기울기가 크게 작아지는 현상을 볼 수 있다. 이 경우, 군집의 수는 2로 정하게 된다.

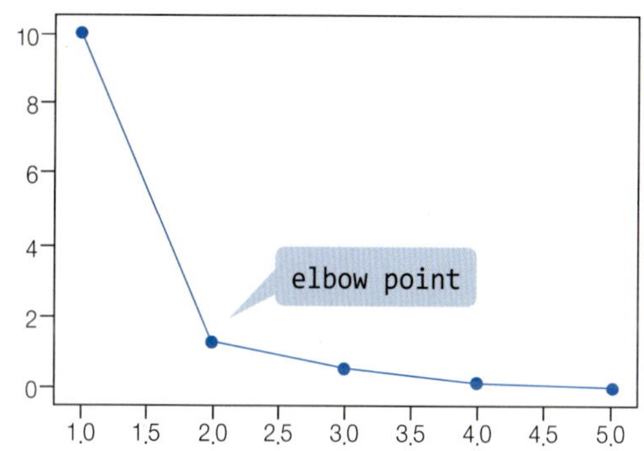

3.3 K-평균 군집화의 예시

다음 표는 두 개의 변수로 구성되는 5개의 개체를 나타낸 것이다. 두 개의 군집(K=2)으로 군집화하는 과정을 살펴보기로 하자.

No	X	Y
1	45	3
2	9	12
3	15	10
4	60	5
5	21	15

그 과정은 다음과 같다. 먼저 데이터를 표준화하고, K개에 해당하는 초기 군집 중심을 정한다. 각 개체들을 가까운 군집 중심의 군집으로 할당하고, 군집 중심을 다시 정한다. 모든 군집들의 군집 중심이 이전 단계와 같으면 반복을 종료하고, 그렇지 않으면 군집화 과정을 반복한다.

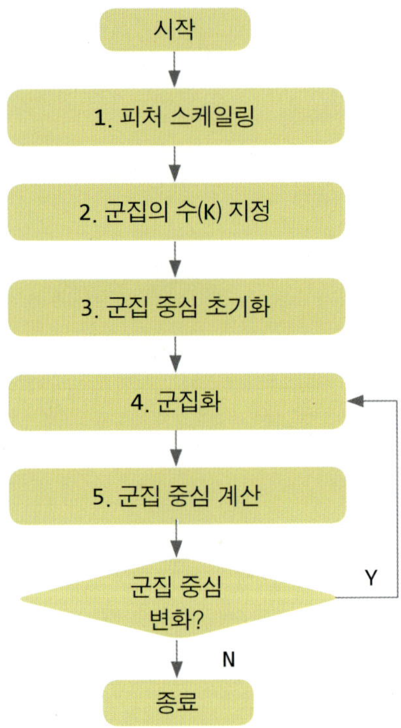

K-평균 군집분석의 표준 알고리즘

(1) 피처 스케일링

원 데이터를 그대로 사용하게 되면 변수 간 이질적 단위로 데이터 값의 크기가 변하게 되고, 이는 개체들의 유사도에 영향을 주어 각 개체들이 소속되는 군집이 달라지게 된다. 이런 문제를 없애기 위해 먼저 피처 스케일링 과정을 거친다. 표준화는 다음과 같다(2.3절 참조).

표준화는 자유도가 $n-1$인 표본표준편차(s_x)를 사용하였다(2.3절 참조). X 변수값의 평균은 30, 표준편차는 21.6333이며, Y 변수값의 평균은 9, 표준편차는 4.9497이다. 각 변수를 표준화하여 나타내면 다음과 같다.

No	원 데이터		표준화 데이터	
	X	Y	X	Y
1	45	3	0.6934	−1.2122
2	9	12	−0.9707	0.6061
3	15	10	−0.6934	0.2020
4	60	5	1.3868	−0.8081
5	21	15	−0.4160	1.2122

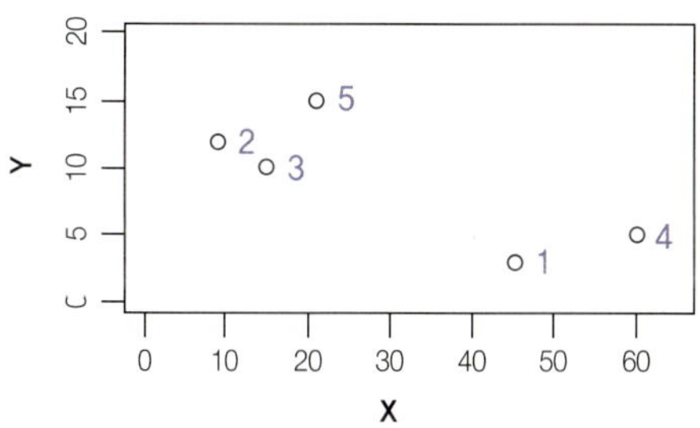

원 데이터의 분포

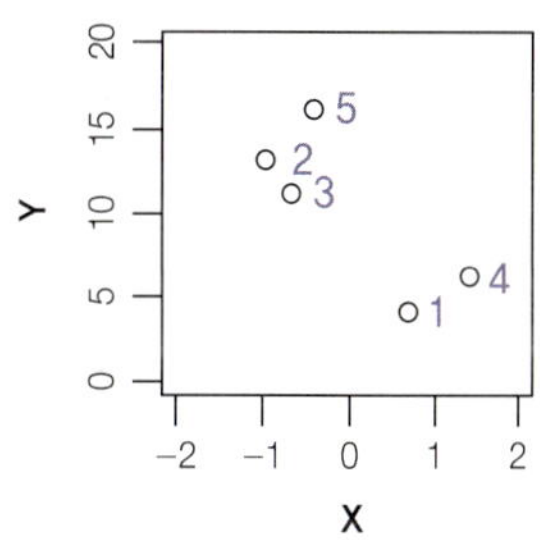

표준화데이터의 분포

(2) 군집의 수 지정

군집의 수를 2개로 하기로 하자(elbow method로 군집의 수를 설정하는 예시는 3.5절 참조).

(3) 군집 중심의 초기화

초기 군집 중심으로 1, 2 개체가 무작위로 선정되었다고 하자.

$$\mu_1 = s_1, \mu_2 = s_2$$

반복 1

(4) 군집화

❶ 군집 중심과 각 개체 간 거리 계산

개체5(s_5)를 군집 중심1(μ_1)과 군집 중심2(μ_2)에 대해 거리를 구하면 다음과 같다.

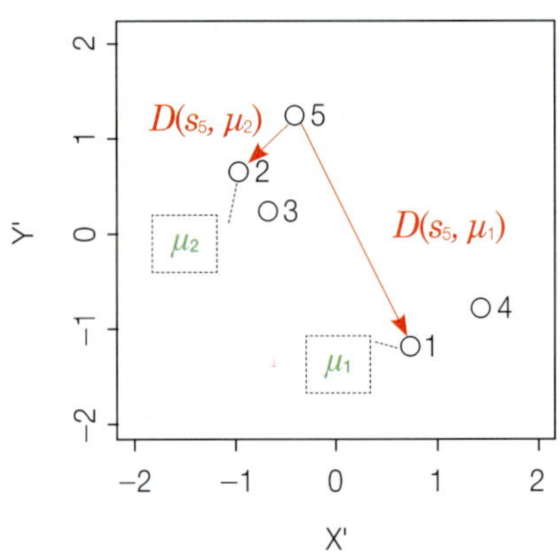

$$D(s_5, \mu_1) = \sqrt{(x_5 - x_1^c)^2 + (y_5 - y_1^c)^2}$$
$$= \sqrt{(-0.4160 - 0.6934)^2 + \{1.2122 - (-1.2122)\}^2}$$
$$= 2.6661$$
$$D(s_5, \mu_2) = \sqrt{(x_5 - x_2^C)^2 + (y_5 - y_2^C)^2}$$
$$= \sqrt{\{-0.4160 - (-0.9707)\}^2 + (1.2122 - 0.6061)^2}$$
$$= 0.8216$$

❷ 개체들의 군집화

각 개체들과 각 군집 중심 간 거리로부터 거리가 가까운 쪽의 군집 중심으로 할당한 결과는 다음과 같다.

No	표준화 데이터		개체들의 각 군집에 대한 거리		개체들의 군집 할당
	X	Y	$D(s_i, \mu_1)$	$D(s_i, \mu_2)$	
1	0.6934	−1.2122	0	2.4648	1
2	−0.9707	0.6061	2.4648	0	2
3	−0.6934	0.2020	1.9807	0.4901	2
4	1.3868	−0.8081	0.8025	2.7491	1
5	−0.4160	1.2122	2.6661	0.8216	2
WSS			17.7505	14.5480	
TWSS			32.2985		

(5) 각 군집의 중심 계산

새롭게 구성된 각 군집의 중심을 구한다. 즉, 첫 번째 군집의 중심(μ_1)은 그 군집에 할당된 1과 4의 개체에 대한 중심 좌표가 된다.

$$x_1^c = \frac{x_1 + x_4}{2} = \frac{0.6934 + 1.3868}{2} = 1.0401$$

$$y_1^c = \frac{y_1 + y_4}{2} = \frac{-1.2122 + (-0.8081)}{2} = -1.0102$$

한편, 두 번째 군집의 중심(μ_2)은 그 군집에 할당된 2, 3, 5 개체의 중심 좌표가 된다.

$$x_2^c = \frac{x_2 + x_3 + x_5}{3} = \frac{-0.9707 + (-0.6934) + (-0.4160)}{3} = -0.6934$$

$$y_2^c = \frac{y_2 + y_3 + y_5}{3} = \frac{0.6061 + 0.2020 + 1.2122}{3} = 0.6734$$

(6) 반복 종료 여부 확인

새롭게 구성된 군집의 중심이 초기 군집 중심과 차이가 있기 때문에 (4), (5) 과정을 반복한다.

반복 2

(4) 군집화

❶ 군집 중심과 각 개체 간 거리 계산

개체5(s_5)를 군집 중심1(μ_1)과 군집 중심2(μ_2)에 대해 거리를 구하면 다음과 같다.

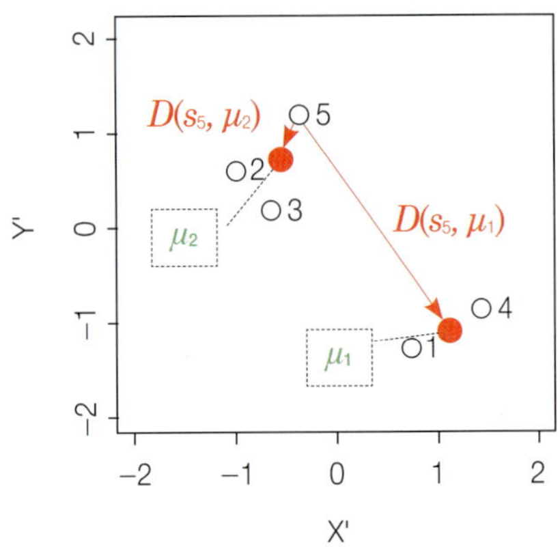

$$D(s_5, \mu_1) = \sqrt{(x_5 - x_1^c)^2 + (y_5 - y_1^c)^2}$$
$$= \sqrt{(-0.4160 - 1.0401)^2 + \{1.2122 - (-1.0102)\}^2}$$
$$= 2.6569$$
$$D(s_5, \mu_2) = \sqrt{(x_5 - x_2^c)^2 + (y_5 - y_2^c)^2}$$
$$= \sqrt{\{-0.4160 - (-0.6934)\}^2 + (1.2122 - 0.6734)^2}$$
$$= 0.6059$$

❷ 개체들의 군집화

각 개체들과 각 군집 중심 간 거리로부터 거리가 가까운 쪽의 군집 중심으로 할당한 결과는 다음과 같다.

No	표준화 데이터		개체들의 각 군집에 대한 거리		개체들의 군집 할당
	X	Y	$D(s_i, \mu_1)$	$D(s_i, \mu_2)$	
1	0.6934	−1.2122	0.4013	2.3406	1
2	−0.9707	0.6061	2.5798	0.2854	2
3	−0.6934	0.2020	2.1152	0.4714	2
4	1.3868	−0.8081	0.4013	2.5538	1
5	−0.4160	1.2122	2.6569	0.6059	2
WSS			18.5106	12.6711	
TWSS			31.1817		

(5) 각 군집의 중심 계산

새롭게 구성된 각 군집의 개체들은 이전 단계와 동일하기 때문에 군집 중심도 이전과 같다.

(6) 반복 종료 여부 확인

군집 중심의 변화가 없기 때문에 반복을 종료한다.

3.4 파이썬 기반 분석

3.3절의 과정을 파이썬으로 분석해보자. 먼저, 사용할 파이썬 패키지를 설정하고 데이터에 대한 개략적인 분포를 파악한다. 그리고 데이터를 표준화하고 군집화 후에 결과를 분석한다.

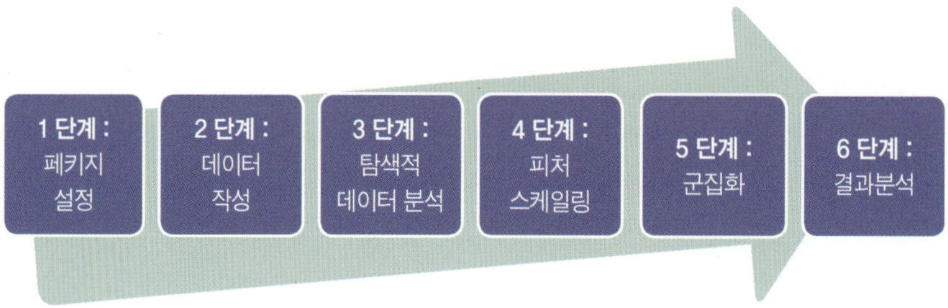

(1) 패키지 설정

KMeans 패키지는 K-평균 군집화, StandardScaler 패키지는 표준화, numpy 패키지는 데이터 배열 만들기, matplot.pyplot 모듈은 데이터의 그래프 출력을 위해 사용한다.

```
from sklearn.cluster import KMeans
from sklearn.preprocessing import StandardScaler
import pandas as pd
import numpy as np
import matplotlib.pyplot as plt
```

(2) 데이터 작성

X, Y로 구성되는 5개 리스트를 배열로 작성한다.

```
# 데이터 리스트: X, Y
data = np.array([[45, 3], [9, 12],
        [15, 10], [60, 5],
        [21, 15]])

data
```

```
array([[45,  3],
       [ 9, 12],
       [15, 10],
       [60,  5],
       [21, 15]])
```

(3) 탐색적 데이터 분석

데이터에 대한 전체적인 분포를 파악해보자.

```
# 원데이터의 X, Y의 산포도
plt.scatter(data[:,0], data[:,1])
plt.xlabel('X')
plt.ylabel('Y')
plt.xlim(0, 65)
plt.ylim(0, 20)

# 행과 열의 수
rows, columns = data.shape
# 데이터 라벨
for i, in range(rows):
    plt.annotate(it1, (data[i,0], data[i,1]))    i번째 개체의 라벨 출력
```

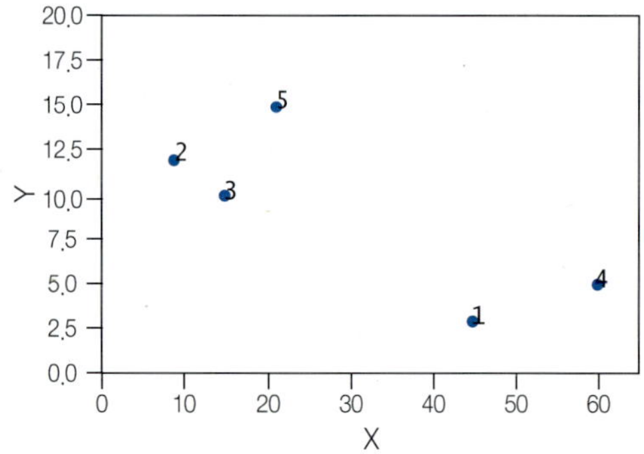

(4) 피처 스케일링

X, Y값을 표준화한다. StandardScalar 모듈의 표준화는 모표준편차(σ_x)를 사용하기 때문에 3.3절 예제와 차이가 있다(2.3절 참조).

```
# 데이터 표준화
scaler=StandardScaler()
scaler.fit(data)
data_std=scaler.transform(data)
print(data_std)
```

표준화 스케일러 객체 생성

표준화 스케일러를 data에 기준을 맞춤

각 열별로 표준화함

```
[[ 0.77521709 -1.35526185]
 [-1.08530393  0.67763093]
 [-0.77521709  0.22587698]
 [ 1.55043418 -0.9035079 ]
 [-0.46513025  1.35526185]]
```

표준화된 데이터의 분포는 다음과 같다.

```
# 표준화된 데이터의 X, Y의 산포도
plt.scatter(data_std[:,0], data_std[:,1])
plt.xlabel('X')
plt.ylabel('Y')
plt.xlim(-2, 2)
plt.ylim(-2, 2)

# 행과 열의 수
rows, columns = data_std.shape
# 데이터 라벨
for i, in range(rows):
    plt.annotate(i+1, (data_std[i,0], data_std[i,1]))
```

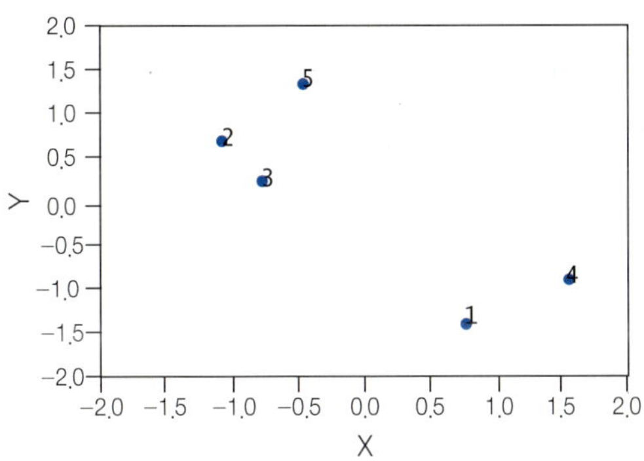

(5) 군집화

kmeans() 함수를 사용하여 2개의 군집으로 분류한다. 분류 결과는 각 군집에 속하는 개체, 군집 중심, 분산 등에 관한 정보를 알려준다. 1, 4번 개체는 군집 라벨이 1이고 2, 3, 5번 객체는 군집 라벨이 0로 분류되어 있다.

```
# 군집의 수를 2개로 하는 군집화 객체
kmeans = KMeans(n_clusters=2)
# 2, 3열을 이용한
kmeans.fit(obj_df.iloc[:,[1,2]])
# 군집 라벨
print(kmeans.labels_)
# 군집별 군집 중심
print(kmeans.cluster_centers_)
```

```
[1 0 0 1 0]
[[-0.77521709  0.75292325]
 [ 1.16282564 -1.12938488]]
```

개체별 군집 라벨

군집 라벨 0의 중심 좌표

군집 라벨 1의 중심 좌표

(6) 결과 분석

2개의 군집을 군집 라벨에 해당하는 색으로 구분하고, 각 군집의 중심은 적색으로 나타내는 산포도는 다음과 같다.

```
# 5. 결과 분석
# 군집 데이터 분포
plt.scatter(data_std[:,0], data_std[:,1],
      c=kmeans.labels_, s=50)
plt.xlabel('X')
plt.ylabel('Y')
plt.xlim(-2, 2)
plt.ylim(-2, 2)

# 행과 열의 수
rows, columns = data_std.shape
# 데이터 라벨
for i, in range(rows):
      plt.annotate(it1, (data_std[i,0], data_std[i,1]))

# 군집 중심 표시
plt.scatter(kmeans.cluster_centers_[:, 0],
            kmeans.cluster_centers_[:, 1],
            c='red', s=200, alpha=0.5);
# 군집 라벨
for k in range(0, K):
      plt.annotate(k,
                  (kmeans.cluster_centers_[k, 0], kmeans.cluster_centers_[k, 1]))
```

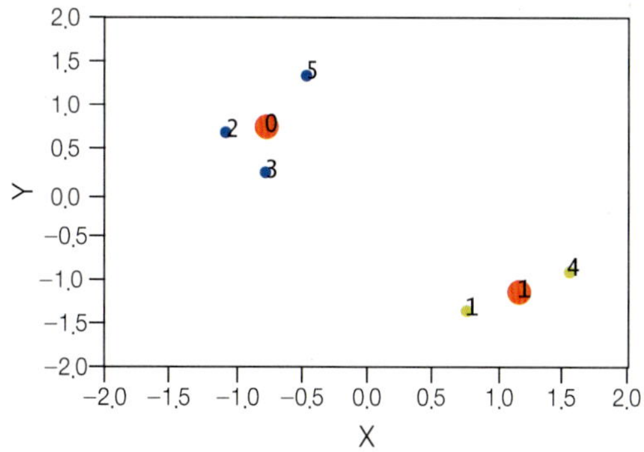

elbow method로 적당한 군집의 수를 알아보기 위해 군집 수에 따른 TWSS의 변화를 그래프로 출력해보자. 군집의 수가 2에서 3으로 갈 때 기울기의 변화가 급격히 줄어들기 때문에 군집의 수는 2개가 가장 적당하다고 할 수 있다.

```
# 클러스터 수별 TWSS 값
TWSS = {}
# 군집 수 1~5까지 반복
for k in range(1, 6):
    # 군집 수 설정과 군집화 객체 생성
    model = KMeans(n_clusters=k)
    # 표준화된 X, Y 데이터에 대한 군집화
    model.fit(data_std)
    # 군집 수별 TWSS 값 저장
    TWSS[k] = model.inertia_

# 군집 수에 따른 TWSS 그래프
plt.plot(list(TWSS.keys()), list(TWSS.values()), marker='o')
plt.xlabel("Number of Clusters(K)")
plt.ylabel("TWSS")
plt.show()
```

군집의 수(K) : TWSS.keys()
군집 수에 대한 TWSS : TWSS.values()

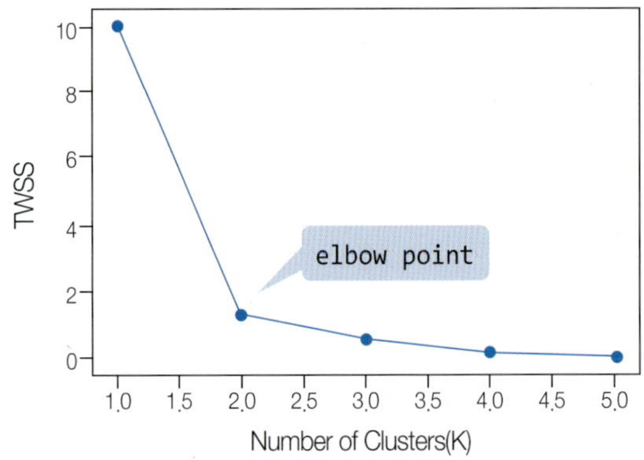

3.5 응용: 붓꽃의 군집화

붓꽃(iris) 데이터세트에 대해 K-평균 군집화로 종을 분류해보자. 붓꽃은 네 가지 속성인 꽃잎의 길이(petal length)와 너비(petal width), 꽃받침의 길이(sepal length)와 너비(sepal width)에 따라 종이 분류된다. iris 데이터 세트에는 setosa, versicolor, virginica의 세 가지 붓꽃 종(species)으로 각각 50개씩 분류되어 있다(2장 참조). 군집화 결과와 iris 데이터 세트에 있는 목표값을 비교해서 정확도를 평가해보자.

setosa

versicolor

virginica

붓꽃의 종

(1) 패키지 설정

KMeans 패키지는 군집화, StandardScaler 패키지는 표준화, numpy 패키지는 데이터 배열 만들기, matplot.pyplot 모듈은 데이터의 그래프 출력을 위해 사용한다. datasets 패키지는 iris 데이터 세트를 제공한다. confusion_matrix 패키지는 분류모형의 평가를 위해 혼동행렬을 보여주고 정확도를 계산해 준다.

```
from sklearn.cluster import KMeans
from sklearn.preprocessing import StandardScaler
import numpy as np
import matplotlib.pyplot as plt

# iris 데이터 세트
from sklearn import datasets
# 혼동 행렬
from sklearn.metrics import confusion_matrix
# 분류 정확도
from sklearn.metrics import accuracy_score
```

(2) 데이터 작성

iris 데이터 세트를 불러와서, 특성(feature) 이름과 목표값(target)에 있는 종의 분류를 보면 다음과 같다.

```
# iris 데이터 세트 로딩
iris = datasets.load_iris()
# iris 입력 속성
print(iris.feature_names)
# iris 목표 값
print(iris.target_names)
```

```
['sepal length (cm)', 'sepal width (cm)', 'petal length (cm)', 'petal width (cm)']
['setosa' 'versicolor' 'virginica']
```

target feature

데이터 부분은 4가지 특성의 순서에 따라 150개 리스트로 되어 있으며, target 데이터는 0('setosa'), 1('versicolor'), 2('virginica')로 구분되어 있다.

```
# iris 입력 데이터 세트
data = iris.data
# iris 목표 데이터 세트
target = iris.target
print(data)
print(target)
```

```
[[5.1 3.5 1.4 0.2]
 [4.9 3.  1.4 0.2]
 [4.7 3.2 1.3 0.2]
 ...
 [6.3 2.5 5.  1.9]
 [6.5 3.  5.2 2. ]
 [6.2 3.4 5.4 2.3]
 [5.9 3.  5.1 1.8]]
[0 0 0 0 0 0 0 0 0 0 0 0 0 0 0 0 0 0 0 0 0 0 0 0 0 0 0 0 0 0 0 0 0 0 0 0 0
 0 0 0 0 0 0 0 0 0 0 0 0 0 1 1 1 1 1 1 1 1 1 1 1 1 1 1 1 1 1 1 1 1 1 1 1 1
 1 1 1 1 1 1 1 1 1 1 1 1 1 1 1 1 1 1 1 1 1 1 2 2 2 2 2 2 2 2 2 2 2 2 2 2 2
 2 2 2 2 2 2 2 2 2 2 2 2 2 2 2 2 2 2 2 2 2 2 2 2 2 2 2 2 2 2 2 2 2 2 2 2 2
 2 2]
```

특성 데이터

목표값

(3) 탐색적 데이터 분석

4가지 feature별 분포를 박스플롯으로 보면, 꽃잎의 길이는 넓은 분포를 보이고 있으며 꽃받침은 분포가 좁고 이탈값도 나타난다. 한편 중앙값은 꽃받침 길이, 꽃잎 길이, 꽃받침 너비, 꽃잎 너비 순이다.

```
# 그래프 가로, 세로 크기(inch)
plt.figure(figsize=(8, 4))
# Feature 별 박스폴롯
plt.boxplot([data[:,0], data[:,1], data[:,2], data[:,3]],
labels=iris.feature_names)
plt.title('Iris')
plt.xlabel('Features')
plt.ylabel('Length or Width (cm)')
plt.show()
```

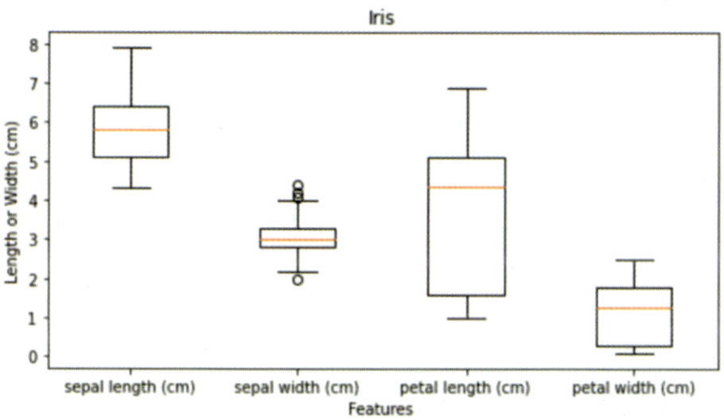

꽃받침의 길이와 너비 간의 분포를 종에 따라 색을 구분하면 다음과 같다(두 가지 feature별 조합에 따른 종의 분포는 2.4절 참조).

```
# 데이터 분포
X = data[:, 0]
Y = data[:, 1]
plt.scatter(X, Y, c=target)
plt.title('Iris')
plt.xlabel(iris.feature_names[0])
plt.ylabel(iris.feature_names[1])
plt.show()
```

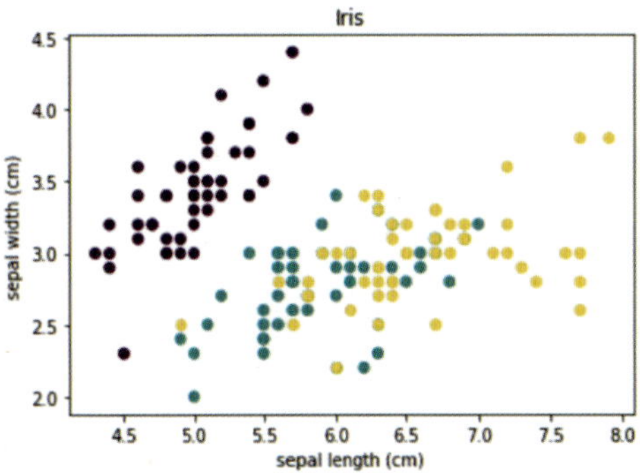

(4) 피처 스케일링

데이터의 1~4열을 각각 표준화하고, 꽃받침의 길이와 너비 간의 분포를 종에 따라 색을 구분하면 다음과 같다.

```
scaler = StandardScaler()
data_std = scaler.fit_transform(data)
print(data_std)
```

표준화 스케일러를 각열에 기준을 맞추고, 각 열을 표준화 함

```
[[-9.00681170e-01  1.01900435e+00 -1.34022653e+00 -1.31544430e+00]
 [-1.14301691e+00 -1.31979479e-01 -1.34022653e+00 -1.31544430e+00]
 [-1.38535265e+00  3.28414053e-01 -1.39706395e+00 -1.31544430e+00]
 [-1.50652052e+00  9.82172869e-02 -1.28338910e+00 -1.31544430e+00]
 [-1.02184904e+00  1.24920112e+00 -1.34022653e+00 -1.31544430e+00]
 [-5.37177559e-01  1.93979142e+00 -1.16971425e+00 -1.05217993e+00]
 ...
 [ 5.53333275e-01 -1.28296331e+00 ...
 [ 7.95669016e-01 -1.31979479e-01  8.19595696e-01  1.05393502e+00]
 [ 4.32165405e-01  7.88807586e-01  9.33270550e-01  1.44883158e+00]
 [ 6.86617933e-02 -1.31979479e-01  7.62758269e-01  7.90670654e-01]]
```

```
# 그래프 가로, 세로 크기(inch)
plt.figure(figsize=(5,5))
X = data_std[:,0]
Y = data_std[:,1]
plt.scatter(X,Y, c=target)
plt.title('Iris (Standardization)')
plt.xlabel(iris.feature_names[0])
plt.ylabel(iris.feature_names[1])
plt.show()
```

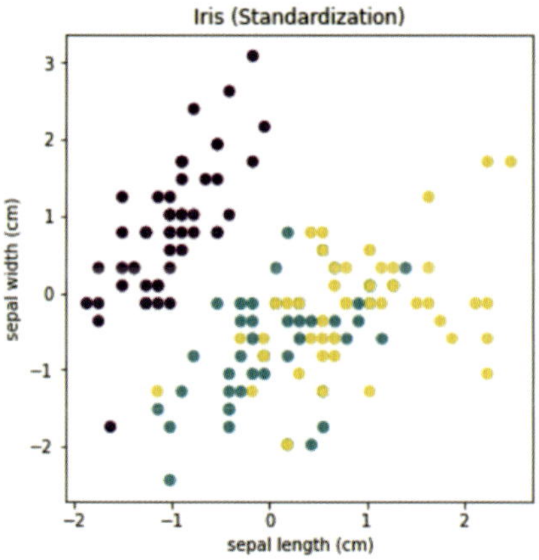

(5) 군집화

적당한 군집의 수를 결정하기 군집 수에 따른 TWSS의 변화를 먼저 분석해본다. TWSS의 변화는 군집의 수가 3에서 4로 갈 때 기울기의 변화가 급격히 줄어들기 때문에 elbow method에 의하면 군집의 수는 3개가 가장 적당하다고 할 수 있다.

```
# 클러스터 수별 TWSS 값
TWSS = {}
# 군집 수 1~5까지 반복
for k in range(1, 11):
        # 군집 수 설정과 군집화 객체 생성
        model = KMeans(n_clusters=k)
        # 표준화된 X, Y 데이터에 대한 군집화
        model.fit(data_std)
        # 군집 수별 TWSS 값 저장
        TWSS[k] = model.inertia_

# # 군집 수에 따른 TWSS 그래프
plt.plot(list(TWSS.keys()), list(TWSS.values()), marker='o')
plt.xlabel("Number of Clusters(K)")
plt.ylabel("TWSS")
plt.show()
```

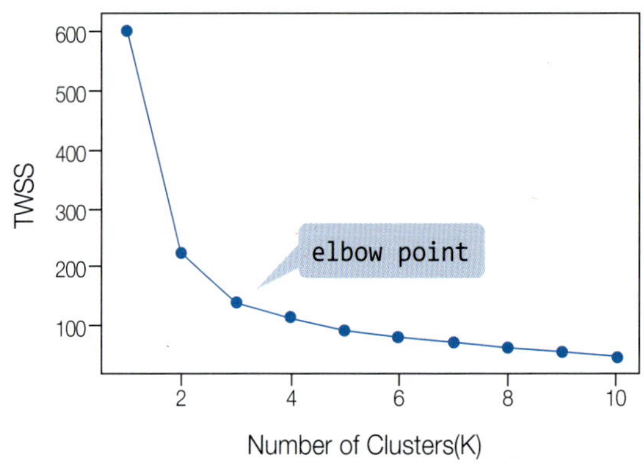

kmeans() 함수를 사용하여 3개의 군집으로 분류한다. 분류 결과는 각 군집에 속하는 개체, 군집 중심, 분산 등에 관한 정보를 알려준다.

```
# 군집화
K=3
kmeans = KMeans(n_clusters=K)
kmeans.fit(data_std)
# 군집 중심
centers = kmeans.cluster_centers_
# 군집 라벨
labels = kmeans.labels_
print(centers)
print(labels)
```

```
[[-0.05021989 -0.88337647  0.34773781  0.2815273 ]
 [-1.01457897  0.85326268 -1.30498732 -1.25489349]
 [ 1.13597027  0.08842168  0.99615451  1.01752612]]
[1 1 1 1 1 1 1 1 1 1 1 1 1 1 1 1 1 1 1 1 1 1 1 1 1 1 1 1 1 1 1 1 1 1 1 1 1
 1 1 1 1 1 1 1 1 1 1 1 1 1 2 2 2 0 0 0 2 0 0 0 0 0 0 0 0 2 0 0 0 0 2 0 0 0
 0 2 2 2 0 0 0 0 0 0 0 2 2 0 0 0 0 0 0 0 0 0 0 0 0 0 2 0 2 2 2 2 0 2 2 2 2
 2 2 0 0 2 2 2 2 0 2 0 2 0 2 2 0 2 2 2 2 2 2 0 0 2 2 2 0 2 2 2 0 2 2 2 0 2
 2 0]
```

군집 1의 중심
군집 2의 중심
군집 3의 중심
군집 라벨

군집화된 라벨에 따라 색으로 구분하고, 각 군집 중심을 표시하면 다음 그래프와 같다.

```
# 그래프 가로, 세로 크기(inch)
plt.figure(figsize=(5, 5))
X = data_std[:, 0]
Y = data_std[:, 1]
plt.scatter(X, Y, c=target)
plt.title('Iris (Standardization)')
plt.xlabel(iris.feature_names[0])
plt.ylabel(iris.feature_names[1])

# 군집 중심 표시
X = centers[:, 0]
Y = centers[:, 1]
plt.scatter(X, Y, c='red', s=200, alpha=0.5);
plt.show()
```

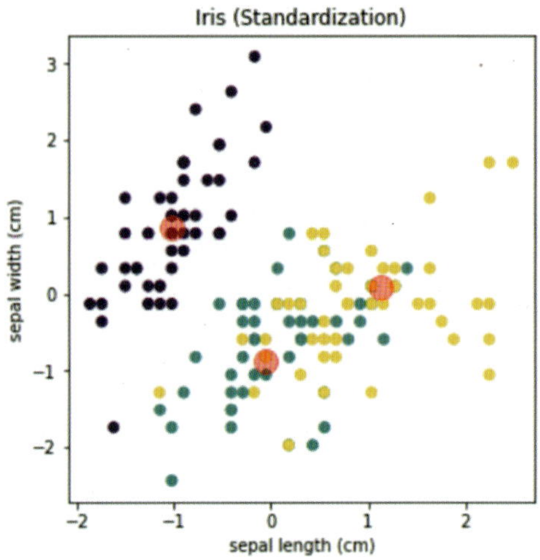

(6) 평가

군집 결과에 대한 정확도를 평가하기 위해, 실제 값과 비교해 보자. target에 있는 실제 값은 'setosa', 'versicolor', 'versinica' 순으로 0, 1, 2로 부류되어 있지만, 군집화 결과의 분류 순서는 실행할 때마다 달라질 수 있다. 다음 실행결과는 0과 1이 바뀐 분류로 나타나고 있다.

```
# 실제 종의 분류
print(target)
# 군집화에 의해 분류된 라벨
print(labels)
```

```
[0 0 0 0 0 0 0 0 0 0 0 0 0 0 0 0 0 0 0 0 0 0 0 0 0 0 0 0 0 0 0 0 0 0 0 0 0
 0 0 0 0 0 0 0 0 0 0 0 0 0 1 1 1 1 1 1 1 1 1 1 1 1 1 1 1 1 1 1 1 1 1 1 1 1
 1 1 1 1 1 1 1 1 1 1 1 1 1 1 1 1 1 1 1 1 1 1 1 1 1 1 2 2 2 2 2 2 2 2 2 2 2
 2 2 2 2 2 2 2 2 2 2 2 2 2 2 2 2 2 2 2 2 2 2 2 2 2 2 2 2 2 2 2 2 2 2 2 2 2
 2 2]
[1 1 1 1 1 1 1 1 1 1 1 1 1 1 1 1 1 1 1 1 1 1 1 1 1 1 1 1 1 1 1 1 1 1 1 1 1
 1 1 1 1 1 1 1 1 1 1 1 1 1 2 2 2 0 0 0 2 0 0 0 0 0 0 0 0 2 0 0 0 0 2 0 0 0
 0 2 2 2 0 0 0 0 0 0 0 2 2 0 0 0 0 0 0 0 0 0 0 0 0 0 2 0 2 2 2 2 0 2 2 2 2
 2 2 0 0 2 2 2 2 0 2 0 2 0 2 2 0 2 2 2 2 2 2 0 0 2 2 2 0 2 2 2 0 2 2 2 0 2
 2 0]
```

다음 혼동행렬에서 행은 실제 값, 열은 군집화 결과이다. 1행에서는 2열로 군집화된수가 많고, 2행에서는 1열로 군집화된 수가 많으며, 3행은 3열로 군집회된 수가 많다. 즉, 라벨 0과 1이 서로 바뀌어 군집화되었다고 할 수 있다.

```
# 혼동행렬표: 실제 종 대비 군집화 결과
confusion_matrix(target, labels)
```

```
array([[ 0, 50,  0],
       [39,  0, 11],
       [14,  0, 36]])
```

따라서, 군집화된 라벨의 0과 1을 서로 바꾸면 분류 결과를 정확히 평가할 수 있다. 다음은 labels 리스트에 있는 각 값의 0, 1을 1, 0으로 수정하는 반복문이다.

```
for i in range(len(labels)):
    if labels[i] == 1:
        labels[i] = 0
    elif labels[i] == 0:
        labels[i] = 1

# 군집화에 의해 분류된 라벨
print(labels)
```

```
[0 0 0 0 0 0 0 0 0 0 0 0 0 0 0 0 0 0 0 0 0 0 0 0 0 0 0 0 0 0 0 0 0 0 0 0 0
 0 0 0 0 0 0 0 0 0 0 0 0 0 2 2 2 1 1 1 2 1 1 1 1 1 1 1 1 2 1 1 1 1 2 1 1 1
 1 2 2 2 1 1 1 1 1 1 1 2 2 1 1 1 1 1 1 1 1 1 1 1 1 1 2 1 2 2 2 2 1 2 2 2 2
 2 2 1 1 2 2 2 2 1 2 1 2 1 2 2 1 2 2 2 2 2 2 1 1 2 2 2 1 2 2 2 1 2 2 2 1 2
 2 1]
```

다시 혼동행렬로 출력해보면, 주대각원소로 정확도를 평가하기 쉽게 나타난다.

```
# 교차표: 실제 종 대비 군집화 결과
confusion_matrix(target, labels)
```

```
array([[50,  0,  0],
       [ 0, 39, 11],
       [ 0, 14, 36]])
```

정확도(accuracy)는 전체 수 대비 주대각원소의 값으로

$$\frac{50+39+36}{150} = \frac{125}{150} = 0.83$$

가 된다. 다음은 함수를 사용해서 정화도를 평가한 예이다.

```
# 정확하게 일치하는 갯수
print(accuracy_score(target, labels, normalize=False))
# 정확도 (비율)
print(accuracy_score(target, labels))
```

```
125
0.8333333333333334
```

요약

K-평균 군집분석 개요: 객체들을 거리 기반 유사성을 측정하여 K 개의 군집으로 분류하는 방법이다.

K-평균 군집분석 역사: "K-평균"의 개념은 1957년 폴란드 수학자인 Hugo Steinhaus가 소개하였으며, 용어는 1967년 James MacQueen에 의해 처음 사용되었다. 표준 알고리즘은 1957년에 미국 Bell Labs의 Stuart Lloyd가 고안하였지만 1982년이 되어서야 컴퓨터 과학 매거진에 처음 공개되었다.

표준 알고리즘: 먼저 데이터를 표준화하고, K개에 해당하는 군집의 초기 중심을 정한 후에 각 개체들을 가까운 군집으로 할당한다. 군집화가 이루어지면 군집 중심을 다시 계산하고 군집 중심이 변하지 않으면 반복을 종료한다.

K-평균 군집분석 절차: 데이터 작성 → 탐색적 데이터 분석 → 피처 스케일링 → 군집의 수 지정 → 군집화 과정이며, 테스트 데이터가 있는 경우에는 정확도로 모형의 성능을 평가한다.

K-평균 군집분석 패키지: KMeans 패키지는 군집화, StandardScaler 패키지는 표준화 numpy 패키지는 데이터 배열 만들기, matplot.pyplot 모듈은 데이터의 그래프 출력을 위해 사용한다. datasets 패키지는 iris 데이터 세트를 제공한다. confusion_matrix 패키지는 모형의 성능을 평가하기 위해 혼동행렬을 보여주고 정확도를 계산하는데 사용된다.

연습문제

1. 다음 K-평균 군집화 과정에 대한 물음에 답하시오.

(1) 군집 1에 있는 d의 거리를 구하시오 (각 선의 숫자는 거리를 의미).

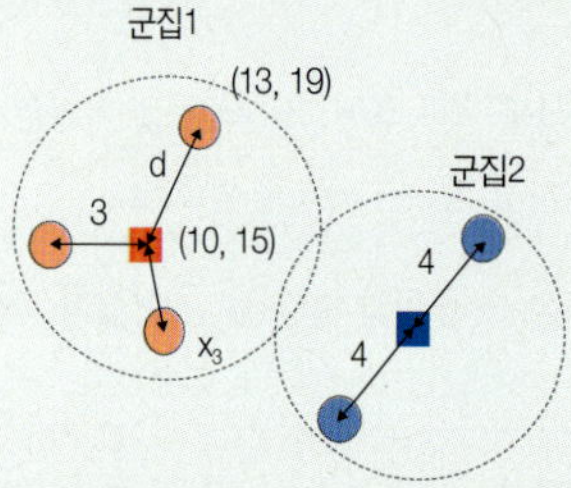

(2) 각 군집의 WSS를 구하고, TWSS를 구하시오.

(3) K의 변화에 따른 TWSS는 다음과 같다. 군집의 수는 몇 개로 정하면 좋을까?

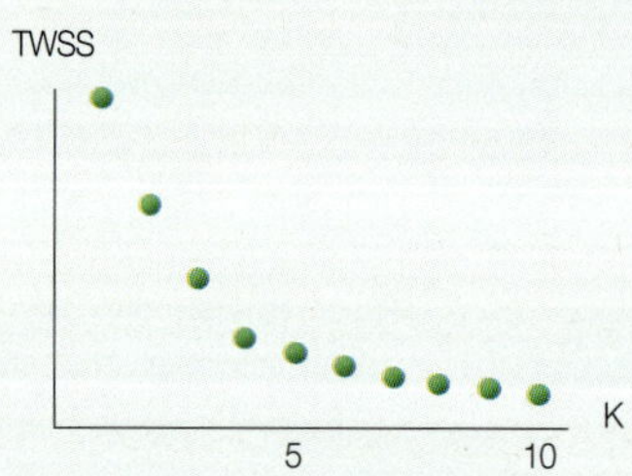

2. 다음 5개의 개체를 두 개의 군집(K=2)으로 분류하려고 한다. 다음 물음에 단계적으로 답하시오.

(1) 다음 표의 빈칸을 계산하고, 각 개체를 군집1과 군집2에 할당하시오. 군집1과 군집2의 초기 군집 중심은 각각 ID가 1, 2인 개체로 한다.

ID	데이터		편차 표준화		거리		⑨군집 할당
	X	Y	⑤ X	⑥ Y	⑦거리(군집1, ID)	⑧거리(군집2, ID)	
1	1	4					
2	4	2					
3	3	7					
4	6	1					
5	2	5					
	$\overline{X}$ = ①	$\overline{Y}$ = ③					
	s_X = ②	s_Y = ④					

(2) 할당된 군집 1과 군집 2의 중심을 구하시오.

(3) 각 군집의 WSS와 TWSS를 구하시오.

응용문제 자동차 모델의 군집화

statsmodels 패키지에 있는 mtcars 데이터 세트에서 엔진 마력과 연비에 대해 산포도를 그려보고 군집화해보자.

☞ mtcars는 1973~1974년 32개 자동차 모델에 대한 데이터 세트로 1974 motor Trend US magazine에서 추출한 자료이다. 연비와 엔진마력에 대한 항목명은 각각 1열에 mpg(Miles/(US) gallon), 4열에 hp(gross horsepower)로 구성되어 있다.

```
                    mpg  cyl   disp   hp  drat  ...   qsec  vs  am  gear  carb
Mazda RX4          21.0    6  160.0  110  3.90  ...  16.46   0   1     4     4
Mazda RX4 Wag      21.0    6  160.0  110  3.90  ...  17.02   0   1     4     4
Datsun 710         22.8    4  108.0   93  3.85  ...  18.61   1   1     4     1
Hornet 4 Drive     21.4    6  258.0  110  3.08  ...  19.44   1   0     3     1
Hornet Sportabout  18.7    8  360.0  175  3.15  ...  17.02   0   0     3     2
Valiant            18.1    6  225.0  105  2.76  ...  20.22   1   0     3     1
Duster 360         14.3    8  360.0  245  3.21  ...  15.84   0   0     3     4
```

(1) 분석 데이터 읽기

```
# 패키지 설정
import statsmodels.api as sm
# mtcars 데이터 세트 읽기
mtcars = sm.datasets.get_rdataset("mtcars", "datasets", cache=True).data
print(mtcars)

# 엔진 마력(hp)과 연비(mpg) 추출
data = mtcars[['hp', 'mpg']]
print(data)
```

(2) 탐색적 데이터 분석 (엔진마력과 연비 분포)

(3) 데이터 표준화

(4) 군집화

(5) 클러스터 출력

MEMO

CHAPTER 4 파이썬 데이터 분석

Apriori 알고리즘

학습목표

연관분석 기법의 이해

학습내용

연관분석 원리 이해
연관분석에 의한 연관규칙 발견
연관분석 실습

에드가 드가 – 발레수업 (1873~1876)

4.1 연관분석 개요

매장에는 서로 잘 어울리는 상품들이 함께 전시되거나 가까운 선반에 배치되어 있다. 상품들 간의 연관성을 파악하면 더 효과적인 배치가 가능할 것이다. 상품들 간 연관성은 어떻게 발견할 수 있을까? 질병들은 서로 어떤 연관성이 있을까? 사람들은 사회에서 어떤 연관성을 가지며 살아가고 있을까? 개체들의 특성을 설명하는 다양한 항목들의 데이터들에 대해 연관성을 파악하는 방법을 살펴보자.

연관분석은 대용량 데이터베이스에서 빈도가 높은 아이템 간 연관규칙을 발견하는 기법으로, 머신러닝의 비지도학습에 속한다. 예를 들면, 매장의 판매 데이터베이스로부터 "전체 거래의 10.5%가 양파와 감자를 구매했으며, 그중 80%가 햄버거를 동시에 구매하였다."는 연관규칙으로부터 소비자의 구매 행태를 파악할 수 있다. 이렇게 함께 잘 팔리는 상품 정보는 교차판매 또는 상품진열 전략에 활용될 수 있고, 양파와 감자를 구매한 고객들에게 어떤 제품(햄버거)들을 팔 수 있을지 판매전략을 수립하는 데에도 활용될 수 있다.

연관분석은 1994년 Rakesh Agrawal과 Ramakrishman Srikant가 고객들이 구매한 거래 데이터에서 상품 간 규칙적인 패턴을 발견하기 위해 Apriori 알고리즘으로 연관규칙을 소개하는 데서 시작되었다[8]. 지금은 의료 분야의 질환 간 연관성 분석을 통한 의학 연구, 인구 조사에서 나타나는 응답 결과를 바탕으로 연관성 분석을 통한 인구행태학적 특성 연구 등 다양하게 활용되고 있다.

연관분석에는 여러가지 알고리즘이 있다. 특히, 대용량의 데이터베이스로부터 거래 빈도가 많은 상품들을 기반으로 연관규칙을 발견하는 Apriori 알고리즘에 대해 살펴보자.

4.2 Apriori 알고리즘의 기본 원리

Apriori 알고리즘은 **지지도**(support)를 기반으로 발생빈도가 높은 빈발항목 집합(frequent itemsets)을 찾는 방법을 알려준다. 연관규칙은 빈발항목 집합에 신뢰도(confidence)와 리프트(lift)를 적용하여 발견하게 된다.

먼저, 평가지표인 지지도, 신뢰도, 리프트에 대해 살펴보자. 상품 집합 $\boldsymbol{I}$가 다음과 같이 n개의 상품 아이템으로 구성되어 있다고 하자. $\boldsymbol{X}$, $\boldsymbol{Y}$는 서로 다른 상품 아이템으로 구성된 I의 부분집합이다.

$$\boldsymbol{I} = \{i_1, i_2, \ldots, i_n\},$$
$$\boldsymbol{X} \subset \boldsymbol{I},\ \boldsymbol{Y} \subset \boldsymbol{I},$$
$$\boldsymbol{X} \cap \boldsymbol{Y} = \phi$$

$\boldsymbol{X}$ 상품집합에 대한 지지도 $Supp(\boldsymbol{X})$는 전체 거래 수 대비 $\boldsymbol{X}$ 상품집합을 포함하는 거래 수이다. 한편, $\boldsymbol{X}$와 $\boldsymbol{Y}$ 상품집합을 모두 포함하는 거래에 대한 지지도 $Supp(\boldsymbol{X} \cup \boldsymbol{Y})$는 전체 거래 수 대비 $\boldsymbol{X}$와 $\boldsymbol{Y}$ 상품집합을 모두 포함하는 거래 수를 의미한다.

$$Supp(\boldsymbol{X}) = \frac{\boldsymbol{X}\text{ 상품을 포함하는 거래 수}}{\text{전체 거래 수}},$$

$$Supp(\boldsymbol{X} \cup \boldsymbol{Y}) = \frac{\boldsymbol{X}\text{와 }\boldsymbol{Y}\text{ 상품을 모두 포함하는 거래 수}}{\text{전체 거래 수}}$$

지지도는 상품들에 대한 전체 구매 경향을 파악할 수 있는 지표이다. 그 비율이 의미를 갖기 위해서는 지지도가 최소 지지도 값(예: 40%) 이상이 되어야 한다. 대형 매장과 같이 상품 수가 많을 때는 각 상품들의 지지도는 전반적으로 낮게 된다.

신뢰도 $Conf(\boldsymbol{X} \Rightarrow \boldsymbol{Y})$는 $\boldsymbol{X}$ 상품 집합을 포함하는 거래들 중에서 $\boldsymbol{Y}$ 상품 집합을 포함하는 거래의 상대적 비율로서, $\boldsymbol{X}$에 따라 $\boldsymbol{Y}$ 상품이 판매되는 연관성 관계가 나타난다. 그 정도가 의미를 갖기 위해서는 신뢰도가 최소 신뢰도 값(예: 70%) 이상이 되어야 한다.

$$Conf(\boldsymbol{X} \Rightarrow \boldsymbol{Y}) = \frac{\boldsymbol{X}\text{와 }\boldsymbol{Y}\text{ 상품을 모두 포함하는 거래 수}}{\boldsymbol{X}\text{ 상품을 포함하는 거래 수}}$$

$$= \frac{Supp(\boldsymbol{X} \cup \boldsymbol{Y})}{Supp(\boldsymbol{X})},$$

$$Conf(\boldsymbol{X} \Rightarrow \boldsymbol{Y}) \neq Conf(\boldsymbol{Y} \Rightarrow \boldsymbol{X})$$

$\boldsymbol{X}$ 상품 집합이 $\boldsymbol{Y}$ 상품 집합과 연관성이 있는 의미를 갖기 위해서는, 전체 거래에서 $\boldsymbol{Y}$ 상품 집합이 판매되는 비율보다 $\boldsymbol{X}$ 상품 집합이 판매될 때 $\boldsymbol{Y}$ 상품 집합이 같이 판매되는 상대적 비율이 더 클 때이다. 그 관계는 리프트로 파악한다. 리프트 $Lift(\boldsymbol{X} \Rightarrow \boldsymbol{Y})$는 고객들이 전체 거래 수에 대한 $\boldsymbol{Y}$ 상품만 구매하는 거래 수 대비 $\boldsymbol{X}$ 상품을 살 때 동시에 Y 상품도 사는 비율을 의미한다. 그 값이 1 보다 크면, $\boldsymbol{Y}$ 상품이 독립적으로 팔리는 비율보다는 $\boldsymbol{X}$ 상품에 의해 판매되는 비율이 더 큼을 나타낸다. 즉, $\boldsymbol{X}$ 상품은 $\boldsymbol{Y}$ 상품의 거래를 더 증가시키는 양의 상관관계가 있다고 할 수 있다(예: 커피와 설탕). 반면, 그 값이 1보다 작으면 $\boldsymbol{X}$ 상

품은 $\boldsymbol{Y}$ 상품의 거래를 감소시키는 음의 상관관계로 해석된다(예: 지사제와 설사제). 1이면 서로 독립적임을 의미한다(예: 과자와 후추).

$$Lift(\boldsymbol{X} \Rightarrow \boldsymbol{Y}) = \frac{\dfrac{\boldsymbol{X}\text{와 }\boldsymbol{Y}\text{ 상품을 모두 포함하는 거래 수}}{\boldsymbol{X}\text{ 상품을 포함하는 거래 수}}}{\dfrac{\boldsymbol{Y}\text{ 상품을 포함하는 거래 수}}{\text{전체 거래 수}}}$$

$$= \frac{Supp(\boldsymbol{X} \cup \boldsymbol{Y})}{Supp(X)Supp(\boldsymbol{Y})}$$

$$= \frac{Cpmf(\boldsymbol{X} \Rightarrow \boldsymbol{Y})}{Supp(\boldsymbol{Y})}$$

연관성은 두 개 이상의 상품들 간에 나타난다. n개의 상품으로 구성된 I의 부분집합을 S라 하면, I의 멱집합(power set)은

$$P(\boldsymbol{I}) = \{S_i \mid S_i \subset \boldsymbol{I}\}$$

이다. 이때, 멱집합은 2^n개의 원소로 구성된다. 그 중 연관성을 가질 수 없는 1개로 구성된 n개 원소와 공집합을 빼면, 원소의 수는 $2^n-(n+1)$이 된다. 따라서 n이 커질수록 연관성이 나타날 개수는 지수함수적으로 증가하게 된다.

이에 비해 Apriori 알고리즘은 대용량의 거래 데이터로부터 2개 이상의 항목들로 구성되는 모든 집합을 대상으로 하지 않고, 연관성이 나타날 수 있는 빈발항목 집합을 찾는 효율적인 방법을 제공한다. 다음은 그 절차를 나타낸 것이다.

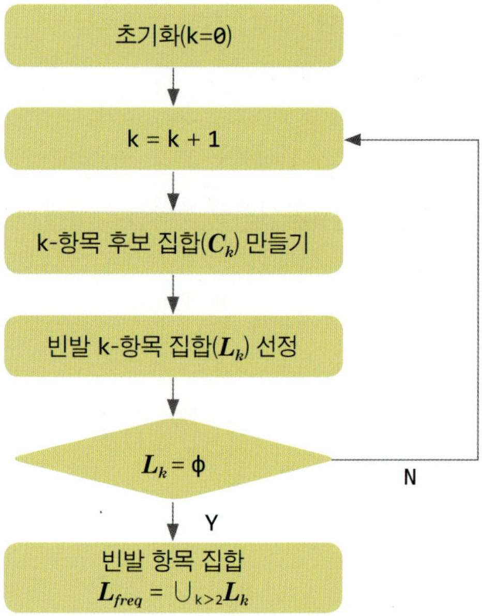

처음 1-항목 후보 집합(candidate set) C_1은 거래 데이터의 모든 단일 상품(X)들을 원소로 하는 집합이다. 지지도($Supp(X)$)가 최소 지지도 이상이 되면 1-항목 빈발 집합(large 1-itemset) L_1로 구성한다. 두 번째 단계에서는 L_1 집합 원소에서 2개씩 조합으로 하는 상품 집합(X)에 대한 2-항목 후보 집합인 C_2를 만든다. 그리고 지지도($Supp(X)$)가 최소 지지도 이상인 2-항목 빈발 집합 L_2를 다시 구성한다. 같은 과정을 반복하다가 빈발 항목 집합이 공집합이 되면 종료한다.

최종적으로 2항목 이상의 빈발 항목 집합에 대한 신뢰도($Conf(X \Rightarrow Y)$)와 리프트($Lift(X \Rightarrow Y)$)를 적용하여 연관규칙을 발견하게 된다.

4.3 Apriori 알고리즘의 예시

다음과 같은 장바구니 데이터에서 연관규칙을 찾아보자. 총 거래는 5건이며, 각 거래는 A~H의 상품의 일부로 구성되어 있다.

거래 ID	상품
t_1	A, B, C, D, E
t_2	B, C
t_3	A, B, F
t_4	A, B, G
t_5	A, F, H

총 상품 집합은

$$\boldsymbol{I} = \{A, B, C, D, E, F, G, H\}$$

이다. 최소 지지도는 40%, 최소 신뢰도는 70%로 하자.

(1) 빈발항목 집합

반복 1

❶ 1-항목 후보 집합

초기 1-항목 후보 집합 $\boldsymbol{C}_1$은 거래 데이터에 있는 각 상품을 집합으로 하는 원소들로 구성된다.

$$\boldsymbol{C}_1 = \{\{A\}, \{B\}, \{C\}, \{D\}, \{E\}, \{F\}, \{G\}, \{H\}\}$$

❷ 1-항목 빈발항목 집합

1-항목 후보 집합 $\boldsymbol{C}_1$에서 각 원소의 지지도가 최소 지지도(40%) 이상인 것만 추출하여 1-항목 빈발항목 집합 $\boldsymbol{L}_1$로 구성한다.

$$\boldsymbol{L}_1 = \{\{A\}, \{B\}, \{C\}, \{F\}\}$$

C_1	거래 수	지지도	L_1
{A}	4 (t = 1, 3, 4, 5)	4/5(80%)	{A}
{B}	4 (t = 1, 2, 3, 4)	4/5(80%)	{B}
{C}	2 (t = 1, 2)	2/5(40%)	{C}
{D}	1 (t = 1)	1/5(20%)	
{E}	1 (t = 1)	1/5(20%)	
{F}	2 (t = 3, 5)	2/5(40%)	{F}
{G}	1 (t = 4)	1/5(20%)	
{H}	1 (t = 5)	1/5(20%)	

반복 2

❶ 2-항목 후보 집합

2-항목 후보 집합 $\boldsymbol{C}_2$은 1-항목 빈발항목 집합 $\boldsymbol{L}_1$에 있는 모든 상품(A, B, C, F)을 2개씩 조합한 집합들을 원소로 구성한다. 조합의 수는

$${}_4C_2 = \frac{4!}{2!(4-2)!} = 6$$

가지가 된다.

$$\boldsymbol{C}_2 = \{\{A, B\}, \{A, C\}, \{A, F\}, \{B, C\}, \{B, F\}, \{C, F\}\}$$

❷ 2-항목 빈발항목 집합

2-항목 후보 집합 $\boldsymbol{C}_2$에서 각 원소의 지지도가 최소 지지도(40%) 이상인 것만 추출하여 2-항목 빈발항목 집합 $\boldsymbol{L}_1$으로 구성한다.

$$L_2 = \{\{A, B\}, \{A, F\}, \{B, C\}\}$$

C_2	거래 수	지지도	L_2
{A, B}	3 (t = 1, 3, 4)	3/5(60%)	{A, B}
{A, C}	1 (t = 1)	1/5(20%)	
{A, F}	2 (t = 3, 5)	2/5(40%)	{A, F}
{B, C}	2 (t = 1, 2)	2/5(40%)	{B, C}
{B, F}	1 (t = 3)	1/5(20%)	
{C, F}	0	0/5(0%)	

반복 3

❶ 3-항목 후보 집합

3-항목 후보 집합 $\boldsymbol{C}_3$은 2-항목 빈발항목 집합 $\boldsymbol{L}_2$에 있는 모든 상품(A, B, C, F)을 3개씩 조합한 집합들을 원소로 구성한다. 조합의 수는

$$_4C_3 = \frac{4!}{3!(4-3)!} = 3$$

가지가 된다.

$$\boldsymbol{C}_3 = \{\{A, B, C\}, \{A, B, F\}, \{A, C, F\}, \{B, C, F\}\}$$

❷ 3–항목 빈발항목 집합

3–항목 후보 집합 $\boldsymbol{C}_3$에서 각 원소의 지지도가 최소 지지도(40%) 이상인 것만 추출하여 3–항목 빈발항목 집합 $\boldsymbol{L}_3$으로 구성한다.

$$\boldsymbol{L}_3 = \phi$$

C_3	거래 수	지지도	L_3
{A, B, C}	1 (t=1)	1/5	
{A, B, F}	1 (t=3)	1/5	
{A, C, F}	0	0	
{B, C, F}	0	0	

$\boldsymbol{L}_3$의 원소가 없기 때문에 최종적으로 빈발항목 집합은

$$\begin{aligned}\boldsymbol{L}_{freq} &= \cup_{k\geq 2}\boldsymbol{L}_k = \boldsymbol{L}_2 \\ &= \{\{A, B\}, \{A, F\}, \{B, C\}\}\end{aligned}$$

가 된다.

(2) 연관규칙

빈발 항목 집합의 각 원소를 구성하는 상품 간 연관규칙을 발견하기 위해 신뢰도와 리프트를 적용한다. 신뢰도는 최소 신뢰도(70%) 이상이 되어야 하며, 리프트가 1보다 큰 연관관계만 최종 연관규칙으로 결정된다. 다음은 빈발 항목 집합의 각 원소를 구성하는 상품들 간 연관규칙을 발견하는 과정을 지지도, 신뢰도, 리프트 순으로 정리한 표이다. {A, B}의 경우, 리프트가 1보다 작으며, {A, F}의 경우는 최소 신뢰도인 70%보다 작기 때문에 연관규칙에서 탈락된 경우이다. 6개의 후보 중에서 연관규칙은 2개가 발견된다.

2-항목 빈발상품 (X, Y)	지지도	$Supp(X)$	신뢰도	$Supp(Y)$	리프트	연관 규칙
	$Supp(X \cup Y)$		$Conf(X \Rightarrow Y)$		$Lift(X \Rightarrow Y)$	
{A,B}	60%	80%	75%	80%	~~94%~~**	-
{B,A}	60%	80%	75%	80%	~~94%~~**	-
{A,F}	40%	80%	~~50%~~*	-	-	-
{F,A}	40%	40%	100%	80%	125%	규칙1
{B,C}	40%	80%	~~50%~~*	-	-	-
{C,B}	40%	40%	100%	80%	125%	규칙2

*는 최소 지지도 미만, **는 1(100%)보다 작기 때문에 연관규칙에서 제외됨

연관규칙 1과 2는 다음과 같다.

- 연관규칙 1: F ⇒ A (if F then A), 즉 전체 거래의 40%가 F을 구매하였으며($Supp$(F)), 그 중에서 100%가 A를 구매하였다(Conf(F⇒A)).
- 연관규칙 2: C ⇒ B (if C then B), 즉 전체 거래의 40%가 C를 구매하였으며($Supp$(C)), 그 중에 서 100%가 B를 구매하였다(Conf(C⇒B)).

4.4 파이썬 기반 분석

연관분석을 위한 기본 과정은 다음 단계로 구성된다. 사용할 파이썬 패키지 설정과 데이터 준비 후에 탐색적 데이터 분석을 하고, 연관규칙을 생성하며 결과를 분석한다. 4.3절의 예시에 대해 분석해 보자.

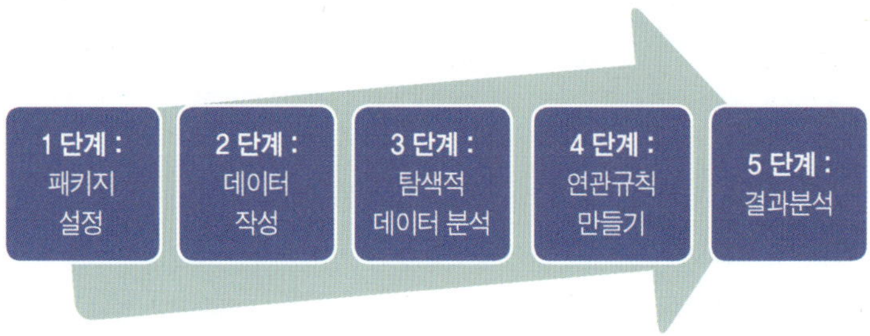

(1) 패키지 설정

연관분석을 위한 기본 패키지는 apriori, association_rules 모듈이 있다. TransactionEncoder 모듈은 리스트 형식의 장바구니 데이터 세트를 연관분석이 가능한 리스트로 변환할 때 필요하다. 한편, pandas 패키지는 데이터 프레임을 다루기 위해, matplotlib.pyplot는 그래프 출력을 위해 사용된다.

```
# Apriori 알고리즘
from mlxtend.frequent_patterns import apriori, association_rules
# 연관분석용 데이터 파일 변환
from mlxtend.preprocessing import TransactionEncoder
import pandas as pd
import matplotlib.pyplot as plt
```

(2) 데이터 작성

4.3절에서 예시한 5개의 각 거래들에 대해 A~H까지의 거래 항목들을 리스트로 작성하면 다음과 같다.

```
# 장바구니 데이터
tran = [['A', 'B', 'C', 'D', 'E'],
        ['B', 'C'],
        ['A', 'B', 'F'],
        ['A', 'B', 'G'],
        ['A', 'F', 'H']]
```

거래 데이터는 연관분석을 위한 행렬로 변환한다. 열은 A부터 H 상품에 해당하며, 행은 각 주문을 의미한다. 각 셀에서 True와 False는 거래 유무를 나타낸다.

```
# 데이터 세트를 연관분석이 가능한 배열로 변환
te = TransactionEncoder()
tran_ar = te.fit(tran).transform(tran)
print(tran_ar)
# 열이름
print(te.columns_)
```

```
[[ True  True  True  True  True False False False]
 [False  True  True False False False False False]
 [ True  True False False False  True False False]
 [ True  True False False False False  True False]
 [ True False False False False  True False  True]]
['A', 'B', 'C', 'D', 'E', 'F', 'G', 'H']
```

행렬의 열이름

다음으로 각 상품명을 열이름으로 하는 데이터 프레임으로 변환한다.

```
# 데이터 프레임으로 변환
df = pd.DataFrame(tran_ar, columns=te.columns_)
print(df)
```

```
       A      B      C      D      E      F      G      H
0   True   True   True   True   True  False  False  False
1  False   True   True  False  False  False  False  False
2   True   True  False  False  False   True  False  False
3   True   True  False  False  False  False   True  False
4   True  False  False  False  False   True  False   True
```

(3) 탐색적 데이터 분석

각 상품에 대한 거래 빈도를 파악해 본다. 빈도 역순으로 출력하면 다음과 같다.

```
# 각 상품별 거래 빈도
freq = df.sum().to_frame('Frequency')
# 빈도 역순으로 정렬
freq_sort = freq.sort_values('Frequency',ascending=False)
print(freq_sort)
```

```
   Frequency
A          4
B          4
C          2
F          2
D          1
E          1
G          1
H          1
```

각 상품에 대한 거래 빈도를 총 거래 수로 나눈 지지도로 변환한다.

```
# 지지도
freq_sort['Support'] = freq_sort['Frequency'] / len(transactions)
print(freq_sort)
```

```
   Frequency  Support
A          4    0.500
B          4    0.500
C          2    0.250
F          2    0.250
D          1    0.125
E          1    0.125
G          1    0.125
H          1    0.125
```

거래 빈도와 지지도의 전반적인 분포를 파악하기 위해 그래프로 출력해보자. 다음은 상품별 거래 빈도를 박대 그래프로 나타낸 것이다. 'A', 'B' 상품이 4건으로 가장 많은 분포를 보이고 있다.

```
# 상품 아이템별 거래 빈도
freq_sort['Frequency'].plot(kind='bar',title="Frequent Items")
```

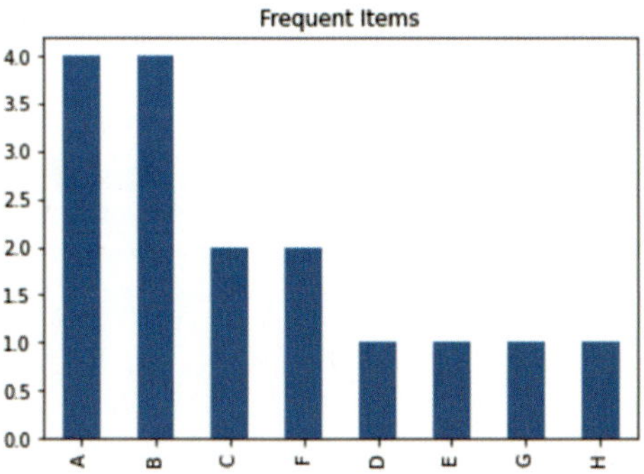

다음은 각 상품들의 지지도를 히스토그램으로 나타낸 분포이다. 지지도의 분포는 연관규칙을 만들 때, 최소 지지도 설정에 참고할 수 있다. 계급의 수를 6개로 설정하면, 0.3 이하, 0.4 초과 ~ 0.5 이하, 0.7 초과 ~ 0.8 이하의 계급 구간들에서 분포를 보이고 있다.

```
# 상품 아이템 지지도의 히스토그램
freq_sort['Support'].hist(bins=6)
```

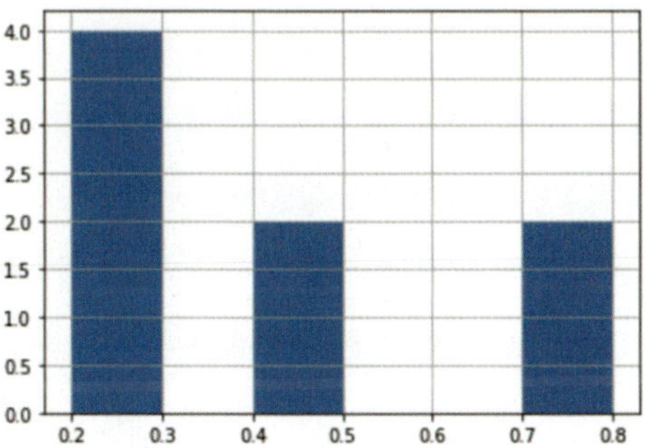

(3) 연관규칙 새성

먼저, 지지도가 0.4 이상이 되는 항목들을 대상으로 해보자. min_support를 0.4로 설정하면 다음과 같이 총 7가지의 항목 구성으로 나타난다. 단일 항목으로는 A, B, C, F이며, 두 항목으로 구성되는 경우는 (A, B), (A, F), (B, C) 세 가지이다.

```
# 빈발항목과 지지도
freq_items = apriori(df, min_support=0.4, use_colnames=True)
print(freq_items)
```

```
   support itemsets
0      0.8      (A)
1      0.8      (B)
2      0.4      (C)
3      0.4      (F)
4      0.6   (A, B)
5      0.4   (A, F)
6      0.4   (C, B)
```

다음으로 최소 신뢰도(70%)를 기준으로 연관규칙을 만든다. metric을 'confidence', min_threshold를 0.7로 설정하면, 연관규칙은 다음과 같이 4가지 규칙이 만들어진다. 각 열은 순서대로 조건절 항목, 종속절 항목, 조건절 지지도, 종속절 지지도, 지지도, 신뢰도, 리프트, 레버리지, 확신도를 의미한다. 레버리지는 리프트의 (분자 − 분모)인 $Supp(\boldsymbol{X} \cup \boldsymbol{Y}) - Supp(\boldsymbol{X})Supp(\boldsymbol{Y})$로, 그 값이 양수이면 리프트가 1보다 크고 음수이면 1보다 작은 것과 같다. 한편, 확신도는 $Supp(\boldsymbol{Y}^C)/(Supp(\boldsymbol{X} \cup \boldsymbol{Y}^C)/Supp(\boldsymbol{X}))$로, 1이면 $\boldsymbol{X}$와 $\boldsymbol{Y}$는 서로 독립적임을 의미한다. 1보다 작으면, $\boldsymbol{X}$ 구매 시 $\boldsymbol{Y}$를 구매하지 않는 거래 수가 전체 거래에서 $\boldsymbol{Y}$를 구매하지 않는 거래 수보다 크게 된다. 즉, $\boldsymbol{X}$ 상품의 구매는 $\boldsymbol{Y}$ 상품의 구매를 더 줄이게 됨을 의미한다. 1보다 크다면, $\boldsymbol{X}$ 구매 시 $\boldsymbol{Y}$를 구매하지 않는 거래 수가 전체 거래에서 $\boldsymbol{Y}$를 구매하지 않는 거래 수보다 작게 된다. 즉, $\boldsymbol{X}$ 상품의 구매는 $\boldsymbol{Y}$ 상품의 구매를 더 증가하게 됨을 의미한다.

```
# 연관규칙
rules = association_rules(freq_items,
          metric= "confidence", min_threshold=0.7)
rules
```

	antecedents	consequents	antecedent support	consequent support	support	confidence	lift	leverage	conviction
0	(A)	(B)	0.8	0.8	0.6	0.75	0.9375	-0.04	0.8
1	(B)	(A)	0.8	0.8	0.6	0.75	0.9375	-0.04	0.8
2	(F)	(A)	0.4	0.8	0.4	1.00	1.2500	0.08	inf
3	(C)	(B)	0.4	0.8	0.4	1.00	1.2500	0.08	inf

리프트가 1보다 큰 양의 관계를 만족하는 연관규칙들을 추출하고, 신뢰도의 내림차순으로 정렬해본다.

```
# 리프트가 1모다 큰 규칙
rules = rules[(rules['lift'] > 1)]
# 신뢰도의 내림차순으로 정렬
rules.sort_values(by='confidence',ascending=False)
```

	antecedents	consequents	antecedent support	consequent support	support	confidence	lift	leverage	conviction
2	(F)	(A)	0.4	0.8	0.4	1.0	1.25	0.08	inf
3	(C)	(B)	0.4	0.8	0.4	1.0	1.25	0.08	inf

(4) 결과 분석

조건부(antecedents)나 결론부(consequents)에 관심있는 항목들이 있는 연관규칙들을 살펴보는 방법은 다음과 같다. 조건부에 'F' 항목이 있는 연관규칙들을 찾아보자. 다음은 'F'를 구매하면 'A'를 구매하는 규칙을 보여주고 있다. 리프트가 1보다 크기 때문에 'F'는 'A'의 판매에 영향을 미치고 있다.

```
# 조건부에 'F'가 있는 규칙
rules[rules.antecedents.apply(lambda x: 'F' in x)]
```

	antecedents	consequents	antecedent support	consequent support	support	confidence
2	(F)	(A)	0.4	0.8	0.4	1.0

lift	leverage	conviction
1.25	0.08	inf

결론부에 'B' 항목이 있는 연관규칙들을 찾아보자. 즉 어떤 상품들이 'B'상품의 판매에 영향을 미치는지 알 수 있다. 다음은 'C'를 구매하면 'B'를 구매하는 규칙을 보여주고 있다.

```
# 결론부에 'B'가 있는 규칙
rules[rules.consequents.apply(lambda x: 'B' in x)]
```

	antecedents	consequents	antecedent support	consequent support	support	confidence
3	(C)	(B)	0.4	0.8	0.4	1.0

lift	leverage	conviction
1.25	0.08	inf

4.5 응용: 온라인 유통 상품의 연관성 분석

온라인 매장에서 거래되는 상품들 간의 연관관계를 파악해보자. 미국 UCI (University of California, Irvine) Machine Learning Repository에서는 1987년부터 머신러닝을 위한 다양한 데이터 세트를 제공하고 있다. 'Online Retail' 데이터를 활용하는 방법은 다음과 같다.

• 데이터 파일 준비 (다운로드 또는 링크 주소 확인)

UCI Machine Learning Repository (https://archive.ics.uci.edu)위에 있는 "View ALL Data Sets"를 클릭하면 다양한 데이터 세트 목록이 나타난다.

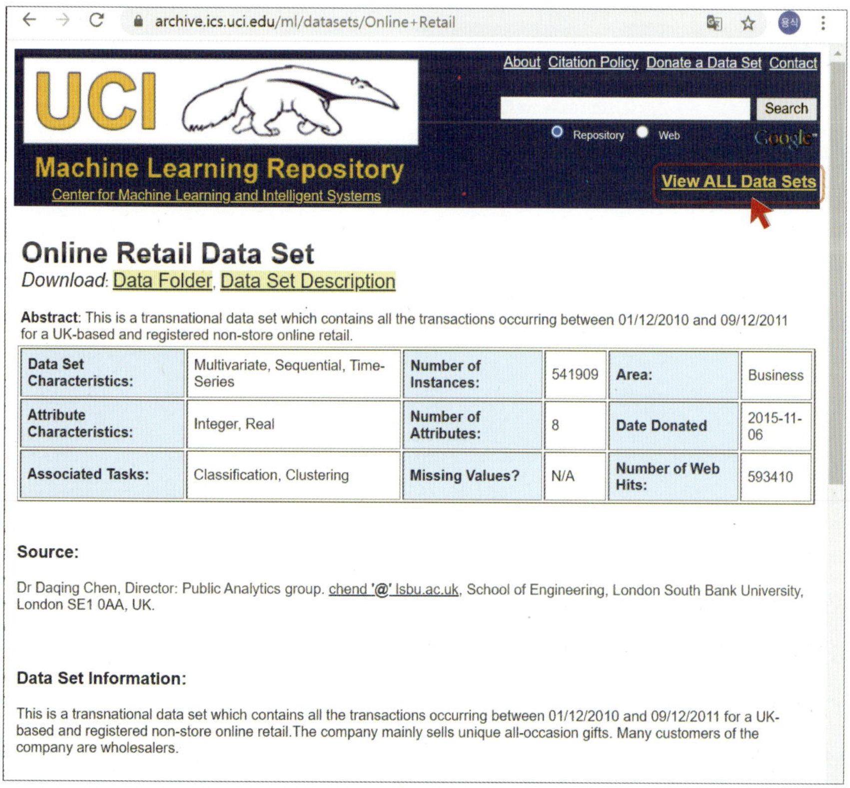

archive.ics.uci.edu/ml/datasets/Online+Retail

About Citation Policy Donate a Data Set Contact

UCI Machine Learning Repository

Center for Machine Learning and Intelligent Systems

Search

Repository Web

View ALL Data Sets

Online Retail Data Set

Download: Data Folder, Data Set Description

Abstract: This is a transnational data set which contains all the transactions occurring between 01/12/2010 and 09/12/2011 for a UK-based and registered non-store online retail.

Data Set Characteristics:	Multivariate, Sequential, Time-Series	**Number of Instances:**	541909	**Area:**	Business
Attribute Characteristics:	Integer, Real	**Number of Attributes:**	8	**Date Donated**	2015-11-06
Associated Tasks:	Classification, Clustering	**Missing Values?**	N/A	**Number of Web Hits:**	593410

Source:

Dr Daqing Chen, Director: Public Analytics group. chend '@' lsbu.ac.uk, School of Engineering, London South Bank University, London SE1 0AA, UK.

Data Set Information:

This is a transnational data set which contains all the transactions occurring between 01/12/2010 and 09/12/2011 for a UK-based and registered non-store online retail.The company mainly sells unique all-occasion gifts. Many customers of the company are wholesalers.

목록을 "Name" 순으로 정렬하여 "Online Retail"을 찾아 클릭해보자.

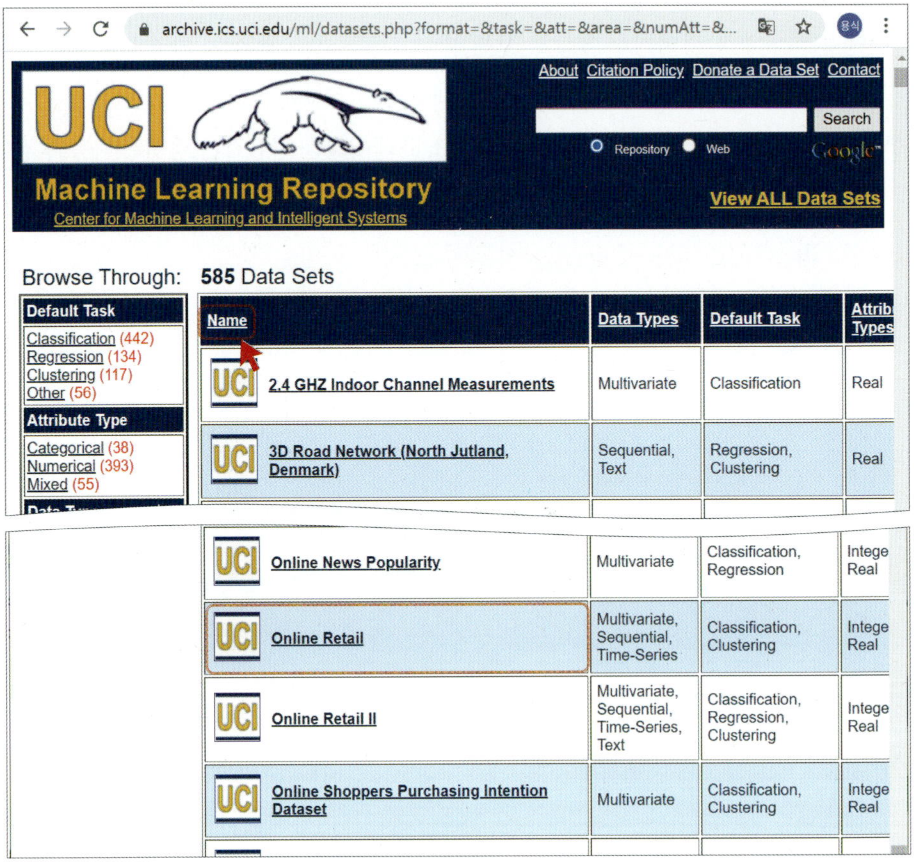

데이터 세트를 다운로드 받거나 URL을 보기 위해서 'Data Folder'를 클릭한다. 데이터에는 결측치(missing value)가 없는 것으로 표기(N/A)되어 있기 때문에, 결측치 제거를 위한 데이터 정제는 할 필요가 없다. 데이터는 영국의 온라인 매장을 통해 2010년 12월 1일부터 2011년 12월 9일까지 거래된 총 541,909개의 행이 있고, 항목은 InvoiceNo (거래 번호), StockCode (상품 코드), Description (상품명), Quantity (주문량), InvoiceDate (거래일시), UnitPrice (단가), CustomerID (고객 ID), Country (고객의 거주 국가명)로 구성되어 있다.

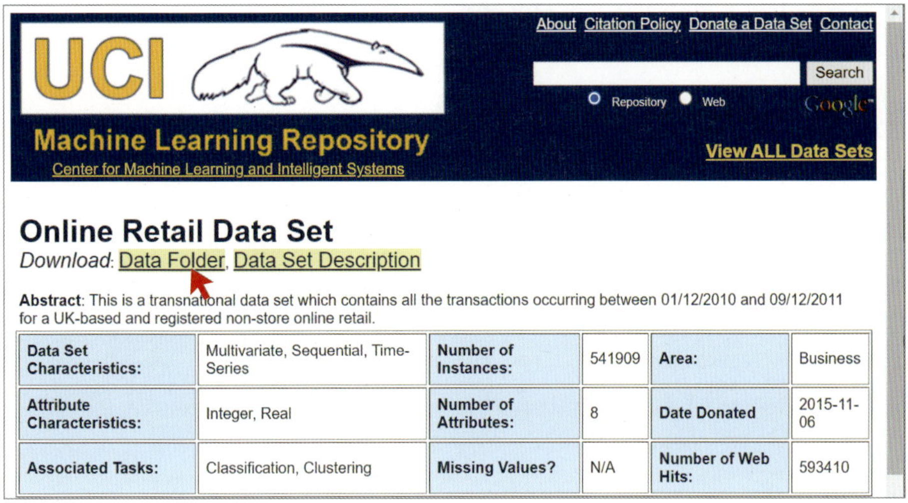

'Online Retail.xlsx'를 클릭하면 데이터 파일을 다운로드하거나 링크 주소(https://archive.ics.uci.edu/ml/machine-learning-databases/00352/Online%20Retail.xlsx)를 복사하여 쓸 수 있다.

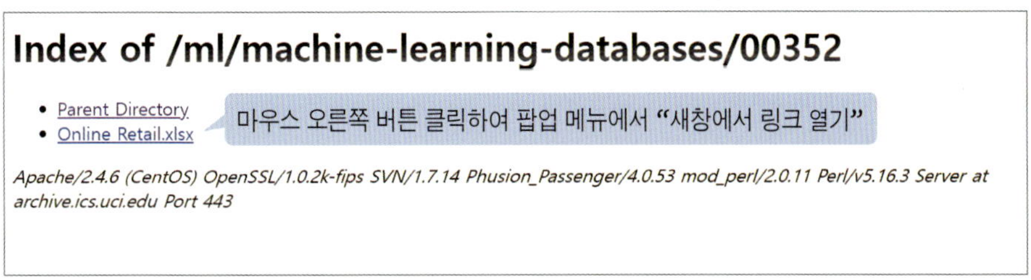

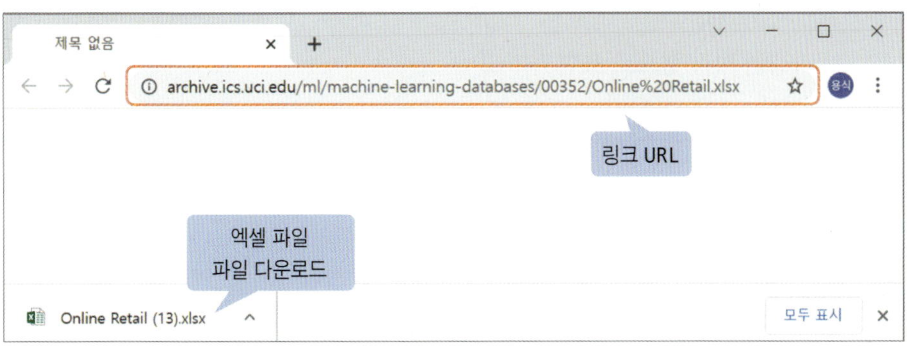

다운로드한 엑셀 데이터 파일을 열면 다음과 같다.

	A	B	C	D	E	F	G	H
1	oiceNo	StockCode	Description	Quantity	InvoiceDate	UnitPrice	CustomerID	Country
2	536365	85123A	WHITE HANG	6	2010-12-01 8:26	2.55	17850	United Kingdom
3	536365	71053	WHITE META	6	2010-12-01 8:26	3.39	17850	United Kingdom
4	536365	84406B	CREAM CUPI	8	2010-12-01 8:26	2.75	17850	United Kingdom
5	536365	84029G	KNITTED UNI	6	2010-12-01 8:26	3.39	17850	United Kingdom
6	536365	84029E	RED WOOLLY	6	2010-12-01 8:26	3.39	17850	United Kingdom
7	536365	22752	SET 7 BABUS	2	2010-12-01 8:26	7.65	17850	United Kingdom
8	536365	21730	GLASS STAR	6	2010-12-01 8:26	4.25	17850	United Kingdom
9	536366	22633	HAND WARN	6	2010-12-01 8:28	1.85	17850	United Kingdom
10	536366	22632	HAND WARN	6	2010-12-01 8:28	1.85	17850	United Kingdom
11	536367	84879	ASSORTED C	32	2010-12-01 8:34	1.69	13047	United Kingdom

• 연관분석

(1) 패키지 설정

연관분석을 위해 apriori, association_rules 패키지를 설정한다.

```
from mlxtend.frequent_patterns import apriori, association_rules
import pandas as pd
import matplotlib.pyplot as plt
```

(2) 데이터 준비

Online Retail의 거래 데이터가 있는 링크 주소를 지정하고 엑셀 파일을 읽으면, 총 541,909개의 행과 8개의 열로 구성된 데이터를 볼 수 있다. 한 행은 거래된 하나의 상품이며, 하나의 거래는 여러 행으로 표현되어 있다.

```
# 데이터 파일 링크 주소
url = "https://archive.ics.uci.edu/ml/machine-learning-databases/00352/"\
    "Online%20Retail.xlsx"
# 데이터 파일 읽기
df = pd.read_excel(url)
df
```

	InvoiceNo	StockCode	Description	Quantity	InvoiceDate	UnitPrice	CustomerID	Country
0	536365	85123A	WHITE HANGING HEART T-LIGHT HOLDER	6	2010-12-01 08:26:00	2.55	17850.0	United Kingdom
1	536365	71053	WHITE METAL	6	2010-12-01 08:26:00	3.39	17850.0	United Kingdom
541907	581587	23255	CUTLERY CIRCUS PARADE	4	2011-12-09 12:50:00	4.15	12680.0	France
541908	581587	22138	BAKING SET 9 PIECE RETROSPOT	3	2011-12-09 12:50:00	4.95	12680.0	France

541909 rows × 8 columns

(3) 탐색적 데이터 분석

우선, 주문량이 0 이하가 있는지 확인해본다. 총 10,624개의 행이 나타난다.

```
# 구매량 확인
df[df['Quantity'] <= 0]
```

	InvoiceNo	StockCode	Description	Quantity	InvoiceDate	UnitPrice	CustomerID	Country
141	C536379	D	Discount	-1	2010-12-01 09:41:00	27.50	14527.0	United Kingdom
154	C536383	35004C	SET OF 3 COLOURED FLYING DUCKS	-1	2010-12-01 09:49:00	4.65	15311.0	United Kingdom
235	C536391	22556	PLASTERS IN TIN CIRCUS	-12	2010-12-01 10:24:00	1.65	17548.0	United Kingdom
541715	C581568	21258	VICTORIAN SEWING BOX LARGE	-5	2011-12-09 11:57:00	10.95	15311.0	United Kingdom
541716	C581569	84978	HANGING HEART JAR T-LIGHT HOLDER	-1	2011-12-09 11:58:00	1.25	17315.0	United Kingdom
541717	C581569	20979	36 PENCILS TUBE RED RETROSPOT	-5	2011-12-09 11:58:00	1.25	17315.0	United Kingdom

10624 rows × 8 columns

따라서 주문량이 0보다 큰 거래만 추출하면, 531,285개의 행이 추출된다.

```
# 구매량이 0보다 큰 거래 추출
df = df[df.Quantity > 0]
df
```

	InvoiceNo	StockCode	Description	Quantity	InvoiceDate	UnitPrice	CustomerID	Country
0	536365	85123A	WHITE HANGING HEART T-LIGHT HOLDER	6	2010-12-01 08:26:00	2.55	17850.0	United Kingdom
1	536365	71053	WHITE METAL LANTERN	6	2010-12-01 08:26:00	3.39	17850.0	United Kingdom
2	536365	84406B	CREAM CUPID HEARTS COAT HANGER	8	2010-12-01 08:26:00	2.75	17850.0	United Kingdom
541907	581587	23255	CHILDRENS CUTLERY CIRCUS PARADE	4	2011-12-09 12:50:00	4.15	12680.0	France
541908	581587	22138	BAKING SET 9 PIECE RETROSPOT	3	2011-12-09 12:50:00	4.95	12680.0	France

531285 rows × 8 columns

각 거래별 상품명별로 그룹핑해보자. 하나의 거래에 동일한 품목이 있는 경우가 있어 그룹별로 합을 구한다.

```
# 거래별 상품명별 수량 합계
df = df.groupby(['InvoiceNo', 'Description'])['Quantity'].sum()
df
```

```
InvoiceNo  Description
536365     CREAM CUPID HEARTS COAT HANGER          8
           GLASS STAR FROSTED T-LIGHT HOLDER       6
           KNITTED UNION FLAG HOT WATER BOTTLE     6
           RED WOOLLY HOTTIE WHITE HEART.          6
           SET 7 BABUSHKA NESTING BOXES            2
                                                  ..
581587     PLASTERS IN TIN STRONGMAN              12
           SPACEBOY LUNCH BOX                     12
A563185    Adjust bad debt                         1
A563186    Adjust bad debt                         1
A563187    Adjust bad debt                         1
Name: Quantity, Length: 519974, dtype: int64
```

데이터 프레임의 1열(InvoiceNo)은 행으로 2열(Description)은 열로하며(상품명), 3열(수량)은 행렬의 성분으로 하는 구조로 변환한다. 변환 과정에서 행과 열에 해당되지 않는 성분은 NaN(Not a Number)으로 표기된다.

```
# 데이터 프레임의 재구조화
df = df.unstack()
df
```

Description	4 PURPLE FLOCK DINNER CANDLES	50'S CHRISTMAS GIFT BAG LARGE	DOLLY GIRL BEAKER	I LOVE LONDON MINI BACKPACK	I LOVE LONDON MINI RUCKSACK	NINE DRAWER OFFICE TIDY	OVAL WALL MIRROR DIAMANTE	RED SPOT GIFT BAG LARGE	SET 2 TEA TOWELS I LOVE LONDON	SPA GIF
InvoiceNo										
536365	NaN	NaN	NaN	NaN	NaN	NaN	NaN	NaN	NaN	
536366	NaN	NaN	NaN	NaN	NaN	NaN	NaN	NaN	NaN	
536367	NaN	NaN	NaN	NaN	NaN	NaN	NaN	NaN	NaN	
536368	NaN	NaN	NaN	NaN	NaN	NaN	NaN	NaN	NaN	
536369	NaN	NaN	NaN	NaN	NaN	NaN	NaN	NaN	NaN	
...	...	...	...	...	...	...	...	...	...	
581586	NaN	NaN	NaN	NaN	NaN	NaN	NaN	NaN	NaN	
581587	NaN	NaN	NaN	NaN	NaN	NaN	NaN	NaN	NaN	
A563185	NaN	NaN	NaN	NaN	NaN	NaN	NaN	NaN	NaN	
A563186	NaN	NaN	NaN	NaN	NaN	NaN	NaN	NaN	NaN	
A563187	NaN	NaN	NaN	NaN	NaN	NaN	NaN	NaN	NaN	

20136 rows × 4077 columns

각 셀의 수량이 1 이상이면 1로, NaN이면 0으로 변환한다.

```
# 전달되는 x 값들을 조건에 따라 0, 1로 반환
def encode_units(x):
    if x >= 1:
        return 1
    else:
        return 0

# df 데이터 세트에 대해 encode_units 함수 적용
df = df.applymap(encode_units)
df
```

Description	4 PURPLE FLOCK DINNER CANDLES	50'S CHRISTMAS GIFT BAG LARGE	DOLLY GIRL BEAKER	I LOVE LONDON MINI BACKPACK	I LOVE LONDON MINI RUCKSACK	NINE DRAWER OFFICE TIDY	OVAL WALL MIRROR DIAMANTE	RED SPOT GIFT BAG LARGE	SET 2 TEA TOWELS I LOVE LONDON	SPA GIF
InvoiceNo										
536365	0	0	0	0	0	0	0	0	0	
536366	0	0	0	0	0	0	0	0	0	
536367	0	0	0	0	0	0	0	0	0	
536368	0	0	0	0	0	0	0	0	0	
536369	0	0	0	0	0	0	0	0	0	
...	...	...	...	...	...	...	...	...	...	
581586	0	0	0	0	0	0	0	0	0	
581587	0	0	0	0	0	0	0	0	0	
A563185	0	0	0	0	0	0	0	0	0	
A563186	0	0	0	0	0	0	0	0	0	
A563187	0	0	0	0	0	0	0	0	0	

20136 rows × 4077 columns

각 열별로 합하고 내림차순으로 정렬해서 가장 많은 수량으로 거래된 상품명을 파악해 본다.

```
# 아이템별 빈도 및 항목명 설정(Frequency)
freq = df.sum(axis=0).to_frame('Frequency')
# 빈도의 내림차순 정렬
freq_sort = freq.sort_values('Frequency',ascending=False)
freq_sort
```

Description	Frequency
WHITE HANGING HEART T-LIGHT HOLDER	2260
JUMBO BAG RED RETROSPOT	2092
REGENCY CAKESTAND 3 TIER	1989
PARTY BUNTING	1686
LUNCH BAG RED RETROSPOT	1564
ASSORTED COLOUR BIRD ORNAMENT	1455
SET OF 3 CAKE TINS PANTRY DESIGN	1385
PACK OF 72 RETROSPOT CAKE CASES	1320
LUNCH BAG BLACK SKULL.	1273
NATURAL SLATE HEART CHALKBOARD	1249

상품별 지지도를 계산하고, 최소 지지도 설정을 위해 히스토그램으로 지지도의 전반적인 분포를 파악해 본다. 단일 상품들의 지지도는 0~0.05에서 높은 빈도를 보이고 있다.

```
# 단일 아이템의 지지도
freq_sort['Support'] = freq_sort['Frequency'] / len(freq_sort)
freq_sort
```

Description	Frequency	Support
WHITE HANGING HEART T-LIGHT HOLDER	2260	0.554329
JUMBO BAG RED RETROSPOT	2092	0.513122
REGENCY CAKESTAND 3 TIER	1989	0.487859
PARTY BUNTING	1686	0.413539
LUNCH BAG RED RETROSPOT	1564	0.383615
...	...	...
DOORKNOB CERAMIC IVORY	1	0.000245
SET/4 2 TONE EGG SHAPE MIXING BOWLS	1	0.000245
DUSTY PINK CHRISTMAS TREE 30CM	1	0.000245
Dotcomgiftshop Gift Voucher £100.00	1	0.000245
wrongly sold (22719) barcode	1	0.000245

4077 rows × 2 columns

```
# 단일 아이템의 지지도 분포
freq_sort['Support'].hist()
```

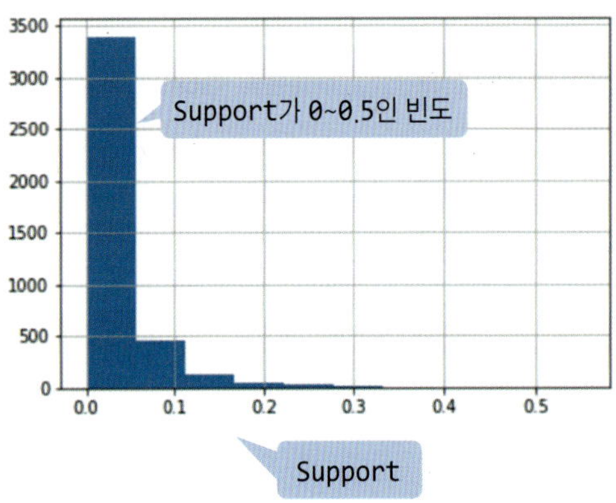

(4) 연관규칙 새성

최소 지지도를 0.01로 설정하면, 다음과 같이 단일 상품부터 여러 상품의 조합에 대한 1,854개의 지지도가 나타난다.

```
# 최소 지지도 설정 및 연관규칙 발견
freq_items = apriori(df, min_support=0.01, use_colnames=True)
freq_items
```

	support	itemsets
0	0.013359	(SET 2 TEA TOWELS I LOVE LONDON)
1	0.015793	(10 COLOUR SPACEBOY PEN)
2	0.012465	(12 MESSAGE CARDS WITH ENVELOPES)
3	0.017630	(12 PENCIL SMALL TUBE WOODLAND)
4	0.017978	(12 PENCILS SMALL TUBE RED RETROSPOT)
...	...	...
1849	0.011025	(JUMBO SHOPPER VINTAGE RED PAISLEY, JUMBO BAG ...
1850	0.011174	(LUNCH BAG BLACK SKULL., LUNCH BAG RED RETROS...
1851	0.010280	(LUNCH BAG SUKI DESIGN , LUNCH BAG RED RETROSP...
1852	0.010181	(LUNCH BAG SUKI DESIGN , LUNCH BAG BLACK SKUL...
1853	0.010131	(STRAWBERRY CHARLOTTE BAG, CHARLOTTE BAG PINK ...

1854 rows × 2 columns

다음으로 최소 신뢰도(60%)를 기준으로 연관규칙을 만든다. metric을 'confidence', min_threshold를 0.6으로 설정하면, 연관규칙은 다음과 같이 498가지 규칙이 만들어진다. 각 열은 순서대로 조건절 항목, 종속절 항목, 조건절 지지도, 종속절 지지도, 지지도, 신뢰도, 리프트, 레버리지, 확신도를 의미한다.

```
rules = association_rules(freq_items, metric="confidence", min_threshold=0.6)
rules
```

	antecedents	consequents	antecedent support	consequent support	support	confidence	lift	leverage	conviction
0	(ALARM CLOCK BAKELIKE CHOCOLATE)	(ALARM CLOCK BAKELIKE GREEN)	0.021255	0.048669	0.013756	0.647196	13.297902	0.012722	2.696488
1	(ALARM CLOCK BAKELIKE CHOCOLATE)	(ALARM CLOCK BAKELIKE RED)	0.021255	0.052195	0.014501	0.682243	13.071023	0.013392	2.982798
2	(ALARM CLOCK BAKELIKE ORANGE)	(ALARM CLOCK BAKELIKE GREEN)	0.022100	0.048669	0.013558	0.613483	12.605201	0.012482	2.461292
3	(ALARM CLOCK BAKELIKE GREEN)	(ALARM CLOCK BAKELIKE RED)	0.048669	0.052195	0.031784	0.653061	12.511932	0.029244	2.731908
495	(RED RETROSPOT CHARLOTTE BAG, CHARLOTTE BAG SU...	(WOODLAND CHARLOTTE BAG, STRAWBERRY CHARLOTTE ...	0.016339	0.020163	0.010131	0.620061	30.752572	0.009802	2.578931
496	(WOODLAND CHARLOTTE BAG, CHARLOTTE BAG SUKI DE...	(RED RETROSPOT CHARLOTTE BAG, STRAWBERRY CHARL...	0.014501	0.024136	0.010131	0.698630	28.945713	0.009781	3.238095
497	(WOODLAND CHARLOTTE BAG, RED RETROSPOT CHARLOT...	(STRAWBERRY CHARLOTTE BAG, CHARLOTTE BAG PINK ...	0.016687	0.018822	0.010131	0.607143	32.257067	0.009817	2.497544

498 rows × 9 columns

리프트가 1보다 큰 양의 관계를 만족하는 연관규칙들을 추출하고, 신뢰도의 내림차순으로 정렬해본다.

```
rules = rules[rules['lift'] > 1]
rules.sort_values(by='confidence',ascending=False)
```

	antecedents	consequents	antecedent support	consequent support	support	confidence	lift	leverage	conviction
193	(SUKI SHOULDER BAG, JAM MAKING SET PRINTED)	(DOTCOM POSTAGE)	0.010826	0.035161	0.010379	0.958716	27.266522	0.009999	23.370547
242	(HERB MARKER THYME, HERB MARKER PARSLEY)	(HERB MARKER ROSEMARY)	0.010578	0.011919	0.010081	0.953052	79.961033	0.009955	21.046126
403	(REGENCY TEA PLATE ROSES , REGENCY TEA PLATE P...	(REGENCY TEA PLATE GREEN)	0.013359	0.018921	0.012664	0.947955	50.099816	0.012411	18.850726
243	(HERB MARKER ROSEMARY, HERB	(HERB MARKER	0.010677	0.011770	0.010081	0.944186	80.219959	0.009956	17.705788
373	(LUNCH BAG WOODLAND, LUNCH BAG PINK POLKADOT)	(LUNCH BAG CARS BLUE)	0.019666	0.057112	0.011820	0.601010	10.523426	0.010696	2.363189
80	(POPPY'S PLAYHOUSE KITCHEN)	(POPPY'S PLAYHOUSE LIVINGROOM)	0.021653	0.016289	0.013012	0.600917	36.890468	0.012659	2.464930
7	(ALARM CLOCK BAKELIKE PINK)	(ALARM CLOCK BAKELIKE RED)	0.038886	0.052195	0.023341	0.600255	11.500231	0.021312	2.371026
293	(JUMBO BAG PINK POLKADOT, JUMBO STORAGE BAG SUKI)	(JUMBO SHOPPER VINTAGE RED PAISLEY)	0.025576	0.058353	0.015346	0.600000	10.282213	0.013853	2.354117

498 rows × 9 columns

(4) 결과 분석

조건부와 결론부에 관심 있는 항목의 연관규칙을 보자. 다음은 'HERB MARKER THYME'를 살 때, 함께 구매되는 상품들에 대한 연관규칙들이다.

```
# 조건부에 'HERB MARKER THYME'가 있는 규칙
rules[rules.antecedents.apply(lambda x: 'HERB MARKER THYME' in x)]
```

	antecedents	consequents	antecedent support	consequent support	support	confidence	lift	leverage	conviction
44	(HERB MARKER THYME)	(HERB MARKER BASIL)	0.011770	0.012018	0.010429	0.886076	73.727377	0.010288	8.672284
50	(HERB MARKER THYME)	(HERB MARKER MINT)	0.011770	0.011919	0.010230	0.869198	72.925738	0.010090	7.554039
54	(HERB MARKER THYME)	(HERB MARKER PARSLEY)	0.011770	0.011820	0.010578	0.898734	76.037443	0.010439	9.758281
56	(HERB MARKER THYME)	(HERB MARKER ROSEMARY)	0.011770	0.011919	0.010975	0.932489	78.235865	0.010835	14.635951
241	(HERB MARKER THYME, HERB MARKER ROSEMARY)	(HERB MARKER PARSLEY)	0.010975	0.011820	0.010081	0.918552	77.714134	0.009952	12.132659
242	(HERB MARKER THYME, HERB MARKER PARSLEY)	(HERB MARKER ROSEMARY)	0.010578	0.011919	0.010081	0.953052	79.961033	0.009955	21.046126
244	(HERB MARKER THYME)	(HERB MARKER ROSEMARY, HERB MARKER PARSLEY)	0.011770	0.010677	0.010081	0.856540	80.219959	0.009956	6.896161

다음은 어떤 상품들이 'HERB MARKER THYME' 상품의 판매에 영향을 미치는지 알 수 있는 연관규칙들이다.

```
# 결론부에 'HERB MARKER THYME'가 있는 규칙
rules[rules.consequents.apply(lambda x: 'HERB MARKER THYME' in x)]
```

	antecedents	consequents	antecedent support	consequent support	support	confidence	lift	leverage	conviction
45	(HERB MARKER BASIL)	(HERB MARKER THYME)	0.012018	0.011770	0.010429	0.867769	73.727377	0.010288	7.473490
51	(HERB MARKER MINT)	(HERB MARKER THYME)	0.011919	0.011770	0.010230	0.858333	72.925738	0.010090	6.975741
55	(HERB MARKER PARSLEY)	(HERB MARKER THYME)	0.011820	0.011770	0.010578	0.894958	76.037443	0.010439	9.407950
57	(HERB MARKER ROSEMARY)	(HERB MARKER THYME)	0.011919	0.011770	0.010975	0.920833	78.235865	0.010835	12.482906
243	(HERB MARKER ROSEMARY, HERB MARKER PARSLEY)	(HERB MARKER THYME)	0.010677	0.011770	0.010081	0.944186	80.219959	0.009956	17.705788
245	(HERB MARKER ROSEMARY)	(HERB MARKER THYME, HERB MARKER PARSLEY)	0.011919	0.010578	0.010081	0.845833	79.961033	0.009955	6.417872
246	(HERB MARKER PARSLEY)	(HERB MARKER THYME, HERB MARKER ROSEMARY)	0.011820	0.010975	0.010081	0.852941	77.714134	0.009952	6.725368

요약

연관분석 개요: 연관분석은 대용량 데이터베이스에서 빈도가 높은 거래 아이템 간 연관규칙을 발견하는 기법이다.

연관분석 역사: 연관분석은 Rakesh Agrawal, Tomasz Imieliński, Arun Swami가 1993년 슈퍼마켓의 POS(Point-of-Sale) 시스템의 대용량 거래 데이터에서 상품 간 규칙적인 패턴을 발견하기 위해 Aproiri Algorithm으로 연관규칙을 소개하는 데서 시작되었다.

연관분석 모형: Apriori algorithm은 지지도 기반으로 빈발 항목 집합을 발견하고, 이로부터 신뢰도와 리프트를 작용하여 연관규칙을 발견한다.

파이썬 기반 분석 절차: 패키지 설치 및 로딩 → 데이터 준비 → 탐색적 데이터 분석 → 연관규칙 생성 → 결과 분석

파이썬 패키지: 빈발 상품을 발견하고 그로부터 연관규칙을 만들기 위한 apriori와 association_rules 패키지가 있다.

연습문제

1. 다음 장바구니 데이터에 대해 Apriori 알고리즘을 이용해서 연관규칙을 발견해보자. 최소 지지도와 신뢰도는 각각 0.5로 한다.

거래 ID	상품
t_1	A, B, C, D, E
t_2	B, C, D
t_3	A, B, F
t_4	A, C, D, G
t_5	A, B, C, D

(1) 다음 거래 데이터에서 A와 B에 대한 지지도, 신뢰도, 리프트는 얼마인가?

① Supp(A∪B), ② Conf(A⇒B), ③ Lift(A⇒B)

(2) 다음 표를 완성하시오.

❶ k=1에 대한 빈발 항목 집합 L_1을 찾으시오.

C_1	거래 수	지지도	L_1

❷ k=2에 대한 빈발 항목 집합 L_2를 찾으시오.

C_2	거래 수	지지도	L_2

(3) k=2일 때의 빈발 항목에 대해 연관규칙을 발견하고, 해석하시오.

2-항목 빈발상품 (X, Y)	지지도 $Supp(X \cup Y)$	$Supp(X)$	신뢰도 $Conf(X \Rightarrow Y)$	$Supp(Y)$	리프트 $Lift(X \Rightarrow Y)$	연관 규칙

2. 문제 1의 장바구니 데이터에 대해 파이썬으로 연관규칙을 찾고 (3)의 결과와 비교하시오(4.4절 참조).

응용문제 'Adult' 인구 조사 데이터 분석

4.5절의 온라인 유통 데이터 세트에서 프랑스(France)와 독일(Germany)의 고객들이 많이 주문한 상품들과 연관규칙들을 비교해보자.

```
# 힌트1: 프랑스 고객의 주문 데이터 찾기
df_country = df[df['Country'] == "France"]

# 힌트2: 지지도 높은 10개 상품 출력
freq_sort.head(10)
```

• 국가별 지지도 높은 10개 상품 비교

프랑스	독일

• 국가별 연관규칙 비교

프랑스	독일

MEMO

CHAPTER 5

파이썬 데이터 분석

K-최근접 이웃 알고리즘

학습목표

KNN의 원리 이해

학습내용

KNN 원리
예제 실습
파이썬 기반 실습

장 프랑수아 밀레 – 이삭 줍는 여인들 (1857)

5.1 KNN 개요

새로 가입한 고객은 어떤 그룹에 속할까? 새롭게 가입한 회원에게 어떤 영화를 추천할까? 이미지는 어떤 그룹으로 분류할 수 있을까? 분류문제는 개체의 분류를 통한 성향이나 특성을 파악할 때 유용하다. 한편, 키를 알면 몸무게를 추측할 수 있을까? 고객들의 소득을 파악하면 우리 백화점의 구매금액을 추정할 수 있을까? 방의 수와 범죄율을 알면 주택 가격을 추정할 수 있을까? 이런 문제들은 정량적인 입력 값들로부터 연속적인 한 값을 예측하는 회귀모형으로 설명할 수 있다.

K-최근접 이웃(KNN: K-nearest neighbors) 기법은 새로운 개체와 특성이 가장 가까운 K개의 유사 개체들을 추출하여 빈도가 높은 특정 클래스로 분류하는 분류문제에 적용하거나, 유사 개체들의 정량적인 목표 값을 이용하여 하나의 수치적 값을 예측하는 회귀문제에 적용할 수 있다. 유사도는 새로운 개체와 기존 개체 간 거리를 측정하기 때문에 직관적이고 절차가 간단하여 널리 활용되고 있다. KNN 알고리즘은 1951년에 Evelyn Fix와 Joseph Hodges에 의해 통계적 비모수 분류방법으로 개발되었고, 후에 Thomas Cover에 의해 확장되어 분류와 회귀문제에 활용되고 있다[9, 10]. 유사성 측정과 적당한 K개를 선정하는 방법은 각각 5.2절과 5.5절에서 살펴보기로 한다.

5.2 KNN 기본 원리

KNN은 목표 변수가 범주 변수인 경우는 새로운 데이터와 가장 가까운 거리(유사성)에 있는 K개 개체들의 다수 분류에 따라 분류한다(5.3절 참조). 한편, 목표 변수가 양적 변수인 경우는 가장 인접한 K개의 목표 변수의 평균 값으로 하는 회귀 문제에 적용할 수 있다(5.5절 참조). 다음 그림에서 중앙에 위치하는 새로운 개체를 중심으로 볼 때, K=3으로 정하면 세모 클래스로 분류할 수 있고 K=9로 정하면 다수 분류인 네모 분류로 정할 수 있다. 한편, K개의 유사객체들에 대한 목표 변수의 평균 값으로 예측하면 회귀문제가 된다.

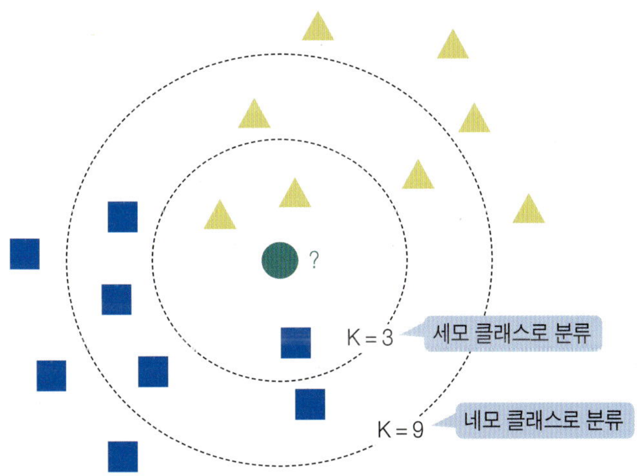

개체 간의 유사도는 두 지점 간의 직선 거리를 나타내는 유클리드 거리(Euclidean distance), 격자 형태(바둑판)의 두 지점 간 거리를 나타내는 맨하탄 거리(Manhattan distance), 민코브스키 거리(Minkowski distance), 두 벡터 간의 각도로 나타내는 코사인 유사도(cosine similarity) 등이 있다. 민코브스키 거리에서 차수(r)가 1이면 맨하탄 거리를, 차수가 2이면 유클리드 거리가 된다. 다음 절에서 유클리드 거리를 이용한 분류문제와 회귀문제를 살펴보기로 하자.

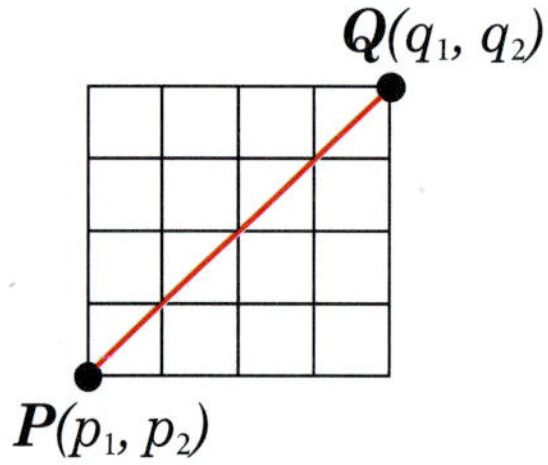

$$D(\boldsymbol{P}, \boldsymbol{Q}) = \sqrt{(p_1 - q_1)^2 + (p_2 - q_2)^2}$$

유클리드 거리

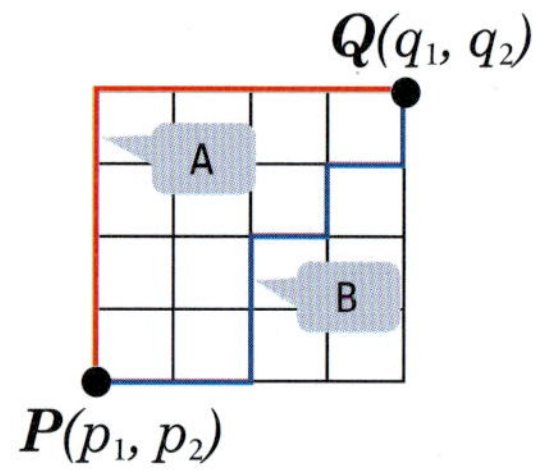

맨하탄 거리 (A, B는 같은 거리)

$$\boldsymbol{P} = (p_1, p_2, \cdots, p_n)$$
$$\boldsymbol{Q} = (q_1, q_2, \cdots, q_n)$$
$$D(\boldsymbol{P}, \boldsymbol{Q}) = \{\sum_{i=1}^{n} (p_i - q_i)^r\}^{1/r}$$

민코브스키 거리

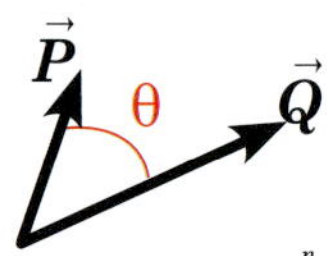

$$\cos(\theta) = \frac{\vec{\boldsymbol{P}} \cdot \vec{\boldsymbol{Q}}}{\|\vec{\boldsymbol{P}}\| \|\vec{\boldsymbol{Q}}\|} = \frac{\sum_{i=1}^{n} p_i q_i}{\sqrt{\sum_{i=1}^{n} p_i^2} \sqrt{\sum_{i=1}^{n} q_i^2}}$$

코사인 유사도

5.3 KNN의 예시

다음과 같이 5개의 표본으로 구성되는 데이터 세트가 있다. 각 표본은 입력변수(X_1, X_2)와 클래스 정보를 담고 있는 라벨인 출력변수(Y)로 구성되어 있다. 새로운 개체인 6번째 개체는 어느 클래스로 분류하면 좋을까? 그 과정을 보자.

기존 개체

ID	X_1	X_2	Y
1	25	25	A
2	33	30	A
3	38	30	B
4	45	35	B
5	28	40	A

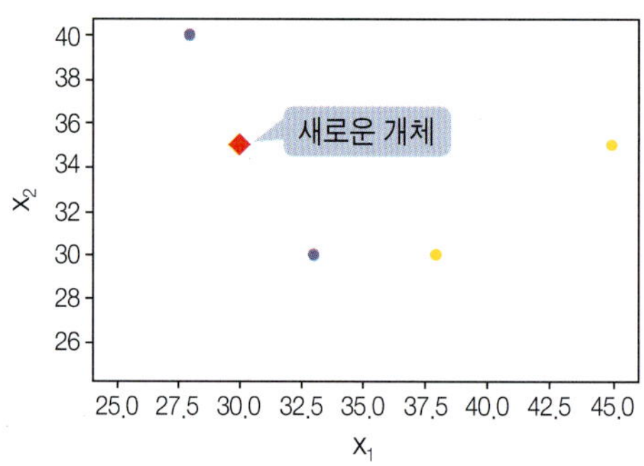

새로운 개체

ID	X_1	X_2	Y
6	30	35	?

먼저, 최근접 이웃의 수인 K를 결정한다. 다음으로 두 입력변수에 대해 피처 스케일링으로 스케일을 조정하고, 새로운 개체를 각 기존 개체들에 대해 유사도를 측정한다. 그리고 K의 수에 해당하는 최근접 기존 개체들을 선정하고 다수 클래스로 분류한다.

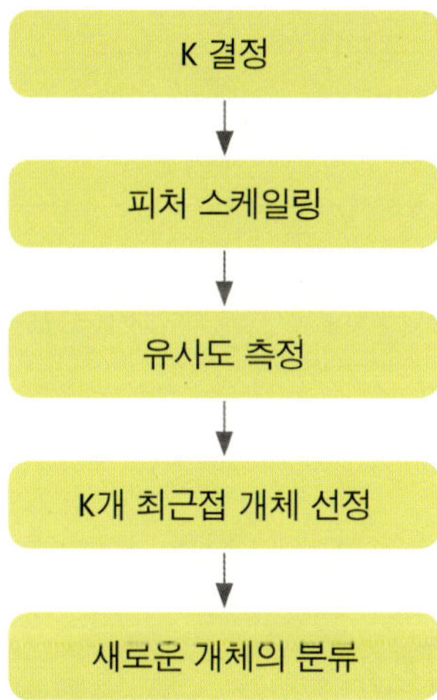

(1) K의 수 결정

이진 분류인 경우, K의 수는 동점을 피하기 위해 홀수로 한다. 여기서는 K를 3으로 하자. 최적의 K는 테스트 데이터에 대해 K의 변화에 따른 기존 개체들의 오분류 수를 파악하는 교차검증을 통해 결정한다(5.6절 참조).

(2) 피처 스케일링

학습용 데이터를 표준화한다. 표준화는 5.4절 파이썬 표준화 패키지와의 일관성을 위해 모표준편차(σ_x)를 사용하기로 한다(2장 참조).

기존 개체

ID	원 데이터		표준화된 데이터	
	X_1	X_2	Z_1	Z_2
1	25	25	−1.2327	−1.3728
2	33	30	−0.1121	−0.3922
3	38	30	0.5883	−0.3922
4	45	35	1.5689	0.5883
5	28	40	−0.8125	1.5689
평균(μ_i)	33.8	32		
표준편차(σ_i)	7.1	5.1		

테스트용으로 사용할 새로운 개체는 기존 개체의 평균과 표준편차를 이용하여 표준화한다.

새로운 개체

ID	원 데이터		표준화된 데이터	
	X_1	X_2	Z_1	Z_2
6	30	35	−0.5323	0.5883

(3) 유사도 측정

새로운 개체와 각 기존 개체 간 유클리드 거리를 계산하면 다음과 같다.

ID	표준화된 데이터		ID 6과의 거리
	Z_1	Z_2	
1	−1.2327	−1.3728	$D(6, 1) = \sqrt{(Z_{61} - Z_{11})^2 + (Z_{62} - Z_{12})^2}$ $= \sqrt{\{-0.5323 - (-1.2327)\}^2 + \{0.5883 - (-1.3728)\}^2}$ $= 2.0825$
2	−0.1121	−0.3922	D(6,2) = 1.0668
3	0.5883	−0.3922	D(6,3) = 1.4891
4	1.5689	0.5883	D(6,4) = 2.1012
5	−0.8125	1.5689	D(6,5) = 1.0198

(4) 최근접 이웃 선택

거리가 가장 가까운 최근접 이웃 개체 수(K=3)를 선택하면 5, 2, 3번 순이 된다.

ID	표준화된 데이터		ID 6과의 거리	최근접 이웃
	Z_1	Z_2		
1	−1.2327	−1.3728	2.0825	
2	−0.1121	−0.3922	1.0668	2
3	0.5883	−0.3922	1.4891	3
4	1.5689	0.5883	2.1012	
5	−0.8125	1.5689	1.0198	1

(5) 예측

최근접 이웃으로 선택된 2, 3, 5는 'A', 'B', 'A'이기 때문에, 새로운 개체를 분류 수가 많은 'A'로 분류한다. Y 값이 정량적인 데이터인 회귀문제의 경우, 선택된 유사 개체들의 Y 변수의 평균 값으로 새로운 개체의 값을 예측한다(5.5절 참조).

5.4 파이썬 기반 분류

5.3절의 KNN 방법을 파이썬으로 해결해 보자. 기본 절차는 다음과 같다. 먼저 패키지를 설정한다. 데이터를 준비하고 탐색적 데이터 분석을 통해 데이터 분포 및 특성을 파악한다. 데이터를 변수별로 피처 스케일링하고, KNN 모형으로 학습 데이터(기존 개체)와 테스트 데이터(새로운 개체)를 이용해서 테스트 데이터를 분류한다.

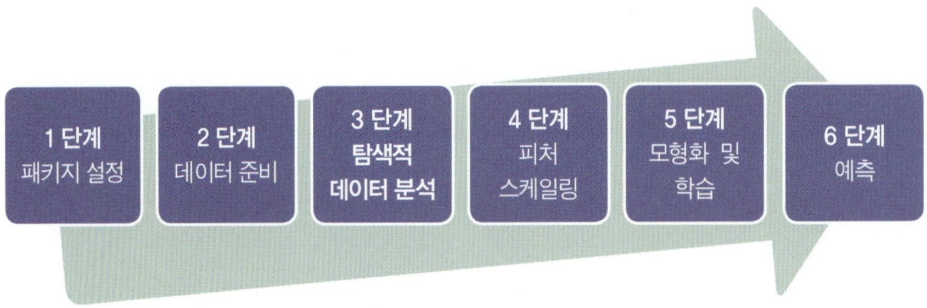

(1) 패키지 설정

sklearn 패키지에 있는 KNeighborsClassifier 모듈은 KNN 분류 모형을 제공한다. 표준화로는 StandardScaler 패키지를 사용한다.

```
from sklearn.neighbors import KNeighborsClassifier
from sklearn.preprocessing import StandardScaler
import numpy as np
import matplotlib.pyplot as plt
```

(2) 데이터 준비

학습 데이터와 테스트 데이터를 작성한다. 그래프 분포에서 색으로 구분하기 위해 'A'는 0으로, 'B'는 1로 설정하자.

```
# 학습용 데이터(기존 개체)
# 입력
X_train = np.array([[25, 25],      첫 번째 개체의 X1, X2
      [33, 30],
      [38, 30],
      [45, 35],
      [28, 40]])
# 라벨
y_train = np.array([0, 0, 1, 1, 0])      'A', 'A', 'B', 'B', 'A'
```

```
# 테스트용 데이터(새로운 개체)
# 입력
X_test = np.array([[30, 35]])      새로운 개체의 X1, X2
```

(3) 탐색적 데이터 분석

학습 데이터와 테스트 데이터의 위치를 그래프로 파악해본다. 학습 데이터에서 0의 분류는 검은 색, 1의 분류는 노란색으로 표시되어 있다. 테스트 데이터는 마름모 형태로 하고 (marker='D'), 색은 적색으로 구분하였으며(c='red'), 크기는 100으로 설정하였다(s=100).

```
# 산포도
# 학습용 데이터
plt.scatter(X_train[:, 0], X_train[:, 1], c=y_train)      X1, X2, 색
# 테스트용 데이터
plt.scatter(X_test[:, 0], X_test[:, 1], c='red', marker = 'D', s=100)
plt.xlabel('x1')
plt.ylabel('x2')                                             X1, X2, 색, 마커, 크기
plt.show()
```

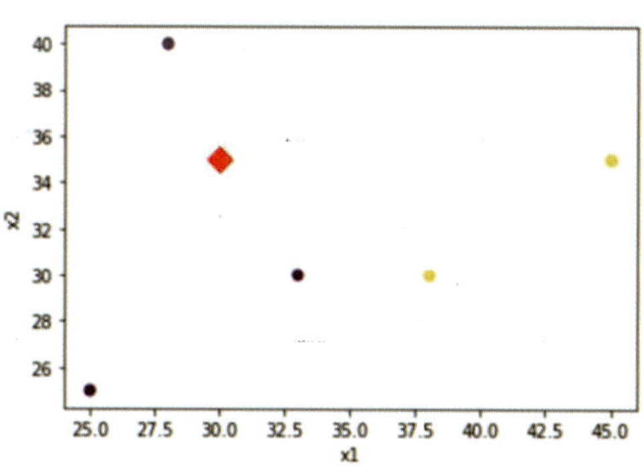

(4) 피처 스케일링

학습용 데이터의 입력변수에 대해 표준화하고, 그 표준화 스케일로 테스트 데이트를 표준화한다.

```
# 피처 스케일링: 학습용 데이터
scalerX = StandardScaler()
scalerX.fit(X_train)
X_train_std = scalerX.transform(X_train)
print(X_train_std)
```

표준화 스케일러 객체 생성

표준화 스케일러를 학습용 데이터에 맞춤

학습용 데이터의 표준화

```
[[-1.23272999 -1.37281295]
 [-0.11206636 -0.39223227]
 [ 0.58834841 -0.39223227]
 [ 1.56892908  0.58834841]
 [-0.81248113  1.56892908]]
```

```
# 피처 스케일링: 테스트용 데이터
X_test_std = scalerX.transform(X_test)
print(X_test_std)
```

테스트 데이터의 변환

```
[[-0.53231522  0.58834841]]
```

(5) 모형화 및 학습

모형화에서 최근접 이웃 수(n_neighbors)와 유사도 측정 지표(metric)를 설정한다. 최근접 이웃 수를 지정하지 않으면 디폴트 값은 5이다. 유사도 측정 지표로는 'minkowski', 'euclidean', 'mahalanobis'가 있으며, 디폴트는 'minkowski'이다. 다음은 최근접 이웃 수를 3으로 하며, 유클리드 거리를 사용한 예이다. KNN에서의 학습 과정은 테스트 데이터와의 거리 계산 전에 학습 데이터를 검색이 용이한 구조로 저장하는 단계이다.

```
# 모형화
knn = KNeighborsClassifier(n_neighbors = 3, metric='euclidean')
# 학습
knn.fit(X_train_std, y_train)
```

(6) 예측

테스트 데이터의 분류를 예측하면, 0의 분류가 된다.

```
# 예측
pred = knn.predict(X_test_std)
print(pred)
```

```
[0]
```

3개의 최근접 이웃 개체를 보면 0과 1의 수는 각각 2개와 1개로, 그 확률은 0.67과 0.33가 된다.

```
# 클래스별 확률 값을 반환
knn.predict_proba(X_test_std)
```

```
array([[0.66666667, 0.33333333]])
```

다음은 테스트 데이터와 가장 가까운 3개의 기존 개체들에 대한 거리와 색인을 의미한다. 최근접 순으로 4(5번째), 1(2번째), 2(3번째) 순을 확인할 수 있다.

```
# 인접한 K개의 개체들에 대한 거리와 색인을 반환
dist, index = knn.kneighbors(X_test_std)
print(dist)
print(index)
```

```
[[1.0198193  1.06683999 1.48910222]]
[[4 1 2]]
```

5.5 파이썬 기반 회귀

5.4절에서 목표 변수가 양적 변수일 때, 회귀분석으로 예측하는 예를 보자. 다음은 목

표 변수인 Y가 정량 데이터인 예이다. K는 3으로 설정하고 새로운 개체에 대한 Y값을 예측해본다.

기존 개체

ID	X_1	X_2	Y
1	25	25	10
2	33	30	20
3	38	30	30
4	45	35	40
5	28	40	50

새로운 개체

ID	X_1	X_2	Y
6	30	35	?

(1) 패키지 설정

회귀분석을 위해 KNeighborsRegressor 모듈을 이용한다.

```
from sklearn.neighbors import KNeighborsRegressor
from sklearn.preprocessing import StandardScaler
import numpy as np
import matplotlib.pyplot as plt
```

(2) 데이터 준비

학습 데이터와 테스트 데이터를 작성한다.

```
# 학습용 데이터(기존 개체)
# 입력 값
X_train = np.array([[25, 25],
        [33, 30],
        [38, 30],
        [45, 35],
        [28, 40]])
# 목표 값
y_train = np.array([[10], [20], [30], [40], [50]])
```

```
# 테스트용 데이터(새로운 개체)
# 입력
X_test = np.array([[30, 35]])
```

(3) 탐색적 데이터 분석

학습 데이터와 테스트 데이터의 분포를 그래프로 파악해본다. 그 과정은 5.4절과 같다.

```
# 산포도
# 학습용 데이터
plt.scatter(X_train[:, 0], X_train[:, 1], c=y_train)
# 테스트용 데이터
plt.scatter(X_test[:, 0], X_test[:, 1], c='red', marker = 'D', s=100)
plt.xlabel('x1')
plt.ylabel('x2')
plt.show()
```

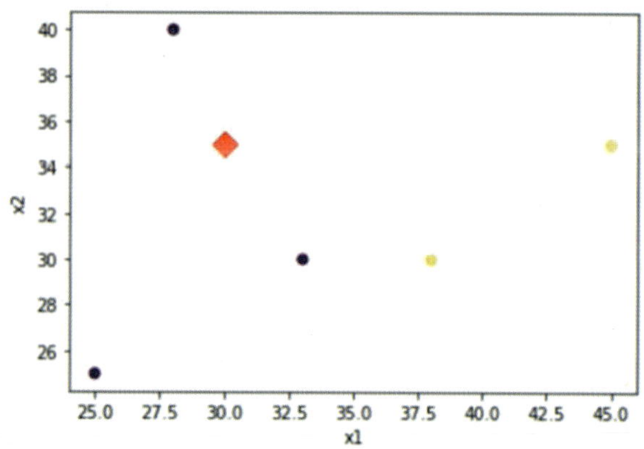

(4) 피처 스케일링

학습용 데이터의 입력변수와 목표변수에 대해 표준화하고, 그 표준화 스케일로 테스트 데이트의 입력변수를 표준화한다.

```
# 피처 스케일링: 학습용 데이터
# 입력 값
scalerX = StandardScaler()
scalerX.fit(X_train)
X_train_std = scalerX.transform(X_train)
print(X_train_std)

# 목표 값
scalerY = StandardScaler()
scalerY.fit(y_train)
y_train_std = scalerY.transform(y_train)
print(y_train_std)
```

```
[[-1.23272999 -1.37281295]
 [-0.11206636 -0.39223227]
 [ 0.58834841 -0.39223227]
 [ 1.56892908  0.58834841]
 [-0.81248113  1.56892908]]
[[-1.41421356]
 [-0.70710678]
 [ 0.        ]
 [ 0.70710678]
 [ 1.41421356]]
```

```
# 피처 스케일링: 테스트용 데이터
X_test_std = scalerX.transform(X_test)
print(X_test_std)
```

```
[[-0.53231522  0.58834841]]
```

(5) 모형화 및 학습

최근접 이웃 개체들의 목표 값들을 이용해서 새로운 개체의 예측 치를 계산하는 여러 방법이 있다. weights를 'uniform'으로 설정하면 평균 값으로 예측하게 된다.

```
# 모형화
knn = KNeighborsRegressor(n_neighbors = 3, metric='euclidean',
                          weights="uniform")
# 학습
knn.fit(X_train_std, y_train_std)
```

(6) 예측

테스트 데이터의 예측 값은 0.2357이며, 실제 스케일로 역변환하면 33.3이 된다.

```
# 예측
y_pred = knn.predict(X_test_std)
print(y_pred)
```

```
[[0.23570226]]
```

```
# 예측 값의 역변환
y_pred_inverse = scalerY.inverse_transform(y_pred)    학습 데이터의 목표변수 표준화 스케일러로 역변환
print(y_pred_inverse)
```

```
[[33.33333333]]
```

5.6 응용: 유방암 진단

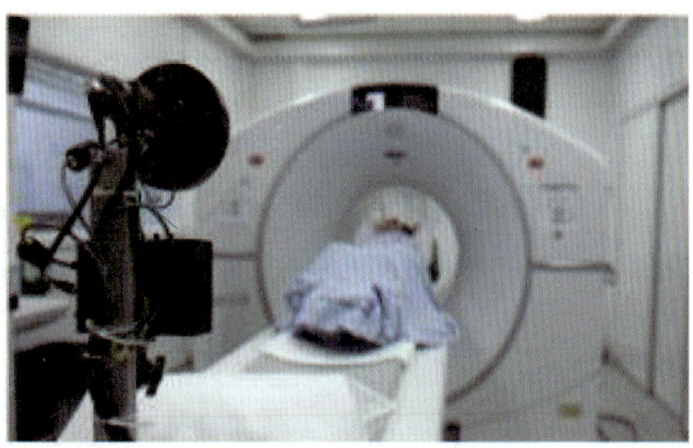

분류문제로 유방암을 진단해보자. 유방암 데이터 세트(Breast Cancer Wisconsin (Diagnostic) Data Set)는 위스콘신 대학의 William H. Wolberg 등이 만든 자료로, 파이썬의 사이킷런 패키지에서도 쉽게 불러올 수 있다. 데이터 세트는 총 32개과 569 행의 구조로 되어 있고, 누락된 데이터는 없다. 1열은 ID, 2열은 진단(M = '악성(malignant)', B = '음성(benign)')을 의미한다. 3~22열은 암 진단을 위한 진료 자료들이다. 3~12열, 13~22열, 23~32열은 각각 다음 10개 변수의 평균값, 표준오차, 가장 큰 3개 세포의 평균값을 의미한다.

항목 번호	항목명	내용
1	ID number	샘플 아이디
2	diagnosis	M(malignant, 양성), B(benign, 음성)
3~12		①~⑩항의 평균 값
13~22		①~⑩항의 표준오차
23~32		①~⑩항의 각 세포 핵에서 가장 큰 3개의 평균값

①~⑩항의 10개 변수는 다음과 같다.

항목 번호	항목명	내용
①	radius	중심에서 둘레까지의 평균 반경
②	texture	조직(그레이 스케일의 표준편차)
③	perimeter	둘레
④	area	면적
⑤	smoothness	매끄러운 정도(반경 길이의 국소적 변화)
⑥	compactness	소형화(perimeter2/area – 1.0)
⑦	concavity	오목한 정도
⑧	concave points	오목한 점의 수
⑨	symmetry	대칭
⑩	fractal dimension	프랙탈 차원

3~32번째 항목을 입력으로, 2번째 항목을 진단하고 정확도를 평가해보자. 유방암 진단을 위한 KNN 분석의 기본 과정은 다음과 같다.

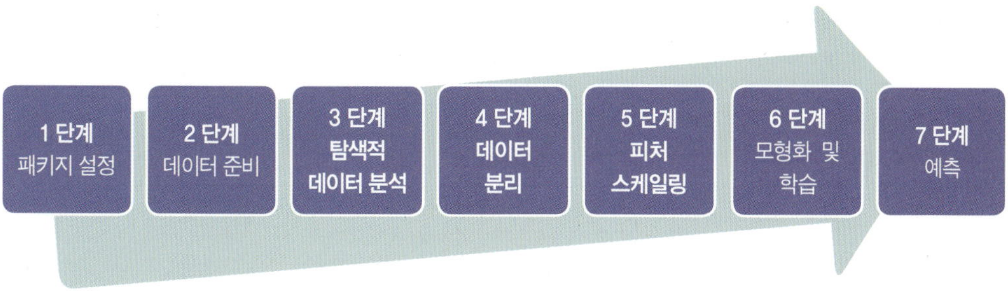

(1) 패키지 설정

sklearn 패키지에서 유방암 데이터 세트를 사용하기 위해 load_breast_cancer 모듈을 설정하고, KNN 분류를 위해 KNeighborsClassifier, 표준화를 위해 StandardScaler, 학습용과 테스트 데이터 분리를 위해 train_test_split, 실제와 예측 분류의 차이를 파악하는 혼동행렬을 출력하기 위해 confusion_matrix를 설정한다. 한편, 그래프는 matplotlib 패키지를 기반으로 고급 시각화 기능을 제공하는 seaborn 패키지를 사용한다.

```
from sklearn.datasets import load_breast_cancer
from sklearn.neighbors import KNeighborsClassifier
from sklearn.preprocessing import StandardScaler
from sklearn.model_selection import train_test_split
from sklearn.metrics import confusion_matrix
import pandas as pd
import matplotlib.pyplot as plt
import seaborn as sns
```

(2) 데이터 준비

유방암 데이터 세트를 데이터 프레임 형태로 불러온다.

```
# 데이터 불러오기
data = load_breast_cancer(as_frame=True)
```

데이터를 출력해서 개략적인 수치를 확인해본다.

```
# 데이터 프레임 출력
print(data.frame)
```

```
     mean radius  mean texture  ...  worst fractal dimension  target
0          17.99         10.38  ...                  0.11890       0
1          20.57         17.77  ...                  0.08902       0
2          19.69         21.25  ...                  0.08758       0
3          11.42         20.38  ...                  0.17300       0
4          20.29         14.34  ...                  0.07678       0
..           ...           ...  ...                      ...     ...
564        21.56         22.39  ...                  0.07115       0
565        20.13         28.25  ...                  0.06637       0
566        16.60         28.08  ...                  0.07820       0
567        20.60         29.33  ...                  0.12400       0
568         7.76         24.54  ...                  0.07039       1

[569 rows x 31 columns]
```

데이터의 입력 부분과 목표 변수 부분을 나누어 출력해보면 다음과 같다.

```
# 입력 부분과 목표 값 출력
print(data.data)
print(data.target)
```

```
     mean radius  mean texture  ...  worst symmetry  worst fractal dimension
0          17.99         10.38  ...          0.4601                  0.11890
1          20.57         17.77  ...          0.2750                  0.08902
2          19.69         21.25  ...          0.3613                  0.08758
3          11.42         20.38  ...          0.6638                  0.17300
4          20.29         14.34  ...          0.2364                  0.07678
..           ...           ...  ...             ...                      ...
564        21.56         22.39  ...          0.2060                  0.07115
565        20.13         28.25  ...          0.2572                  0.06637
566        16.60         28.08  ...          0.2218                  0.07820
567        20.60         29.33  ...          0.4087                  0.12400
568         7.76         24.54  ...          0.2871                  0.07039

[569 rows x 30 columns]
```

입력 데이터

```
0      0
1      0
2      0
3      0
4      0
      ..
564    0
565    0
566    0
567    0
568    1
Name: target, Length: 569, dtype: int64
```

목표 데이터

(3) 탐색적 데이터 분석

데이터 세트에 대한 개요를 출력하면 각 열별 최대 및 최소 분포를 파악할 수 있다.

```
# 데이터 세트 개요
print(data.DESCR)
```

```
===================================== ====== ======
                                        Min    Max
===================================== ====== ======
radius (mean):                        6.981  28.11
texture (mean):                       9.71   39.28
perimeter (mean):                     43.79  188.5
area (mean):                          143.5  2501.0
smoothness (mean):                    0.053  0.163
compactness (mean):                   0.019  0.345
concavity (mean):                     0.0    0.427
concave points (mean):                0.0    0.201
symmetry (mean):                      0.106  0.304
                                      0.05   0.097
```

데이터 프레임의 특성(feature) 이름과 목표 변수(target)의 그룹은 다음과 같다. 목표변수에서 순서대로 양성(malignant)은 0, 음성(benign)은 1을 의미한다.

```
# 데이터 구조 특성 이름과 목표 변수 이름
print(data.feature_names)
print(data.target_names)
```

```
['mean radius' 'mean texture' 'mean perimeter' 'mean area'
 'mean smoothness' 'mean compactness' 'mean concavity'
 'mean concave points' 'mean symmetry' 'mean fractal dimension'
 'radius error' 'texture error' 'perimeter error' 'area error'
 'smoothness error' 'compactness error' 'concavity error'
 'concave points error' 'symmetry error' 'fractal dimension error'
 'worst radius' 'worst texture' 'worst perimeter' 'worst area'
 'worst smoothness' 'worst compactness' 'worst concavity'
 'worst concave points' 'worst symmetry' 'worst fractal dimension']
['malignant' 'ben
```

특성 이름

목표변수의 그룹

seaborn 패키지로 두 변수 간 산포도를 출력해서 진단 결과인 '양성'과 '음성'별로 분포를 파악해본다. 열의 수가 많기 때문에 'target'별로 일부 열만 비교해보면 대부분 분류가 잘 되는 분포를 보이고 있다.

```
# 변수 간 산포도
data_mean = data.frame[['mean radius','mean texture','mean perimeter',
         'mean area', 'target']]
sns.pairplot(data_mean, hue='target')
```

데이터 프레임을 5개열에 해당하는 데이터로 줄임

'target'을 제외한 4개열을 2개씩 조합하여 각각 X-Y 분포로 나타내고 target의 분류별로 구분함

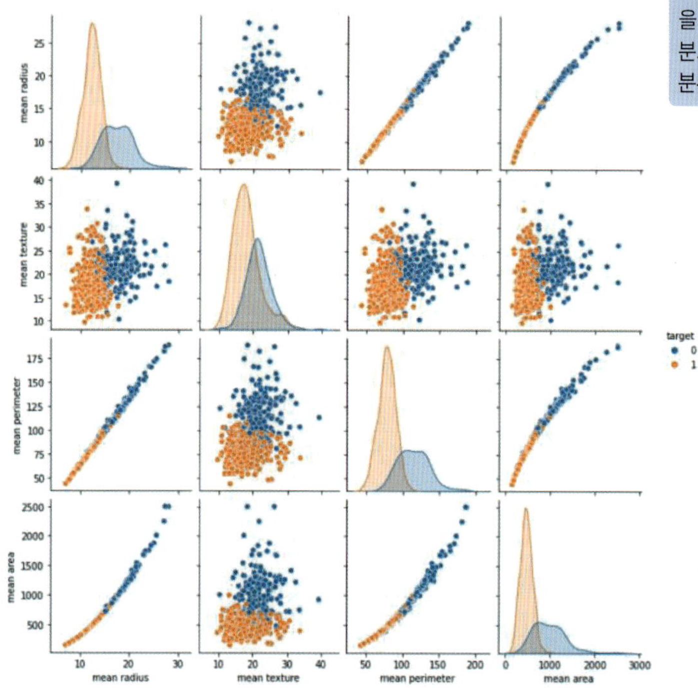

(4) 데이터 분리

학습 데이터와 테스트 데이터를 7:3으로 분리한다. randon_state 값이 없으면 분리되는 값들은 항상 다르게 되지만, 임의의 같은 값으로 설정하면 실행할 때마다 분리되는 데이터가 같다. 검증 시, 필요한 경우에 사용하면 된다. 분리된 데이터 세트의 차원을 보면 학습용과 테스트 데이터의 행 수는 비율에 따라 각각 398행, 171행이다.

```
# 학습용과 테스트 데이터 분리
X_train,X_test,y_train,y_test=train_test_split(data.data, data.target,
                                         test_size=0.3, random_state=1234)
print(X_train.shape)
print(X_test.shape)
print(y_train.shape)
print(y_test.shape)
```

data 부분을 7:3비율로 X_train과 X_test으로 나눔.
target 부분은 7:3비율로 y_train과 y_test로 나눔

```
(398, 30)
(171, 30)
(398,)
(171,)
```

(5) 피처 스케일링

먼저 학습 데이터의 입력 데이터를 각 열별로 표준화한다.

```
# 피처 스케일링: 학습 데이터
scalerX = StandardScaler()
scalerX.fit(X_train)
X_train_std = scalerX.transform(X_train)
print(X_train_std)
```

```
[[-1.53753797 -0.55554819 -1.51985982 ... -1.73344373 -0.77142494
   0.22129607]
 [-0.79609663 -0.38603656 -0.81356785 ... -0.43011095  0.08970515
  -0.36303452]
 [ 0.21752653 -0.38603656  0.18557689 ...  0.76443594  0.80894448
  -0.67502531]
 ...
 [-0.48269225 -0.14686262 -0.46083202 ... -0.21253919  0.1565732
   0.16129784]
 [ 1.14079887 -0.12364185  1.14739725 ...  0.25197353  0.1679897
  -0.23677737]
 [-0.41210568 -1.26610378 -0.43253113 ... -0.78299078 -0.89537548
  -0.79241315]]
```

다음으로 학습 데이터의 표준화 스케일을 사용하여 테스트 데이터를 표준화한다.

```
# 피처 스케일링: 테스트 데이터
X_test_std = scalerX.transform(X_test)
print(X_test_std)
```

```
[[-0.70856928  0.18287232 -0.70200489 ... -0.5167201   0.46971142
   0.26564259]
 [-0.95421055 -2.21118915 -0.9661466  ... -1.04371727 -1.35040445
  -0.38703381]
 [-0.48833918 -0.6553975  -0.38864423 ...  0.27744681  0.51048462
   0.99083859]
 ...
 [-0.45163416 -0.19330417 -0.51251192 ... -1.60200162 -0.67356925
  -1.04857951]
 [-0.45728109 -0.037725   -0.42678891 ... -0.34515008 -1.29984567
  -0.65363464]
 [ 0.58740016  0.61477866  0.62239509 ... -0.16458949 -0.29682483
  -0.25451598]]
```

(6) 모형화 및 학습

모형화에서 K의 수를 결정하기 위해 K에 따른 학습용과 테스트 데이터의 분류 정확도에 대한 분포를 살펴본다. K는 1~15의 범위에서 찾아보면 다음과 같다.

```
## 최근접 이웃 수 결정
# 학습용 데이터의 분류 정확도
train_accuracy = []
# 테스트 데이터의 분류 정확도
test_accuracy = []

# 최근접 이웃의 수: 1~15
neighbors = range(1, 16)
for k in neighbors:
    # 모형화
    knn = KNeighborsClassifier(n_neighbors=k)
    # 학습
    knn.fit(X_train_std, y_train)
    # 학습 데이터의 분류 정확도
    score = knn.score(X_train_std, y_train)
    train_accuracy.append(score)
    # 테스트 데이터의 분류 정확도
    score = knn.score(X_test_std, y_test)
    test_accuracy.append(score)

# K의 크기에 따른 분류 정확도 변화
plt.plot(neighbors, train_accuracy, label="train")
plt.plot(neighbors, test_accuracy, label="test")
plt.xlabel("K")
plt.ylabel("Accuracy")
plt.legend()
plt.show()
```

- knn.fit(X_train_std, y_train): 학습모형
- score = knn.score(X_train_std, y_train): 학습모형에 의한 학습 데이터의 분류 정확도
- train_accuracy.append(score): K에 따른 학습 데이터의 분류 정확도 추가
- score = knn.score(X_test_std, y_test): 학습모형에 의한 테스트 데이터의 분류 정확도
- test_accuracy.append(score): K에 따른 테스트 데이터의 분류 정확도 추가

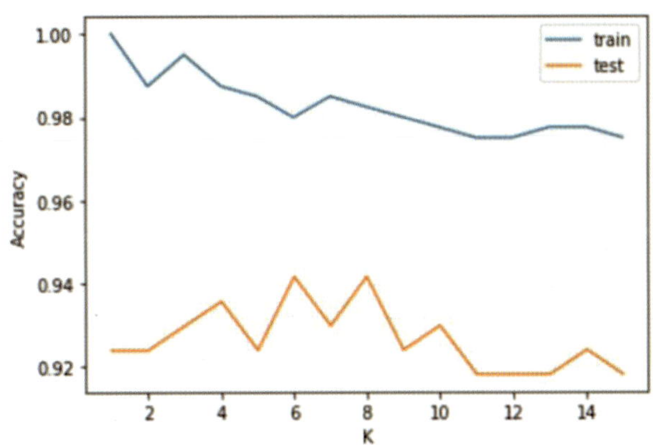

테스트 데이터의 분류 정확도는 K가 6과 8일 때 가장 높게 나타난다.

```
# 테스트 데이터의 분류 정확도
test_accuracy
```

```
[0.9239766081871345,
 0.9239766081871345,
 0.9298245614035088,
 0.935672514619883,
 0.9239766081871345,
 0.9415204678362573,   K=6
 0.9298245614035088,
 0.9415204678362573,   K=8
 0.9239766081871345,
 0.9298245614035088,
 0.9181286549707602,
 0.9181286549707602,
 0.9181286549707602,
 0.9239766081871345,
 0.9181286549707602]
```

K를 6으로 설정하고 모형화 및 학습해보자.

```
# 모형화
K = 6
knn = KNeighborsClassifier(n_neighbors=K)
# 학습
knn.fit(X_train_std, y_train)
```

(7) 예측

학습된 모형으로 테스트 데이터를 분류하면, 양성(0), 음성(1)으로 예측된 결과를 볼 수 있다.

```
# 예측
y_pred = knn.predict(X_test_std)
print(y_pred)
```

```
[1 1 1 1 1 1 1 1 0 0 0 1 1 1 1 0 1 1 1 0 1 0 0 0 0 1 0 1 1 1 1 1 0 1 1 1 1
 0 1 1 0 1 0 1 1 1 1 1 0 1 1 1 1 0 0 1 1 1 1 0 1 1 1 1 1 0 0 1 1 1 1 0 1 0
 1 1 1 0 1 0 1 1 1 1 0 0 0 0 1 1 1 1 1 0 0 1 1 1 1 1 0 0 1 1 0 1 1 0 0 1 0
 1 1 0 1 1 1 0 1 0 1 1 1 1 0 1 0 0 1 1 1 1 0 1 1 1 1 1 1 0 1 0 0 1 0 1 0 1
 0 1 1 1 0 1 1 0 1 0 0 1 1 1 0 1 1 0 1 1 1 1 0]
```

실제 값과 예측 값의 혼동 행렬로 비교해보면, 주대각원소 값은 정확하게 분류된 빈도를 의미한다. 즉 56은 양성(0)을 양성으로, 106은 음성(1)을 음성으로 분류한 수이다. 그 외 10은 양성을 음성으로 잘못 판단한 수가 된다.

```
# confusion matrix
cf = confusion_matrix(y_test, y_pred)
print(cf)
```

```
[[ 56  10]
 [  0 105]]
```

정확도(accuracy)는 전체 수 대비 주대각원소 값들의 비율로서, 다음 함수를 사용하면 94.74%로 높은 정확도를 확인할 수 있다.

```
# 테스트 데이터에 대한 정확도
knn.score(X_test_std, y_test)
```

```
0.9473684210526315
```

요약

KNN 모형: 테스트 데이터에 대해 가장 인접한 K개의 개체들 중 다수 분류에 따라 분류하거나, 평균 값을 이용하여 정량적인 값을 예측한다.

유사도 측정 유형: KNN은 유클리드 거리, 맨하탄 거리, 민코브스키 거리를 이용하여 유사도를 측정한다.

KNN 알고리즘: 데이터 피처 스케일링 → 테스트 데이터의 분류 정확도 분석(K 결정) → 모형 학습 → 예측 과정으로 진행한다.

파이썬 패키지: 분류에는 sklearn 패키지의 KNeighborsClassifier 모듈을 사용하고, 회귀분석에는 KNeighborsRegressor 모듈을 사용한다.

연습
문제

1. 그래프의 두 점 A, B에 대해 다음 물음에 답하시오.

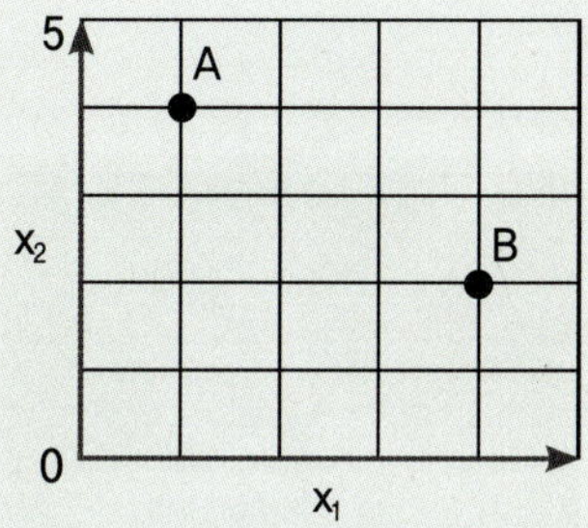

(1) 유클리드 거리를 구하시오

(2) 맨하탄 거리를 구하시오

(3) 차수가 1일 때, 민코브스키 거리를 구하시오. 맨하탄 거리와 비교하시오.

(4) 차수가 2일 때, 민코브스키 거리를 구하시오. 유클리드 거리와 비교하시오.

(5) 코사인 유사도를 계산하시오.

2. 테스트 데이터의 입력변수가 $(X_1, X_2) = (30, 6)$ 일 때, 다음 기존 개체들과의 유클리드 거리를 구하고, K-3에 대한 최근접 이웃으로 분류 및 회귀분석을 하시오. 단, 목표변수는 분류문제에서는 y_1, 회귀분석에서는 y_2를 사용하시오.

기존 개체

ID	X_1	X_2	y_1	y_2
1	10	8	A	100
2	20	4	A	60
3	20	6	A	50
4	40	4	B	40
5	50	8	B	100

응용문제 붓꽃 종의 분류

2장에서 소개한 붓꽃(iris) 데이터 세트에는 150개 붓꽃 식물 종이 각각 setosa, versicolor, virginica로 분류되어 있다. 학습용과 테스트 데이터를 7:3으로 나누고, KNN으로 테스트 데이터를 분류 후에 정확도를 평가하시오.

setosa

versicolor

virginica

붓꽃의 종

다음 iris 데이터 세트를 불러오는 방법을 참고하시오.

```
from sklearn import datasets

# iris 데이터세트 읽기
data = datasets.load_iris()
data
```

MEMO

CHAPTER 파이썬 데이터 분석

6 서포트 벡터 머신

학습목표

SVM의 원리 이해

학습내용

SVM 원리
예제 실습
파이썬 기반 실습

폴 세잔 – 사과와 오렌지 (1899)

6.1 SVM 개요

서포트 벡터 머신(SVM: support vector machine)은 KNN과 같이 지도학습으로 분류 및 회귀분석에 유용한 방법이다. 어느 그룹에 속하는지 판단하는 이진 분류와 다중 분류에 응용되며, 선형 또는 비선형 회귀선문제에도 응용된다. SVM은 1995년에 Corinna Cortes와 Vladimir Vapnik가 이진 분류 기법을 발표하였으며[11], 다중 분류인 경우는 이진 분류를 기반으로 문제를 풀게 된다.

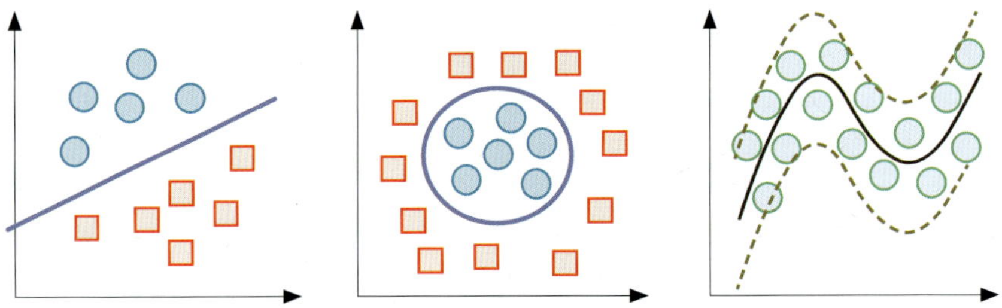

선형분류　　비선형분류　　회귀분석

본 장에서는 SVM의 선형 분류에 대해 살펴보기로 한다. 다음 그림에서 보면, 클래스 1과 2가 있을 때 클래스를 구분하는 여러 선형 분류자(ⓐ, ⓑ)가 가능하다. 이 경우, SVM은 클래스를 구분 짓는 거리인 마진(margin)을 최대로 하는 직선의 초평면(hyperplane)을 찾고, 새로운 개체를 분류하는 방법이다. 최대 마진을 결정 짓는 각 클래스의 경계에 있는 점들을 서포트 벡터(support vector)라고 한다.

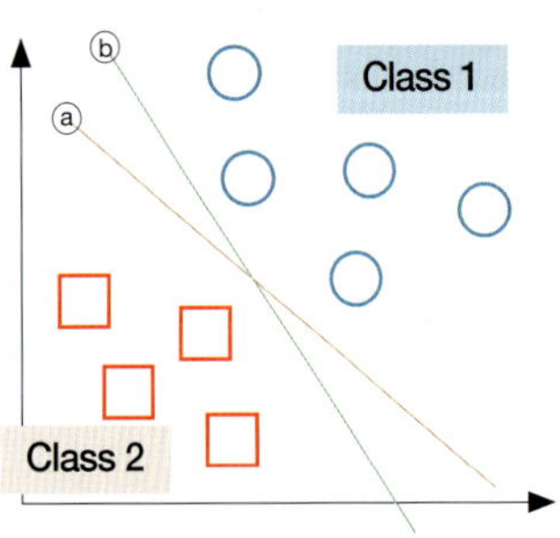

선형 분류자

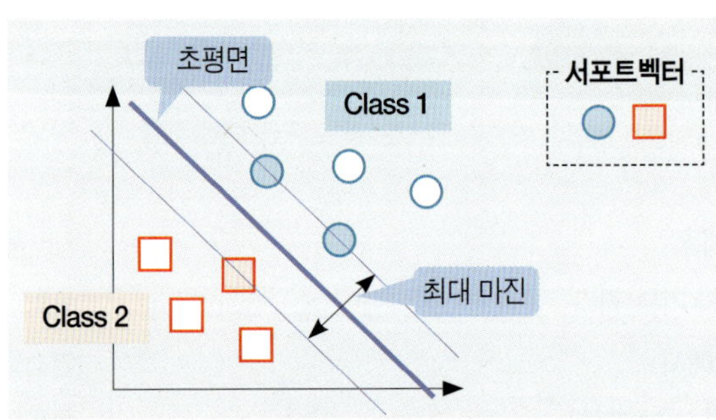

초평면과 최대 마진

6.2 SVM의 기본 원리

다음 그림은 초평면을 기준으로 클래스 1과 2를 분류하는 그래프이다. 초평면은 데이터를 분류하는 선으로 결정 경계(decision boundary)라고도 한다.

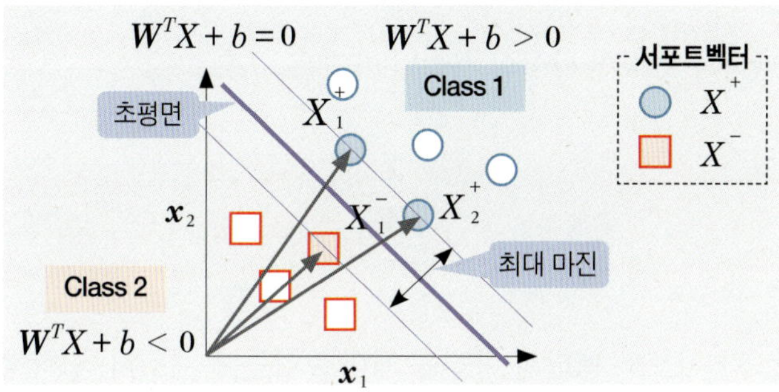

2차원 평면에서 초평면은

$$\omega_1 x_1 + \omega_2 x_2 + b = 0 \quad ①$$

을 만족하는 하나의 직선이 된다. ①식을 행렬로 나타내면

$$\begin{bmatrix} \omega_1 \ \omega_2 \end{bmatrix} \begin{bmatrix} x_1 \\ x_2 \end{bmatrix} + b = 0 \quad ②$$

과 같다. $\boldsymbol{W}$와 $\boldsymbol{X}$ 행렬을

$$\boldsymbol{W}^T = \begin{bmatrix} \omega_1 \ \omega_2 \end{bmatrix}, \ \boldsymbol{X} = \begin{bmatrix} x_1 \\ x_2 \end{bmatrix}$$

로 정의하면 ②식의 초평면은

$$\boldsymbol{W}^T \boldsymbol{X} + b = 0 \ ③$$

을 만족하는 모든 점들로 구성된다. 이 경우, 초평면을 기준으로 클래스1과 클래스2는 각각

$$\boldsymbol{W}^T\boldsymbol{X}+b > 0, \boldsymbol{W}^T\boldsymbol{X}+b < 0$$

로 구분된다. 초평면을 기준으로 마진을 최대로 하는 각 클래스의 경계면에 있는 점, 즉 서포트 벡터(support vector)의 조건을

$$\boldsymbol{W}^T\boldsymbol{X}^+ + b = 1, \boldsymbol{W}^T\boldsymbol{X}^- + b = -1 \text{ ④}$$

로 두면, 서포트 벡터와 초평면 사이의 거리인 마진은

$$\frac{2}{\|\boldsymbol{W}\|}$$

가 된다.

분류는 클래스 간 서포트 벡터의 마진을 최대로 하는 문제로서, 수학적 편리로 역수를 제곱하면 $\|\boldsymbol{W}\|^2$를 최소로 하는 문제와 같다.

$$\max \frac{2}{\|\boldsymbol{W}\|} \Rightarrow \frac{1}{2}\|\boldsymbol{W}\|^2 = \min \frac{1}{2}\boldsymbol{W}^T\boldsymbol{W}$$

이 때, 각 클래스의 개체들은 초평면을 기준으로 소속 클래스의 서포트 벡터(④식)보다 멀리 있기 때문에 다음 조건을 만족한다.

$$\boldsymbol{W}^T\boldsymbol{X}_i + b \geq 1 \text{ for all } i \text{ of class 1 ⑤}$$

$$\boldsymbol{W}^T\boldsymbol{X}_i + b \leq -1 \text{ for all } i \text{ of class 2 ⑥}$$

클래스 1에 속한 개체들의 y는 1, 클래스 2에 속한 개체들의 y는 −1로 두면, , ⑤, ⑥식은

$$y_i(\boldsymbol{W}^T\boldsymbol{X}_i + b) \geq 1 \text{ for all } i$$

과 같이 쓸 수 있다. 따라서 선형 분리 가능한 이진 분류를 위한 SVM에서, $\boldsymbol{W}$와 b로 나타나는 초평면을 찾는 것은 다음과 같이 부등식의 제약 조건이 있는 최적화 문제가 된다.

$$\min \frac{1}{2} \boldsymbol{W}^T \boldsymbol{W} \qquad ⑦⑧$$

$$sublect\ to\ y_i(\boldsymbol{W}^T \boldsymbol{X}_i + b) \geq 1 \text{ for all } i$$

이 문제를 풀기 위해, 라그랑지 승수법(Lagrange multiplier method)을 적용하고 부등식의 제약식으로 인한 KKT(Karush–Kuhn–Tucker) 조건이 되는

$$\lambda_i\{y_i(\boldsymbol{W}^T \boldsymbol{X}_i + b) - 1\} = 0\ for\ all\ i\ ⑨$$

$$\lambda_i \geq 0\ for\ all\ i\ ⑩$$

$$W = \sum_{i=1}^{n} \lambda_i y_i \boldsymbol{X}_i\ ⑪$$

$$\sum_{i=1}^{n} \lambda_i y_i = 0\ ⑫$$

를 이용하여 ***W***와 b를 소거하면 ⑦과 ⑧식은 λ에 대한 최대화 문제로 변환된다.

$$\max L(\lambda) = \sum_{i=1}^{n} \lambda_i - \frac{1}{2}\sum_{i=1}^{n}\sum_{j=1}^{n} \lambda_i \lambda_j y_i y_j \boldsymbol{X}_i^T \boldsymbol{X}_j\ ⑬$$

$$sublect\ to \sum_{i=1}^{n} \lambda_i y_i = 0\ ⑭$$

$$\lambda_i \geq 0\ for\ all\ i\ ⑮$$

서포트 벡터에 대해서는 $\lambda_i > 0$이 된다. 이 경우, ⑨식은

$$y_i(\boldsymbol{W}^T \boldsymbol{X}_i + b) - 1 = 0 \text{ for all } i\ ⑯$$

로서, ④식과 같게 된다.

초평면의 ***W***와 b의 해를 찾고, 새로운 데이터를 분류하는 절차는 다음과 같다. 먼저 ⑭식에서 λ에 대한 조건을 찾고, ⑬식에서 $L(\lambda)$가 최대가 되는 λ값을 얻는다. ⑪식에 대입하여 ***W***를 구한 뒤, ⑯식에서 b 값을 구하면 초평면(③식)을 알게 된다. 한편, 다음 식에 테스트 데이터(***X***)를 대입하면 클래스를 분류할 수 있다. *sign*은 부호 함수를 의미한다.

$$pred = sign(\boldsymbol{W}^T \boldsymbol{X} + b) \text{ ⑰}$$

앞에서와 같이 서포트 벡터를 기준으로 모든 개체들이 완전히 분리되는 경우를 하드 마진(hard margin)이라고 한다. 이번 장에서는 서포트 벡터 사이에 일부 분리되지 않는 개체들이 있을 수 있는 소프트 마진(soft margin), 선형 분리가 불가능한 경우에 고차원 공간으로 매핑하는 커널(kernel) 기법, 그리고 회귀모형은 다루지 않기로 한다.

6.3 SVM의 예시

이제 초평면을 구하는 과정을 보자. 표본 수가 많아지면 수식이 복잡해지기 때문에, 다음 2개 표본 $\boldsymbol{X}_1 = \begin{bmatrix} 2 \\ 3 \end{bmatrix}$과 $\boldsymbol{X}_2 = \begin{bmatrix} 1 \\ 2 \end{bmatrix}$의 경우에 대한 초평면을 구하고, 새로운 개체 $\boldsymbol{X}_3 = \begin{bmatrix} 3 \\ 3 \end{bmatrix}$을 분류해보자.

기존 개체

i	x_1	x_2	y
1	2	3	1
2	1	2	−1

새로운 개체

i	x_1	x_2	y
3	3	3	?

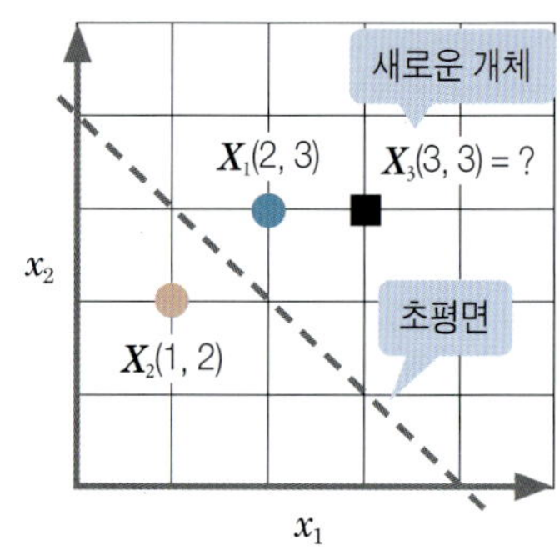

• λ의 조건 찾기

기존 개체의 표본을 ⑭식에 대입하여 λ에 대한 조건을 찾는다.

$$\sum_{i=1}^{n} \lambda_i y_i = \lambda_i(1) + \lambda_i(-1) = 0$$

는

$$\lambda_1 = \lambda_2 \text{ ⑱}$$

의 조건이 된다.

• λ값의 계산

λ에 대한 값을 구하기 위해, ⑱를 ⑬식의 목적함수에 대입한다.

$$L(\lambda) = \sum_{i=1}^{n}\lambda_i - \frac{1}{2}\sum_{i=1}^{n}\sum_{j=1}^{n}\lambda_i\lambda_j y_i y_j \boldsymbol{X}_i^T \boldsymbol{X}_j$$
$$= \lambda_1 + \lambda_2 - \frac{1}{2}(\lambda_1\lambda_1 y_1 y_1 X_1^T X_1 + \lambda_1\lambda_2 y_1 y_2 X_1^T X_2 + \lambda_2\lambda_1 y_2 y_1 X_2^T X_1 + \lambda_2\lambda_2 y_2 y_2 X_2^T X_2)$$
$$= \lambda_1 + \lambda_2 - \frac{1}{2}\{\lambda_1\lambda_1(1)(1)X_1^T X_1 + \lambda_1\lambda_2(1)(-1)_2 X_1^T X_2 + \lambda_2\lambda_1(-1)(1)X_2^T X_1 + \lambda_2\lambda_2(-1)(-1)X_2^T X_2\}$$
$$= \lambda_1 + \lambda_2 - \frac{1}{2}(\lambda_1\lambda_1[2\ 3]\begin{bmatrix}2\\3\end{bmatrix} - \lambda_1\lambda_2[2\ 3]\begin{bmatrix}1\\2\end{bmatrix} - \lambda_2\lambda_1[1\ 2]\begin{bmatrix}2\\3\end{bmatrix} + \lambda_2\lambda_2[1\ 2]\begin{bmatrix}1\\2\end{bmatrix})$$
$$= \lambda_1 + \lambda_2 - \frac{1}{2}(13\lambda_1\lambda_1 - 8\lambda_1\lambda_2 - 8\lambda_2\lambda_1 + 5\lambda_2\lambda_2)$$
$$= \lambda_1 + \lambda_2 - 6.5\lambda_1\lambda_1 + 8\lambda_1\lambda_2 - 2.5\lambda_2\lambda_2$$
$$= 2\lambda_1 - \lambda_1^2$$
$$= -\lambda_1(\lambda_1 - 2)$$

$L(\lambda)$가 최댓값을 갖기 위해서는 $\lambda_1 = 1$일 때이며, ⑱식은

$$\lambda_1 = \lambda_2 = 1 \text{ ⑲}$$

이 된다.

• 가중치 값의 계산

⑪식에 λ, y, X 값을 대입하면 가중치는 다음과 같다.

$$\begin{aligned} \boldsymbol{W} &= \sum_{i=1}^{n} \lambda_i y_i \boldsymbol{X}_i \\ &= y_1 X_1 + y_1 \boldsymbol{X}_1 \\ &= (1)\begin{bmatrix} 2 \\ 3 \end{bmatrix} + (-1)\begin{bmatrix} 1 \\ 2 \end{bmatrix} = \begin{bmatrix} 1 \\ 1 \end{bmatrix} \quad ⑳ \end{aligned}$$

• 편향 값의 계산

편향은 ⑯식에서 구한다. i = 1인 $\boldsymbol{X}_1$, y_1, 그리고 ⑳식의 $\boldsymbol{W}^T$를 대입하면 다음과 같이 b = 4가 된다.

$$y_1\,(\boldsymbol{W}^T \boldsymbol{X}_1 + b) - 1) = 0$$

$$(1)\,([1\ 1]\begin{bmatrix} 2 \\ 3 \end{bmatrix} + b - 1) = 0$$

$$b = -4 \ ㉑$$

i = 2인 λ_2, y_2, $\boldsymbol{X}_2$와 $\boldsymbol{W}^T$를 대입해도 b = −4가 되는 것을 알 수 있다.

$$(-1)\,([1\ 1]\begin{bmatrix} 1 \\ 2 \end{bmatrix} + b - 1) = 0$$

$$3 + b = -1$$

$$b = -4$$

따라서, $\boldsymbol{W}$(⑳식)와 b(㉑식)를 ③식에 대입하면 초평면은 다음과 같다.

$$\boldsymbol{W}^T \boldsymbol{X} + b = 0$$

$$[1\ 1]\begin{bmatrix} x_1 \\ x_2 \end{bmatrix} - 4 = 0$$

$$x_1 + x_2 = 4 \ ㉒$$

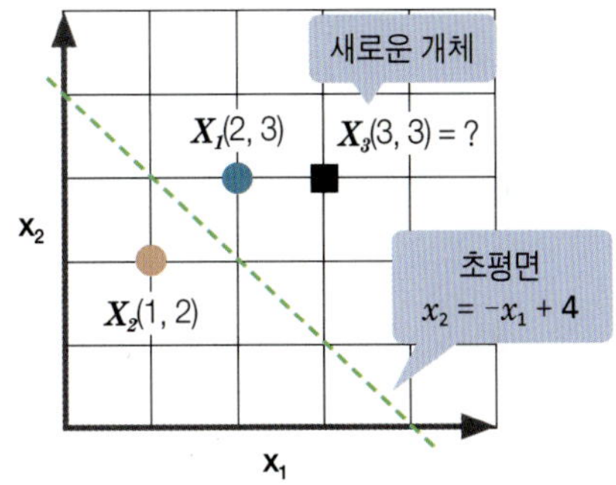

• 예측

새로운 개체를 분류하면 다음과 같다. ⑰식에 가중치와 편향, 그리고 새로운 개체의 X_3 값을 대입하면 예측 값은 0보다 크기 때문에 '클래스 1'로 분류된다.

$$pred = sign(\boldsymbol{W}^T \boldsymbol{X}_3 + b)$$
$$= sign(\begin{bmatrix} 1 & 1 \end{bmatrix}\begin{bmatrix} 3 \\ 3 \end{bmatrix} - 4) = sign(2)$$

6.4 파이썬 기반 분류

6.3절의 개체들에 대해 SVM 방법을 적용하는 기본 절차는 다음과 같다. 먼저 패키지를 설정한다. 데이터를 준비하고 탐색적 데이터 분석을 통해 데이터 분포 및 특성을 파악한다. SVM 모형을 학습하고 테스트 데이터를 분류한다. 데이터는 변수별로 범위가 비슷하며, 6.3절의 결과와 같은 지 확인하기 위해 피처 스케일링은 생략하기로 한다.

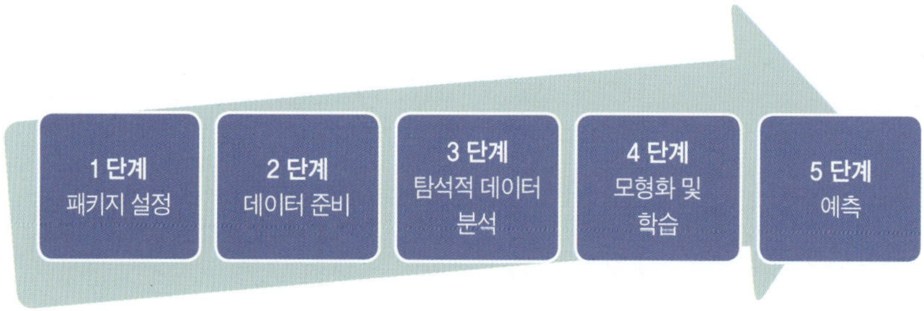

(1) 패키지 설정

sklearn 패키지에 있는 svm 모듈을 사용한다.

```
from sklearn import svm
import numpy as np
import matplotlib.pyplot as plt
```

(2) 데이터 준비

6.3절의 학습용 데이터와 테스트 데이터를 준비한다.

```
# 학습용 데이터(기존 개체)
# 입력
X_train = np.array([[2, 3], [1, 2]])
# 라벨
y_train = np.array([1, -1])
```

```
# 테스트 데이터
# 입력
X_test = np.array([[3, 3]])
```

(3) 탐색적 데이터 분석

학습용 데이터에 대해 클래스 분포를 파악해본다. 또한 테스트 데이터를 추가해서 개략적인 분포를 보면 다음과 같다.

```
# 산포도
# 학습용 데이터
plt.scatter(X_train[:, 0], X_train[:, 1], c=y_train)
# 테스트용 데이터
plt.scatter(X_test[:, 0], X_test[:, 1], c='red', marker = 'D', s=100)
plt.xlabel('x1')
plt.ylabel('x2')
plt.xlim(0, 5)
plt.ylim(0, 5)
plt.show()
```

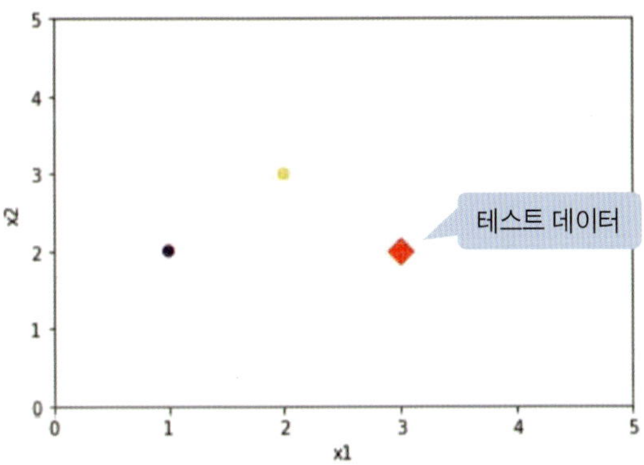

(4) 모형화 및 예측

SVM 분류 모형은 선형 분류로 설정한다.

```
# SVM 분류 모형화
clf = svm.SVC(kernel='linear')
```

모형에 대해 학습 데이터로 학습한다.

```
# 모형 학습
clf.fit(X_train, y_train)
```

학습결과를 확인하면 다음과 같다. 먼저, 서포트 벡터의 수는 각 클래스별로 1개씩이다.

```
# 분류별 서포트 벡터의 수
print(clf.n_support_)
```

```
[1 1]
```

서포트 벡터는 다음 2개이다. 학습 과정에서 학습용 입력 데이터와 색인 번호는 다르게 구분될 수 있다.

```
# 서포트 벡터
print(clf.support_vectors_)
```

```
[[1. 2.]
 [2. 3.]]
```

-1로 분류된 두 번째 개체(색인 1)

1로 분류된 첫 번째 개체(색인 0)

순서대로 서포트 벡터의 색인은 1과 0에 해당한다.

```
# 서포트 벡터의 색인
print(clf.support_)
```

```
[1 0]
```

서포트 벡터는 각각 −1과 1로 분류된 상태를 보여준다.

```
# 각 개체들의 색인별 분류
print(clf.classes_)
```

```
[-1  1]
```

가중치와 편향은 6.3절의 값과 같게 나타난다.

```
# W: 가중치
print(clf.coef_)
```

[[1. 1.]] w_1과 w_2(⑳식 참조)

```
# b: 편향
print(clf.intercept_)
```

[-4.] b(㉑식 참조)

(5) 예측

학습된 모형으로 테스트 데이터를 분류하면 1로 분류된다.

```
# 테스트 데이터의 분류
y_pred = clf.predict(X_test)
print(y_pred)
```

[1]

6.5 응용: 유방암 진단

KNN 모형에 의한 유방암 진단에 대해 SVM으로 평가해보자. 데이터 구조에 대한 설명과 탐색적 데이터 분석은 생략하기로 한다(5.6절 참조). SVM 분석의 기본 과정은 다음과 같다.

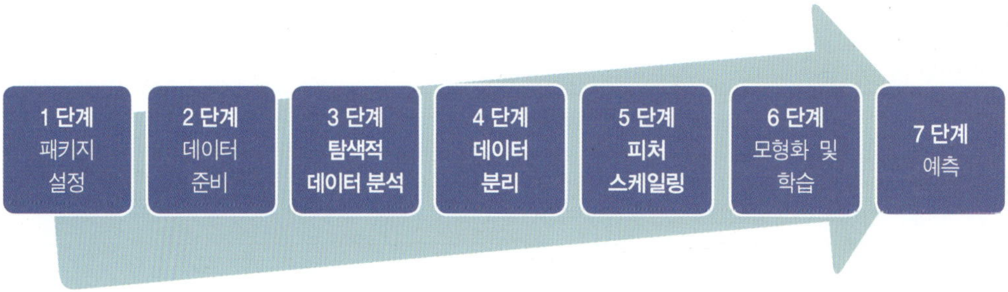

(1) 패키지 설정

sklearn 패키지에서 유방암 데이터 세트를 사용하기 위해 load_breast_cancer 모듈을 설정하고, SVM 분석을 위해 svm, 표준화를 위해 StandardScaler, 학습용과 테스트 데이터 분리를 위해 train_test_split, 실제와 예측 분류의 차이를 파악하는 혼동행렬을 출력하기 위해 confusion_matrix를 사용한다.

```
from sklearn.datasets import load_breast_cancer
from sklearn import svm
from sklearn.preprocessing import StandardScaler
from sklearn.model_selection import train_test_split
from sklearn.metrics import confusion_matrix
```

(2) 데이터 준비

유방암 데이터 세트를 데이터 프레임 형태로 불러온다.

```
# 데이터 불러오기
data = load_breast_cancer(as_frame=True)
```

데이터를 출력해서 개략적인 수치를 확인해본다.

```
# 데이터 프레임 출력
print(data.frame)
```

```
     mean radius  mean texture  ...  worst fractal dimension  target
0          17.99         10.38  ...                  0.11890       0
1          20.57         17.77  ...                  0.08902       0
2          19.69         21.25  ...                  0.08758       0
3          11.42         20.38  ...                  0.17300       0
4          20.29         14.34  ...                  0.07678       0
..           ...           ...  ...                      ...     ...
564        21.56         22.39  ...                  0.07115       0
565        20.13         28.25  ...                  0.06637       0
566        16.60         28.08  ...                  0.07820       0
567        20.60         29.33  ...                  0.12400       0
568         7.76         24.54  ...                  0.07039       1

[569 rows x 31 columns]
```

데이터의 입력 부분과 목표 변수 부분을 나누어 출력해보면 다음과 같다.

```
# 입력 부분과 목표 값 출력
print(data.data)
print(data.target)
```

```
     mean radius  mean texture  ...  worst symmetry  worst fractal dimension
0          17.99         10.38  ...          0.4601                  0.11890
1          20.57         17.77  ...          0.2750                  0.08902
2          19.69         21.25  ...          0.3613                  0.08758
3          11.42         20.38  ...          0.6638                  0.17300
4          20.29         14.34  ...          0.2364                  0.07678
..           ...           ...  ...             ...                      ...
564        21.56         22.39  ...          0.2060                  0.07115
565        20.13         28.25  ...          0.2572                  0.06637
566        16.60         28.08  ...          0.2218                  0.07820
567        20.60         29.33  ...          0.4087                  0.12400
568         7.76         24.54  ...          0.2871                  0.07039

[569 rows x 30 columns]
```

입력 데이터

```
0      0
1      0
2      0
3      0
4      0
      ..
564    0
565    0
566    0
567    0
568    1
Name: target, Length: 569, dtype: int64
```

목표 데이터

(3) 탐색적 데이터 분석

탐색적 데이터 분석은 5.6절을 참고하고 생략하기로 한다.

(4) 데이터 분리

학습 데이터와 테스트 데이터를 7:3으로 분리한다. 분리된 데이터 세트의 크기를 보면 학습용과 테스트 데이터의 행 수는 비율에 따라 각각 398행, 171행이다.

```
# 학습용과 테스트 데이터 분리
X_train,X_test,y_train,y_test=train_test_split(data.data, data.target,
                                    test_size=0.3, random_state=1234)
print(X_train.shape)
print(X_test.shape)
print(y_train.shape)
print(y_test.shape)
```

```
(398, 30)
(171, 30)
(398,)
(171,)
```

(5) 피처 스케일링

먼저 학습 데이터의 입력 데이터를 각 열별로 표준화한다.

```
# 피처 스케일링: 학습 데이터
scalerX = StandardScaler()
scalerX.fit(X_train)
X_train_std = scalerX.transform(X_train)
print(X_train_std)
```

```
[[-1.53753797 -0.55554819 -1.51985982 ... -1.73344373 -0.77142494
   0.22129607]
 [-0.79609663 -0.38603656 -0.81356785 ... -0.43011095  0.08970515
  -0.36303452]
 [ 0.21752653 -0.38603656  0.18557689 ...  0.76443594  0.80894448
  -0.67502531]
 ...
 [-0.48269225 -0.14686262 -0.46083202 ... -0.21253919  0.1565732
   0.16129784]
 [ 1.14079887 -0.12364185  1.14739725 ...  0.25197353  0.1679897
  -0.23677737]
 [-0.41210568 -1.26610378 -0.43253113 ... -0.78299078 -0.89537548
  -0.79241315]]
```

다음으로 학습 데이터의 표준화 스케일을 사용하여 테스트 데이터를 표준화한다.

```
# 피처 스케일링: 테스트 데이터
X_test_std = scalerX.transform(X_test)
print(X_test_std)
```

```
[[-0.70856928  0.18287232 -0.70200489 ... -0.5167201   0.46971142
   0.26564259]
 [-0.95421055 -2.21118915 -0.9661466  ... -1.04371727 -1.35040445
  -0.38703381]
 [-0.48833918 -0.6553975  -0.38864423 ...  0.27744681  0.51048462
   0.99083859]
 ...
 [-0.45163416 -0.19330417 -0.51251192 ... -1.60200162 -0.67356925
  -1.04857951]
 [-0.45728109 -0.037725   -0.42678891 ... -0.34515008 -1.29984567
  -0.65363464]
 [ 0.58740016  0.61477866  0.62239509 ... -0.16458949 -0.29682483
  -0.25451598]]
```

(6) 모형화 및 학습

SVM 분류 모형은 선형 분류로 설정하고 학습한다.

```
# SVM 분류 모형화: 선형분리
clf = svm.SVC(kernel='linear')
```

```
# 모형 학습
clf.fit(X_train_std, y_train)
```

(7) 예측

학습된 모형으로 테스트 데이터를 분류하면, 양성(0), 음성(1)으로 예측된 결과를 볼 수 있다.

```
# 테스트 데이터의 분류
y_pred = clf.predict(X_test_std)
print(y_pred)
```

```
[1 1 1 1 1 1 0 1 0 0 0 1 1 1 1 0 1 1 1 0 1 0 0 0 0 1 0 1 1 1 1 1 0 1 1 1 1
 0 1 1 0 1 0 1 1 1 1 1 0 1 1 1 1 0 0 1 1 1 1 0 1 1 1 1 1 0 0 1 1 1 1 0 1 1
 1 1 1 0 1 0 1 1 1 0 0 0 0 0 1 0 1 1 1 0 0 1 1 1 1 1 0 0 1 1 0 1 1 0 0 1 0
 1 0 0 1 1 1 0 1 0 1 1 1 1 0 1 0 0 1 1 0 1 0 1 1 1 1 1 1 0 1 0 0 1 0 1 1 1
 0 1 1 1 0 1 1 0 1 0 0 1 1 1 0 1 1 0 1 1 1 1 0]
```

실제 값과 예측 값을 혼동 행렬로 비교해보면, 주대각원소의 58은 양성(0)을 양성으로 104는 음성(1)을 음성으로 정확하게 분류한 개수이다. 한편 1은 음성을 양성으로, 8은 양성을 음성으로 잘못 분류한 개수이다.

```
# confusion matrix
cf = confusion_matrix(y_test, y_pred)
print(cf)
```

```
[[ 58   8]
 [  1 104]]
```

정확도(accuracy)는 전체 수 대비 주대각원소 값의 비율로서, 다음 함수를 사용하면 94.15%로 높은 정확도를 확인할 수 있다.

```
# 테스트 데이터에 대한 정확도
clf.score(X_test_std, y_test)
```

```
0.9473684210526315
```

요약

SVM 개요: 지도학습으로 분류 및 회귀분석에 유용하며, 선형 및 비선형 모형이 가능하다.

SVM 모형: 선형 분류의 경우, 클래스를 구분 짓는 거리인 마진(margin)을 최대로 하는 직선의 초평면(hyperplane)을 찾고, 새로운 개체를 분류한다. 최대 마진을 결정 짓는 각 클래스의 경계에 있는 점들을 서포트 벡터라고 한다.

SVM 알고리즘: 패키지 설정 → 데이터 준비 → 탐색적 데이터 분석 → 데이터 분리 → 피처 스케일링 → 모형화 및 학습 → 예측 과정으로 진행된다.

파이썬 패키지: sklearn 패키지의 svm 모듈을 사용한다.

연습문제

다음 데이터 세트에 대해 SVM으로 선형분류를 위한 초평면을 구하고 새로운 개체를 분류해보자. x_1, x_2는 입력변수이며, y는 라벨을 의미한다.

기존 개체

ID	x_1	x_2	y
1	1	2	1
2	2	1	–1

새로운 개체

ID	x_1	x_2	y
3	3	2	?

(1) 기존 개체에 대해 산포도를 출력하시오.

(2) λ의 조건을 찾으시오.

(3) λ값을 계산하시오.

(4) 가중치 값을 계산하시오.

(5) 편향 값을 계산하시오.

(6) 기존 개체의 산포도에 초평면을 추가하시오.

(7) 새로운 개체에 대해 분류하시오.

응용문제 붓꽃 종의 분류

2장에서 소개한 붓꽃(iris) 데이터 세트에는 150개 붓꽃 식물 종이 각각 **setosa**, **versicolor**, **virginica**로 분류되어 있다. 학습용과 테스트 데이터를 7:3으로 나누어, SVM으로 테스트 데이터를 분류하고 정확도를 평가하시오.

setosa

versicolor

virginica

붓꽃의 종

다음 iris 데이터 세트를 불러오는 방법을 참고하시오.

```
from sklearn import datasets

# iris 데이터세트 읽기
data = datasets.load_iris()
data
```

MEMO

CHAPTER 파이썬 데이터 분석

7 C5.0

학습목표

의사결정나무 기법의 이해

학습내용

C5.0의 원리 이해
C5.0의 예시
C5.0 실습

에드바르트 뭉크 – 절규(1893)

7.1 개요

신규고객에게 신용카드를 발급하려고 하는데 어느 등급으로 해야 할까? 어떤 부류의 고객이 신용등급이 높을까? 어떤 구매자가 반품할 확률이 높을까? 새로 관찰한 식물은 어느 종에 속할까? 분류 문제는 다양한 분야에서 활용되고 있다.

기존 데이터들을 어떤 방법으로 분류하고, 이를 바탕으로 새로운 개체를 어떻게 예측할 수 있을까? 개체들의 특성을 설명하는 다양한 항목들의 데이터로부터 추론한 의사결정 규칙들을 의사결정나무로 도표화하고 새로운 데이터에 대해 예측하는 방법을 살펴보자. 의사결정나무 분석은 데이터를 여러 그룹으로 분류하여 변수 간 나타나는 의사결정규칙을 나무구조와 같이 분류하는 방법이다. 의사결정나무를 발견하는 방법은 엔트로피와 정보획득이론을 기반으로 하는 머신러닝 분야의 ID3, C4.5, C5.0 알고리즘이 있고, 통계학에 기반으로 둔 CART와 CHAID가 있다. 이번 장에서는 C5.0 알고리즘에 대해 살펴보기로 한다.

C5.0은 Ross Quinlan이 ID3, C4.5를 개선한 지도학습 알고리즘이다[12, 13]. C5.0은 엔트로피(entropy)와 정보이득(information gain) 개념에 기반을 두고 있다. 초기 목표변수(설명변수)의 데이터들이 혼재되어 있으면 무질서도 즉, 엔트로피가 큰 상태가 된다. 각

입력변수(종속변수)들의 데이터들을 분류하는 과정에서 목표변수의 데이터가 그룹화되면, 엔트로피가 낮아지게 되고 정보이득이 발생한다. 이때 정보이득을 가장 크게 해주는 입력변수를 우선적으로 의사결정나무의 상위 계층으로 분류한다.

타이타닉호의 생존여부를 설명하는 데이터를 예로 들어 보자. 타이타닉호는 1912년 첫 항해로 영국의 사우샘프턴에서 출항하여 미국 뉴욕으로 항해하던 중, 4월 14일 빙산과 충돌하여 침몰하였고 2,224명의 탑승자 중에서 68%가 사망하였다. 좌석등급과 성별을 입력변수로, 목표변수를 생존여부로 분류하는 의사결정나무를 예시하기 위해 다음과 같은 10명의 승객을 임의로 생각해 보자. 10명 중 좌석등급과 성별에 따라 7명이 생존하고 3명은 사망한 예이다.

타이타닉 호의 생존여부 예

No	좌석등급	성별	생존여부
1	1	M(남)	Y(생손)
2	1	M	Y
3	1	M	Y
4	1	F(여)	Y
5	2	M	N(사망)
6	2	M	N
7	2	M	N
8	2	M	Y
9	2	F	Y
10	2	F	Y

입력변수에 따른 생존여부를 의사결정나무로 도식화하면 다음과 같다. 좌석등급(Node 1)이 '1(1등급)' 이하이면 4명(n=4) 모두 생존(Y)하였다(Node 2). 한편, 좌석등급이 '1(1등급)'보다 큰 경우는, 성별(Node 3)이 여성(F)이면 2명(n=2) 모두 생존(Y)하였으며(Node 4), 남성(M)이면 4명(n=4) 중에 1명은 생존(Y)이고 나머지 3명은 사망(N)으로 분류된다(Node 5). 전체적으로 10명 중 1명을 분류하지 못한 분류 오차 10%를 포함하고 있다. 구체적인 분류 방법은 7.2절에서 살펴보기로 한다.

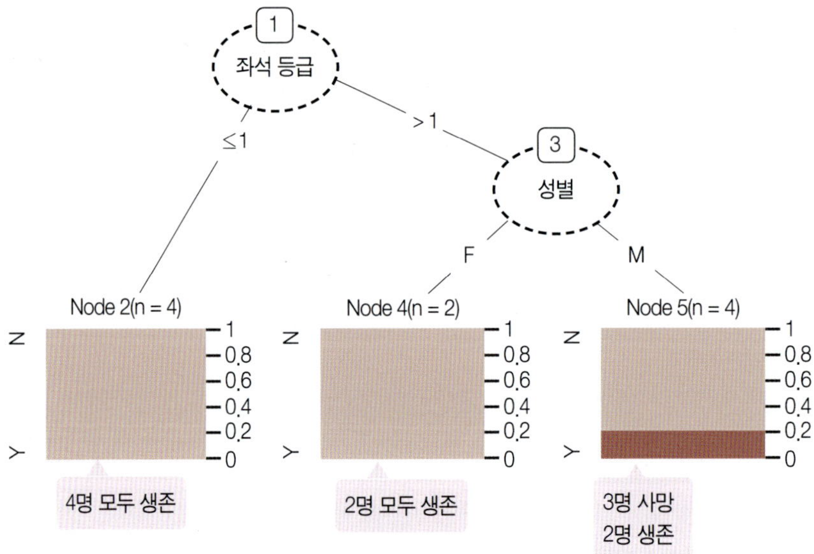

7.2 C5.0의 기본원리

의사결정나무는 각 마디가 가지로 분기되는 나무형태로 도표화된다. 마디는 변수, 가지는 조건에 따른 분류를 나타낸다. 가장 상위의 마디를 뿌리 마디(root node), 가장 아래 마디는 끝 마디(terminal node 또는 leaf node)리고 하며 그 사이에 있는 마디들은 중간 마디(internal node)라고 한다. 끝 마디는 목표변수 데이터들이 분류된 여러 그룹들로 나타나며, 그 외 마디는 모두 입력변수들로 계층을 이룬다. 임의 노드에서 위쪽 계층으로 연결된 마디를 부모 마디(parent node), 아래쪽 계층으로 연결된 마디를 자식 마디(child node)라고 한다. 한편, 뿌리 마디에서 끝 마디까지 연결되는 마디의 수를 깊이(depth)라고 한다. 각 마디에서는 목표변수의 데이터들을 가장 잘 분류하는 입력변수를 우선으로 분기된다.

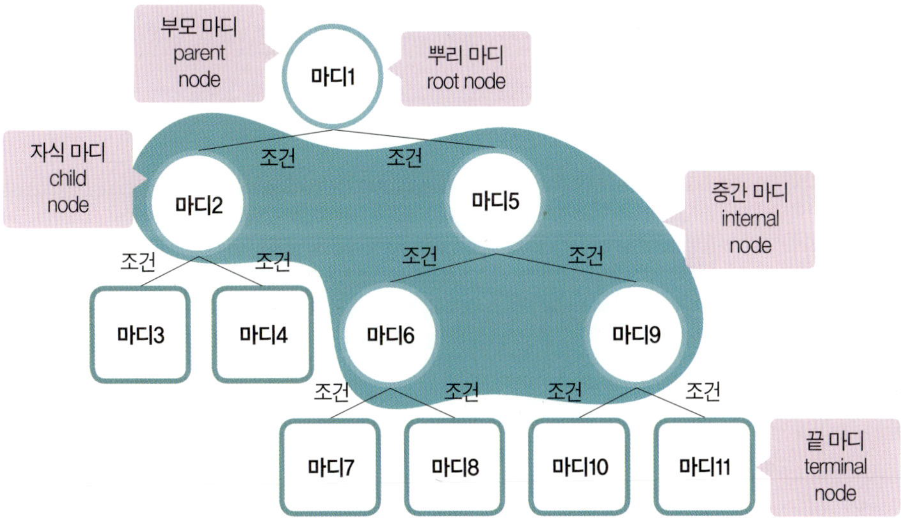

C5.0 알고리즘은 엔트로피(entropy)와 정보이득(information gain) 이론에 기반하고 있다. 엔트로피는 무질서한 정도를 의미한다. 한편, 입력변수에 의한 목표변수의 정보이득은 초기 목표변수(T)의 엔트로피 H(T)와 입력변수(V)에 의한 목표변수의 총 엔트로피 H(T|V) 간 차이로 평가한다

목표변수(T)의 엔트로피	$H(T) = -\sum_{i} P(i)\log_2 P(i)$
입력변수(V)에 의한 목표변수(T)의 총 엔트로피	$H(T \mid V) = -\sum_{j} P(T \mid j)H(T \mid j)$
입력변수(V)에 의한 목표변수(T)의 정보이득	$IG(T,V) = H(T) - H(T \mid V)$

목표변수 T에 여러 상태(i)가 있을 때, 각 상태의 확률을 P(i)로 두면, 목표변수 T의 엔트 로피 H(T)는 0~1 사이의 값으로 계산된다. 0은 목표변수 T가 하나의 상태만으로 되는 경 우로, 무질서도가 가장 낮은 경우를 말한다. 1은 여러 상태가 같은 비율로 섞여 있는 경우로, 무질서도가 가장 높은 경우가 된다. 다음 그래프는 하나의 변수에 대한 총 10개 데이터가 두 상태(예: Y, N)로 구분될 때 각 상태의 개수에 따른 엔트로피의 변화를 나타낸 것이다. 모두 같은 상태일 때는 엔트로피가 가장 낮은 상태가 되고, 서로 같은 비율로 섞여 있을 때는 엔트로피가 가장 높은 상태가 된다.

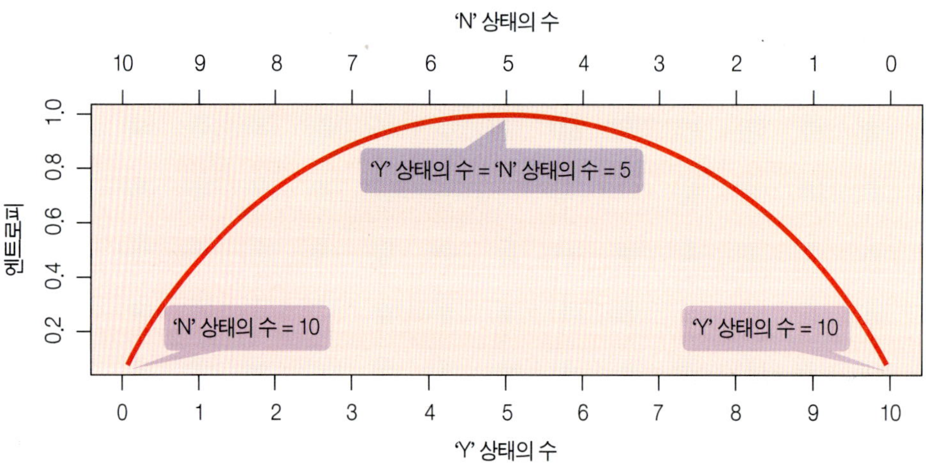

두 상태의 수에 따른 엔트로피의 변화

이제, 7.1절의 타이타닉 생존자 예제로 돌아가서 입력변수(좌석등급, 성별)로 목표변수인 생존여부를 분류하는 과정을 살펴보자.

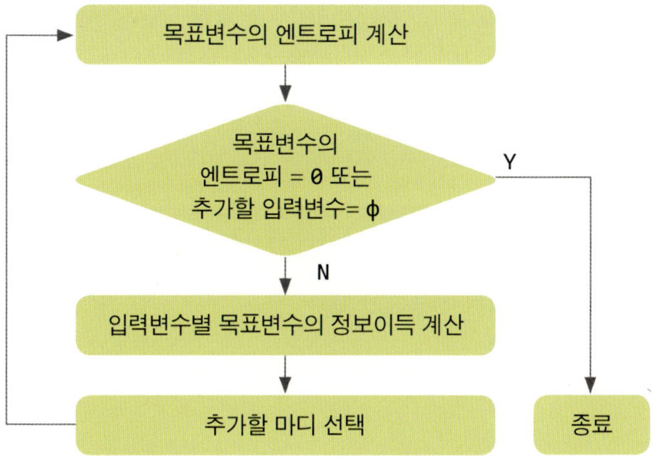

먼저, 목표변수(생존여부)에 대한 엔트로피를 의미하는 H(생존여부)를 계산한다. 만일 엔트로피가 0이거나 추가할 입력변수가 없으면 종료한다. 두 번째, 각 입력변수에 의한 목표변수의 엔트로피인 H(생존 여부 | 입력변수)와 정보이득인 IG(생존여부, 입력변수)를 계산한다. 세 번째, 목표변수의 엔트로피를 가장 낮게 해서 정보이득을 가장 크게 하는 입력변수를 마디에 추가한다. 종료 조건이 될 때까지 이 과정을 반복한다.

7.3 C5.0의 예시

7.1절의 표에서, 타이타닉호에 탄 10명의 승객에 대해 성별과 좌석등급으로 생존여부를 분류해 보자. 이 경우, 입력변수(V)는 성별과 좌석등급이며, 목표변수(T)는 생존여부가 된다. 성별과 좌석등급 중 어느 변수 순으로 생존여부를 분류하는 것이 좋은지 파악해 보자.

1단계

(1) 목표변수인 생존여부에 대한 엔트로피 계산

생존여부는 다음과 같이 '생존 (Y)'은 7명, '사망(N)'은 3명으로 두 가지 분류가 섞여 있다.

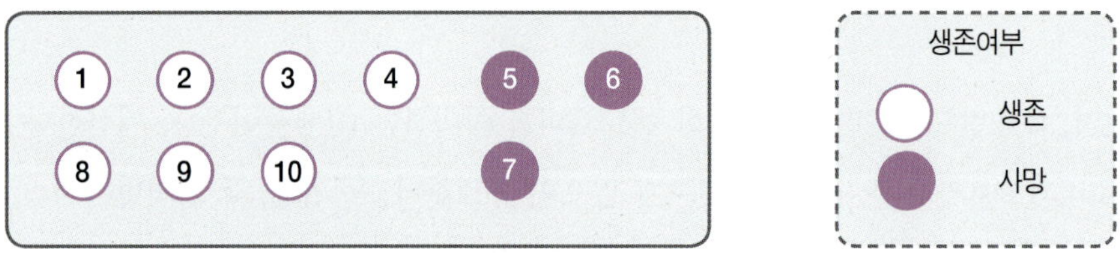

H(생존여부) = 0.8813

이 경우, H(생존여부)는 다음과 같다.

$$
\begin{aligned}
&H(\text{생존여부})\\
&= -P(\text{생존})\log_2 P(\text{생존}) - P(\text{사망})\log_2 P(\text{사망})\\
&= -\frac{7}{10}\log_2\frac{7}{10} - \frac{3}{10}\log_2\frac{3}{10}\\
&= -\frac{7}{10}\times(-0.5146) - \frac{3}{10}\times(-1.7370)\\
&= 0.8813 \quad ①
\end{aligned}
$$

(2) 종료 여부

목표변수의 엔트로피가 0보다 크기 때문에 다음 단계를 진행한다.

(3) 입력변수별 목표변수 분류 시의 정보이득 계산

❶ 좌석등급에 의한 분류

좌석등급별 생존여부의 분류에 따른 엔트로피 H(생존여부 | 좌석등급)를 계산해보자.

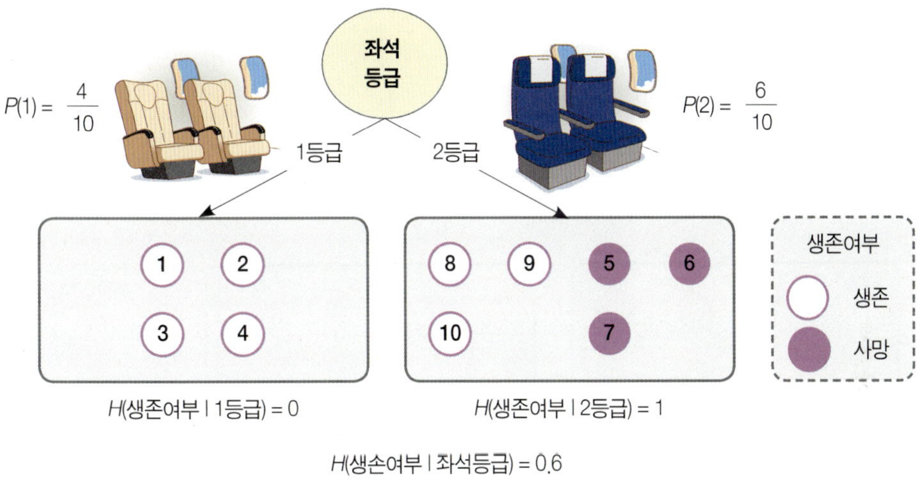

$$H(\text{생존여부} \mid \text{좌석등급})$$

$$= P(1\text{등급})H(\text{생존여부} \mid 1\text{등급})$$

$$+ P(2\text{등급})H(\text{생존여부} \mid 2\text{등급})$$

$$= P(1\text{등급})\{-P(\text{생존} \mid 1\text{등급})\log_2 P(\text{생존} \mid 1\text{등급}) - P(\text{사망} \mid 1\text{등급})\log_2 P(\text{사망} \mid 1\text{등급})\}$$

$$+ P(2\text{등급})\{-P(\text{생존} \mid 2\text{등급})\log_2 P(\text{생존} \mid 2\text{등급}) - P(\text{사망} \mid 2\text{등급})\log_2 P(\text{사망} \mid 2\text{등급})\}$$

$$= \frac{4}{10}\left(-\frac{4}{4}\log_2\frac{4}{4} - \frac{0}{4}\log_2\frac{0}{4}\right)$$

$$+ \frac{6}{10}\left(-\frac{3}{6}\log_2\frac{3}{6} - \frac{3}{6}\log_2\frac{3}{6}\right)$$

$$= \frac{4}{10}\times 0 + \frac{6}{10}\times(1) = 0.6 \quad ②$$

따라서, 정보이득은 다음과 같다.

IG(생존여부, 좌석등급)

= H(생존여부) $-H$(생존여부 | 좌석등급)

= 0.8813 − 0.6 = 0.2813 ③

❷ 성별에 의한 분류

성별에 의한 생존여부의 분류에 따른 엔트로피 H(생존여부 | 성별)를 계산해보자.

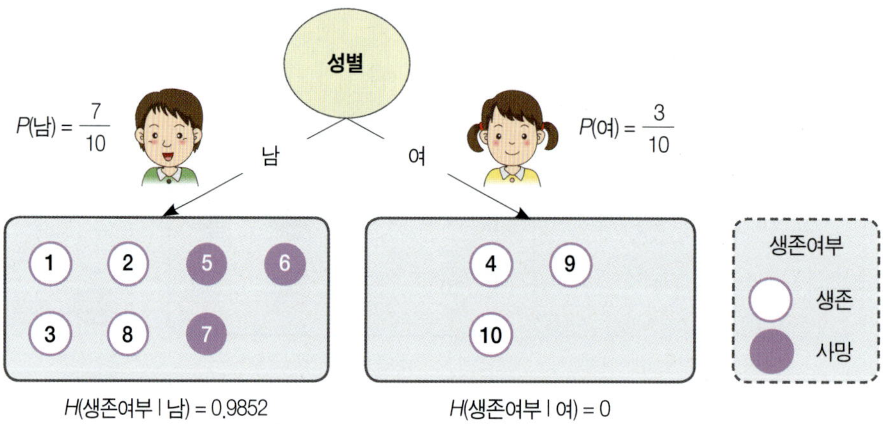

H(생존여부 | 성별) = 0.6896

H(생존여부 | 성별)

= P(남)H(성별 | 남)

  + P(여)H(성별 | 여)

= P(남){$-P$(생존 | 남)$\log_2 P$(생존 | 남) − P(사망 | 남)$\log_2 P$(사망 | 남)}

  + P(여){$-P$(생존 | 여)$\log_2 P$(생존 | 여) − P(사망 | 여)$\log_2 P$(사망 | 여)}

$$= \frac{7}{10}\left(-\frac{4}{7}\log_2\frac{4}{7} - \frac{3}{7}\log_2\frac{3}{7}\right)$$

$$\frac{3}{10}\left(-\frac{3}{3}\log_2\frac{3}{3} - \frac{3}{3}\log_2\frac{0}{3}\right)$$

$$= \frac{7}{10} \times (0.9852) + \frac{3}{10} \times 0 = 0.6896$$ ④

따라서, 정보이득은 다음과 같다.

IG(생존여부, 성별)
$= H$(생존여부) $-H$(생존여부 | 성별)
$= 0.8813 - 0.6896 = 0.1917$ ⑤

(4) 추가할 마디 선택

입력변수별 생존여부의 정보이득은

$$IG(\text{생존여부, 좌석등급}) > IG(\text{생존여부, 성별})$$

이기 때문에, 성별보다 좌석등급(노드1)으로 먼저 분류한다. 이때 좌석등급은 뿌리 마디가 된다. 좌석등급(노드1)은 1등급과 2등급으로 분류된다. 1등급으로 분류되는 노드2는 4명 모두 '생존(Y)'으로 분류되어 엔트로피가 0이 된다(②식 참조).

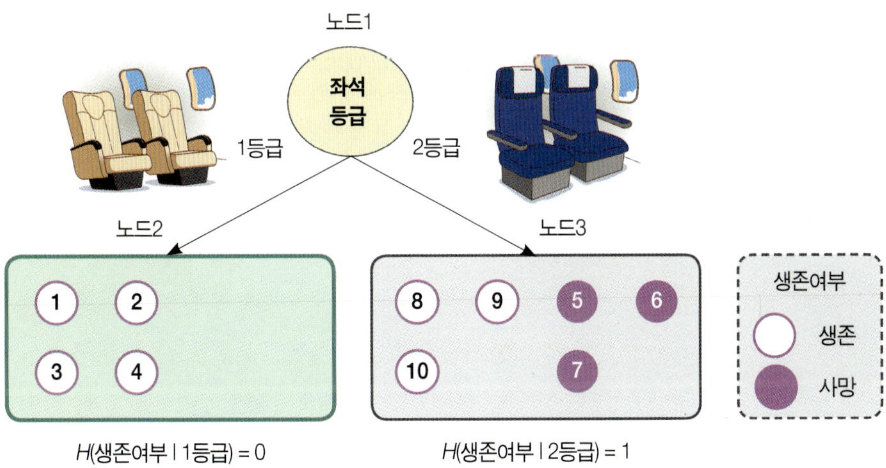

2단계

(1) 목표변수인 생존여부에 대한 엔트로피 계산

앞 단계에서 노드2와 노드3의 엔트로피는 각각 0과 1이 된다.

(2) 종료 여부

노드 3은 목표변수의 엔트로피가 0보다 크기 때문에 분류를 반복한다.

(3) 입력변수별 목표변수 분류 시의 정보이득 계산

좌석등급이 3인 경우에 성별변수에 의한 생존여부 분류 시의 정보이득을 계산한다. 좌석등급으로 분류된 결과인 노드3을 성별로 분류한다. 노드4는 '남', 노드5는 '여'로 분류된 상태이다. 각 엔트로피는 0.8113과 0이며, 성별에 의한 생존여부의 엔트로피인 H(생존여부 | 성별)은 0.54로 더 낮아지게 된다.

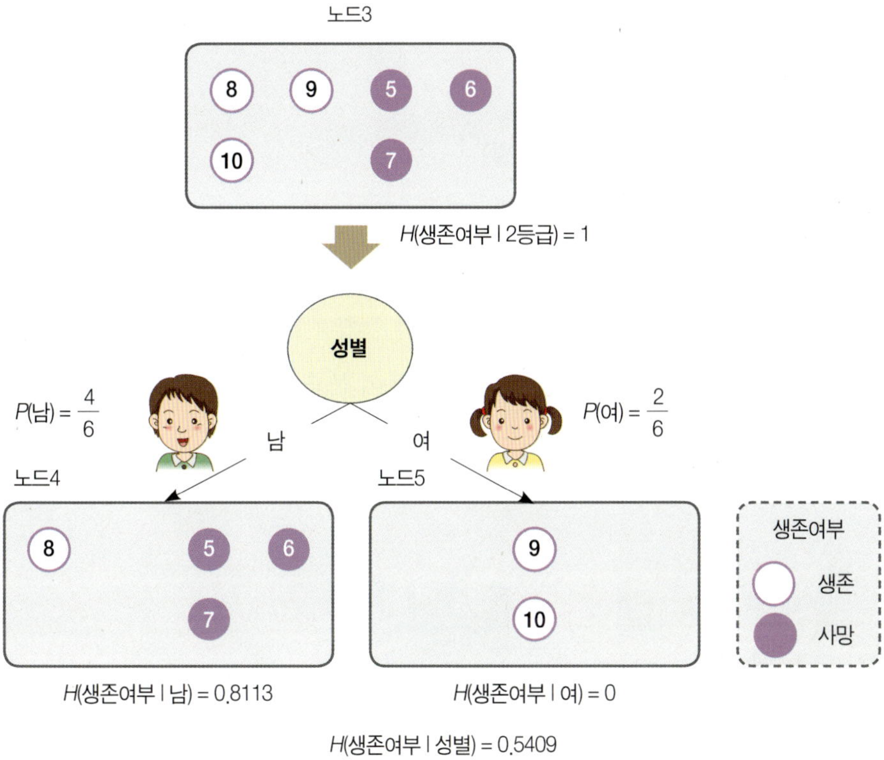

그 계산과정은 다음과 같다.

$$
\begin{aligned}
&H(\text{생존여부} \mid \text{성별}) \\
&= P(\text{남})H(\text{생존여부} \mid \text{남}) \\
&\quad + P(\text{여})H(\text{생존여부} \mid \text{여}) \\
&= P(\text{남})\{-P(\text{생존} \mid \text{남})\log_2 P(\text{생존} \mid \text{남}) - P(\text{사망} \mid \text{남})\log_2 P(\text{사망} \mid \text{남})\} \\
&\quad + P(\text{여})\{-P(\text{생존} \mid \text{여})\log_2 P(\text{생존} \mid \text{여}) - P(\text{사망} \mid \text{여})\log_2 P(\text{사망} \mid \text{여})\} \\
&= \frac{4}{6}\left(-\frac{1}{4}\log_2\frac{1}{4} - \frac{3}{4}\log_2\frac{3}{4}\right) \\
&\quad + \frac{2}{6}\left(-\frac{2}{2}\log_2\frac{2}{2} - \frac{0}{2}\log_2\frac{0}{2}\right) \\
&= \frac{4}{6} \times (0.8113) + \frac{2}{6} \times 0 = 0.5409 \quad ⑥
\end{aligned}
$$

따라서, 정보이득은 다음과 같다.

IG(생존여부, 성별)

= H(생존여부) − H(생존여부 | 성별)

= 1 − 0.5409 = 0.4591 ⑦

(4) 추가할 마디 선택

정보이득이 양수이기 때문에 성별이 생존여부의 분류에 기여하는 것으로 판단할 수 있다. 따라서, 노드3은 성별에 의해 노드4와 노드5로 분류되게 된다.

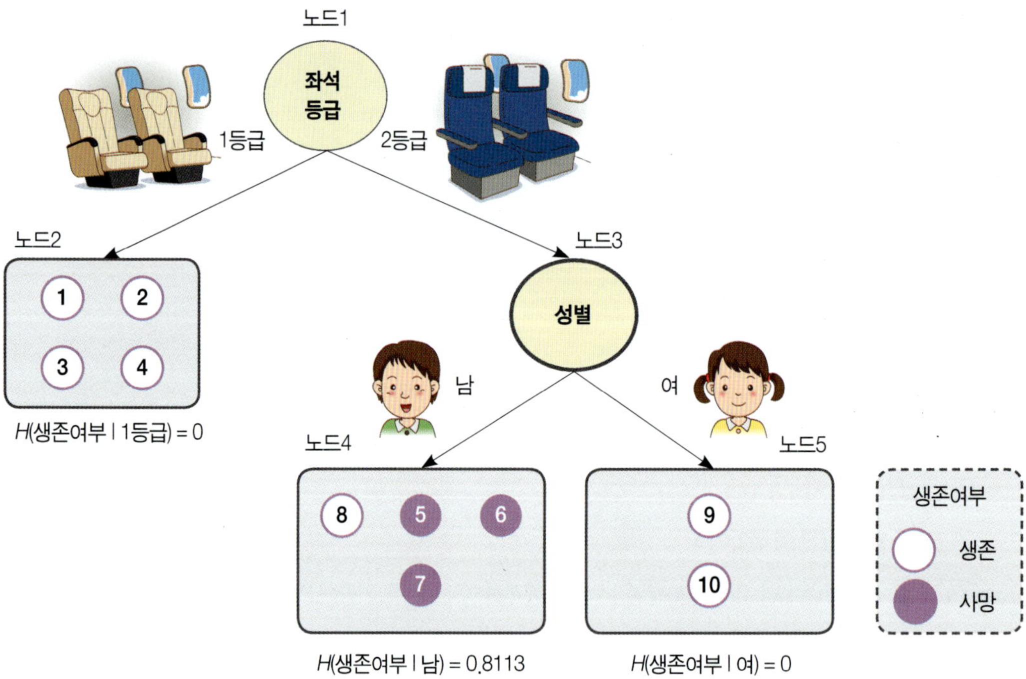

3단계

(1) 목표변수인 생존여부에 대한 엔트로피 계산

앞단계에서 노드4와 노드5는 엔트로피가 각각 0.8113과 0이 된다(⑥식 참조).

(2) 종료 여부

노드5는 2명 모두 '생존 (Y)'이기 때문에 엔트로피가 0으로 가지치기를 종료한다. 한편, 노드4는 목표변수의 엔트로피가 0보다 크기 때문에 다음 단계를 진행하면 되지만, 좌석등급(모두 2등급)외에 추가할 입력변수가 남아 있지 않기 때문에 종료한다. 이 경우, 성별이 '남'인 4명은 생존(3명)과 사망(1명)이 섞여 있 다. 즉, 전체 10명에서 1명이 제대로 분류되지 않은 오차(10%)를 가지게 된다.

7.4 파이썬 기반 분석

의사결정나무 분석을 위한 기본 과정은 다음과 같다. 사용할 파이썬 패키지 설정과 데이터 준비 후에, 모형화하고 학습 및 예측한다.

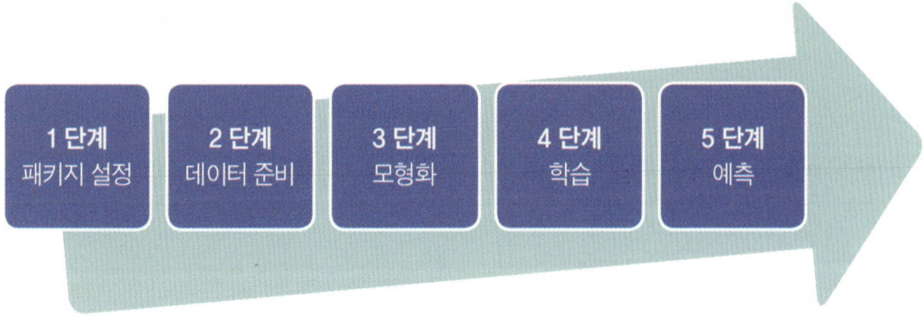

(1) 패키지 설정

의사결정나무 분석은 sklearn 패키지에 있는 tree 모듈을 사용한다. 한편, 학습 후에 테스트 데이터에 대한 예측값과 실제값을 비교하기 위해 confusion_matrix 모듈을 사용하고, 그 정확도를 평가하기 위해 accuracy_score 모듈을 사용한다. 한편, matplotlib은 의사결정 나무 모형을 그래프로 출력할 때 사용안다.

```
from sklearn import tree
from sklearn.metrics import confusion_matrix, accuracy_score
from matplotlib import pyplot as plt
```

(2) 데이터 준비

학습 데이터와 테스트 데이터를 준비한다. 학습 데이터는 7.1절의 표에 있는 10명의 승객 데이터로 한다. 각 승객의 입력값은 좌석등급과 성별로 구성되어 있다. 좌석등급은 1등급(1)과 2등급(2)으로 구분하며, 성별은 남(1)과 여(0)로 구분한다. 한편, 목표변수는 생존은 1, 사망은 0으로 둔다. 테스트 데이터는 학습 후에 예측 정확도를 평가하기 위한 것이다. 데이터 세트 표본 수가 적기 때문에 테스트 데이터는 학습 데이터 중에 4명의 승객을 대상으로 한다.

```
# 학습용 데이터
X_train = [[1, 1], [1, 1], [1, 1], [1, 0], [2, 1],
           [2, 1], [2, 1], [2, 1], [2, 0], [2, 0]]
Y_train = [1, 1, 1, 1, 0, 0, 0, 1, 1, 1]

# 테스트용 데이터
X_test = [[1, 1], [1, 0], [2, 1], [2, 0]]  학습용 데이터의 일부
Y_test = [1, 1, 0, 1]
```

(3) 모형화

입력변수에 의한 목표변수의 평가지표는 “entropy”로 설정하여 C5.0 모형을 만든다.

```
# C5.0 모형 설정
clf = tree.DecisionTreeClassifier(criterion = "entropy")
```

(4) 학습

주어진 학습용 데이터를 입출력으로 하여 학습한다.

```
# 학습
clf = clf.fit(X_train, Y_train)
```

학습된 모형을 그래프로 출력하면 다음과 같다.

```
# 그래프 출력 영역(가로와 세로, 단위는 인치)
plt.figure(figsize=(6, 6))
# 학습된 모형 출력
tree.plot_tree(clf)
plt.show()
```

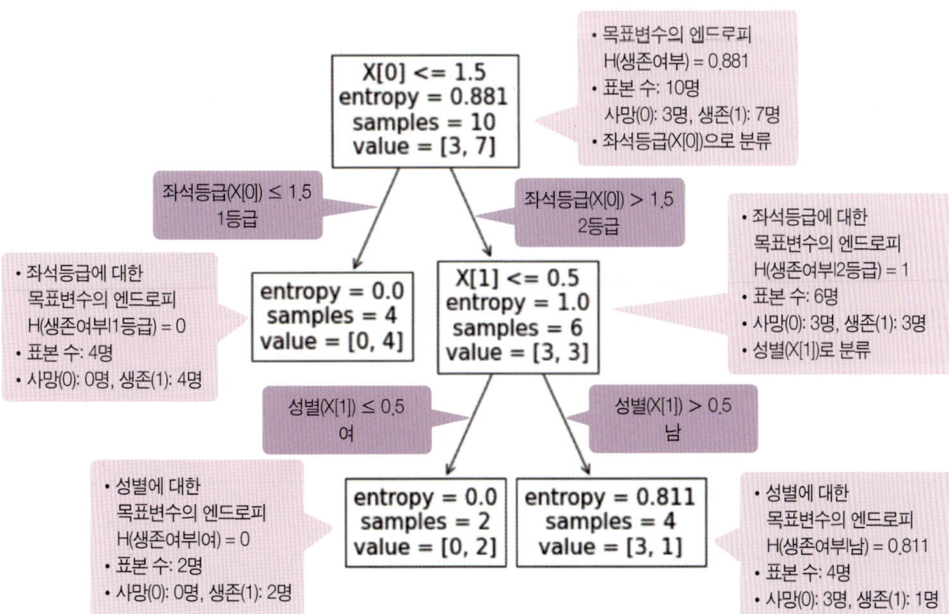

(5) 예측

좌석등급과 성별의 테스트 데이터에 대해 학습된 모형으로 생존여부를 분류하면, 생존(1)과 사망(0)으로 분류되는 결과를 볼 수 있다.

```
# 분류 예측
Y_pred = clf.predict(X_test)
print(Y_pred)
```

```
[1 1 0 1]
```

테스트 데이터에 대한 실제값과 예측결과를 비교하여 모형의 정확도를 평가해 보자. 혼동 행렬에서 행은 실제값을 나타내고 열은 예측값을 나타낸다. 1행과 1열은 사망(0), 2행과 2열은 생존(1)을 의미한다. 1행 1열은 실제 '사망'한 경우에 역시 '사망'으로 예측한 결과로 1건이 해당한다. 2행 2열은 실제 '생존'한 경우에 역시 '생존'으로 예측한 결과로 3건이 해당한다. 즉, 행렬의 주대각원소는 모두 정확히 예측한 수가 된다.

```
# 평가: 혼동 행렬 출력
print(confusion_matrix(Y_test, Y_pred))
```

```
[[1 0]
 [0 3]]
```

정확도(accuracy)는 전체 수 대비 주대각원소값으로, 4건 중 4건을 모두 바르게 판단하였으며 그 결과는 다음과 같다.

```
# 정확도 출력
print("정확도:", accuracy_score(y_test, y_pred))
```

```
정확도: 1.0
```

7.5 응용: 붓꽃 종의 분류

붓꽃(iris) 데이터 세트로 의사결정나무 분석을 사용하여 종을 분류해 보자. 붓꽃은 꽃받침의 너비와 길이, 꽃잎의 너비와 길이에 따라 세 가지 종으로 분류된다(2장 참조).

setosa

versicolor

virginica

붓꽃의 종

150개 종의 80%에 해당하는 120개 종으로 C5.0 모형을 학습하고, 나머지 30개 종의 입력변수로 종을 예측하여 실제 분류와 일치하는 정확도를 파악해본다. 분석절차는 다음과 같다.

(1) 패키지 설정

sklearn 패키지의 load_iris 모듈을 사용하면 iris 데이터 세트를 활용할 수 있다. Iris 데이터 세트를 학습용과 테스트용으로 분리하기 위해 train_test_split 모듈을 사용한다.

```
from sklearn.datasets import load_iris
from sklearn import tree
from sklearn.model_selection import train_test_split
from sklearn.metrics import confusion_matrix, accuracy_score
from matplotlib import pyplot as plt
```

(2) 데이터 준비

Iris 데이터 세트를 불러온다. 3개 종의 분류에 대한 총 150개의 종으로 구성되어 있다. data는 입력값, target은 목표값으로 사용된다. 입력 항목명(feature name)은 꽃받침(sepal)의 길이와 너비, 꽃잎(petal)의 길이와 너비로 구성되어 있음을 보여준다. 목표값을 구성하는 클래스의 유형(target name)은 목표값이 'setosa', 'versicolor', 'virginica'의 3개 종으로 구분됨을 나타낸다.

```
# 데이터 로딩
iris = load_iris()
iris
```

```
'data': array([[5.1, 3.5, 1.4, 0.2],
       [4.9, 3. , 1.4, 0.2],
       [4.7, 3.2, 1.3, 0.2],      # 입력값
       [4.6, 3.1, 1.5, 0.2],
       [5. , 3.6, 1.4, 0.2],
       [5.4, 3.9, 1.7, 0.4],
       [4.6, 3.4, 1.4, 0.3],
       [5. , 3.4, 1.5, 0.2],
       [4.4, 2.9, 1.4, 0.2],

       [6.3, 2.5, 5. , 1.9],
       [6.5, 3. , 5.2, 2. ],
       [6.2, 3.4, 5.4, 2.3],
       [5.9, 3. , 5.1, 1.8]]),
'feature_names': ['sepal length (cm)',
 'sepal width (cm)',
 'petal length (cm)',
 'petal width (cm)'],
'filename': '/usr/local/lib/python3.7/dist-packages/sklearn/datasets/data/iris.csv',
'target': array([0, 0, 0, 0, 0, 0, 0, 0, 0, 0, 0, 0, 0, 0, 0, 0, 0, 0, 0, 0, 0, 0,
       0, 0, 0, 0, 0, 0, 0, 0, 0, 0, 0, 0, 0, 0, 0, 0, 0, 0, 0, 0, 0, 0,
       0, 0, 0, 0, 0, 0, 1, 1, 1, 1, 1, 1, 1, 1, 1, 1, 1, 1, 1, 1, 1, 1,   # 목표값
       1, 1, 1, 1, 1, 1, 1, 1, 1, 1, 1, 1, 1, 1, 1, 1, 1, 1, 1, 1, 1, 1,
       1, 1, 1, 1, 1, 1, 1, 1, 1, 1, 1, 1, 2, 2, 2, 2, 2, 2, 2, 2, 2, 2,
       2, 2, 2, 2, 2, 2, 2, 2, 2, 2, 2, 2, 2, 2, 2, 2, 2, 2, 2, 2, 2, 2,
       2, 2, 2, 2, 2, 2, 2, 2, 2, 2, 2, 2, 2, 2, 2, 2, 2, 2]),
'target_names': array(['setosa', 'versicolor', 'virginica'], dtype='<U10')}
```

입력 항목명(feature name)과 목표 값의 분류(target name)를 출력하면 다음과 같다.

```
# 입력 항목명
print(iris.feature_names)
# 목표 클래스의 유형 (이름)
print(iris.target_names)
```

입력 항목명

```
['sepal length (cm)', 'sepal width (cm)', 'petal length (cm)', 'petal width (cm)']
['setosa' 'versicolor' 'virginica']
```

목표 값의 분류

데이터를 학습용과 테스트용으로 분리해 보자. 우선 4개 항목으로 구성되는 입력 데이터 세트를 X, 목표값을 y로 둔다. shape는 행과 열의 크기를 의미한다.

```
# 입력 데이터 세트
X = iris.data
# 목표 데이터 세트
y = iris.target
```

```
# 입력 데이터 세트의 행과 열의 크기 출력
print(X.shape)
# 입력 데이터 세트 출력
print(X)
```

150행, 4열

```
(150, 4)
[[5.1 3.5 1.4 0.2]
 [4.9 3.  1.4 0.2]
 [4.7 3.2 1.3 0.2]
 [4.6 3.1 1.5 0.2]
 [5.  3.6 1.4 0.2]
 [5.4 3.9 1.7 0.4]
 [4.6 3.4 1.4 0.3]
 [5.  3.4 1.5 0.2]
 [4.4 2.9 1.4 0.2]
 [4.9 3.1 1.5 0.1]
```

```
# 목표 데이터 세트의 행과 열의 크기 출력
print(y.shape)
# 목표 데이터 세트 출력
print(y)
```

```
(150,)    150행
[0 0 0 0 0 0 0 0 0 0 0 0 0 0 0 0 0 0 0 0 0 0 0 0 0 0 0 0 0 0 0 0 0 0 0 0 0
 0 0 0 0 0 0 0 0 0 0 0 0 0 1 1 1 1 1 1 1 1 1 1 1 1 1 1 1 1 1 1 1 1 1 1 1 1
 1 1 1 1 1 1 1 1 1 1 1 1 1 1 1 1 1 1 1 1 1 1 1 1 1 1 2 2 2 2 2 2 2 2 2 2 2
 2 2 2 2 2 2 2 2 2 2 2 2 2 2 2 2 2 2 2 2 2 2 2 2 2 2 2 2 2 2 2 2 2 2 2 2 2
 2 2]
```

데이터 세트를 학습용과 테스트용으로 8:2로 분리한다. test_size를 0.2로 설정하면, 120개의 훈련용과 30개의 테스트용 표본으로 분리된다.

```
# 데이터 세트의 분리: 학습용 입력값, 테스트용 입력값, 학습용 목표값, 테스트용 목표값
X_train, X_test, y_train, y_test = train_test_split(X, y, test_size=0.2, random_
                                        state=1234)
```

```
# 학습용 입력 데이터 세트의 행과 열의 크기 출력
print(X_train.shape)
# 학습용 입력값의 출력
print(X_train)
```

```
(120, 4)    150행, 4열
[[5.1 2.5 3.  1.1]
 [6.2 2.8 4.8 1.8]
 [5.  3.5 1.3 0.3]
 [6.3 2.8 5.1 1.5]
 [6.7 3.  5.  1.7]
 [4.8 3.4 1.9 0.2]
 [4.4 2.9 1.4 0.2]
 [5.4 3.4 1.7 0.2]
 [4.6 3.6 1.  0.2]
 [5.  2.3 3.3 1. ]
 [5.5 3.5 1.3 0.2]
```

```
# 학습용 목표 데이터 세트의 행과 열의 크기 출력
print(y_train.shape)
# 학습용 목표값의 출력
print(y_train)
```

120행

```
(120,)
[1 2 0 2 1 0 0 0 0 1 0 1 0 2 2 0 2 2 2 2 0 2 2 1 1 1 1 1 1 0 0 2 2 2 0 0 0
 2 1 2 2 1 0 2 0 2 0 1 1 0 1 0 2 2 2 1 0 0 2 1 1 0 1 2 1 1 1 0 0 0 1 1 0 2
 1 2 2 1 0 1 2 0 0 2 2 1 1 2 0 1 2 2 2 1 0 0 0 0 2 1 2 0 0 1 1 2 1 1 2 2 2
 0 2 0 0 2 2 1 0 0]
```

```
# 테스트용 입력 데이터 세트의 행과 열의 크기 출력
print(X_test.shape)
# 테스트용 입력값의 출력
print(X_test)
```

30행, 4열

```
(30, 4)
[[6.1 3.  4.6 1.4]
 [6.1 2.9 4.7 1.4]
 [6.3 2.9 5.6 1.8]
 [4.6 3.4 1.4 0.3]
 [5.2 2.7 3.9 1.4]
 [4.7 3.2 1.6 0.2]
 [5.2 3.5 1.5 0.2]
 [5.  3.2 1.2 0.2]
```

```
# 테스트용 목표 데이터 세트의 행과 열의 크기 출력
print(y_test.shape)
# 테스트용 목표값의 출력
print(y_test)
```

30행

```
(30,)
[1 1 2 0 1 0 0 0 1 2 1 0 2 1 0 1 2 0 2 1 1 1 1 1 2 0 2 1 2 0]
```

(3) 모형화

입력변수에 의한 목표변수의 평가지표는 “entropy”로 설정하고 모형을 만든다.

```
# C5.0 모형 설정
clf = tree.DecisionTreeClassifier(criterion = "entropy")
```

(4) 학습

주어진 학습용 데이터를 입력과 목표치로 하여 학습한다.

```
# 학습
clf = clf.fit(X_train, Y_train)
```

학습된 모형을 그래프로 출력하면 다음과 같다. 의사결정나무 모형이 복잡하기 때문에 출력 영역을 크게 한다. X[0]은 꽃받침 길이(sepal length), X[1]은 꽃받침 너비(sepal width), X[2]은 꽃잎 길이(petal length), X[3]은 꽃잎 너비(petal width)를 의미한다. 뿌리 마디에서 41 setosa, 37 versicolor, 42 virginica로 구성된 총 120개 종이 분류되는 과정을 나타난다. 주어진 학습 데이터 세트로는 끝 마디가 모두 하나의 종으로 분류되고 엔트로피가 0이 되는 것을 볼 수 있다.

```
# 그래프 출력 영역(가로와 세로, 단위는 인치)
plt.figure(figsize=(15, 12))
# 학습된 모형 출력
tree.plot_tree(clf)
plt.show()
```

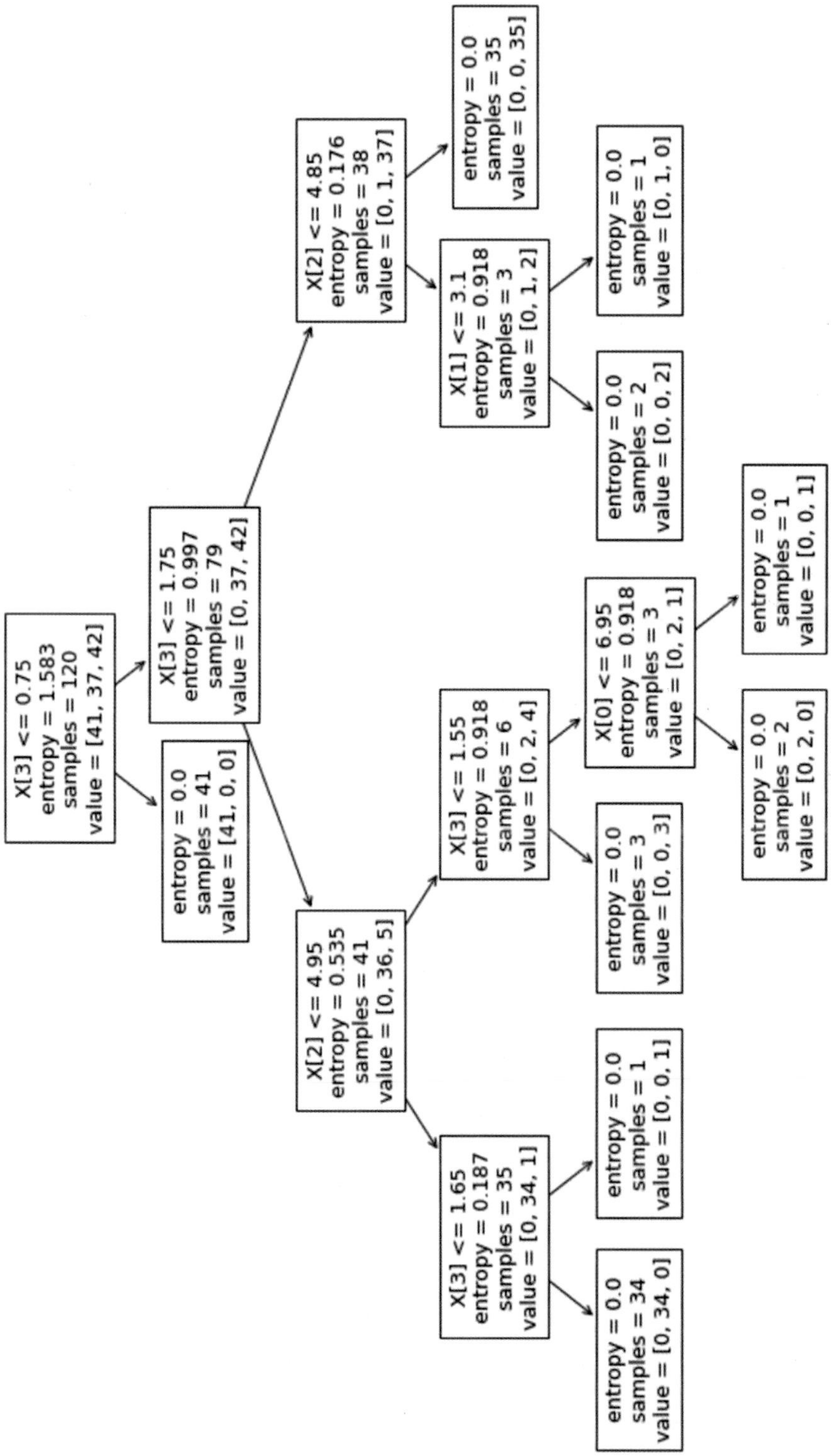
X[3] <= 0.75
entropy = 1.583
samples = 120
value = [41, 37, 42]
entropy = 0.0
samples = 41
value = [41, 0, 0]
X[3] <= 1.75
entropy = 0.997
samples = 79
value = [0, 37, 42]
X[2] <= 4.95
entropy = 0.535
samples = 41
value = [0, 36, 5]
X[2] <= 4.85
entropy = 0.176
samples = 38
value = [0, 1, 37]
X[3] <= 1.65
entropy = 0.187
samples = 35
value = [0, 34, 1]
X[3] <= 1.55
entropy = 0.918
samples = 6
value = [0, 2, 4]
X[1] <= 3.1
entropy = 0.918
samples = 3
value = [0, 1, 2]
entropy = 0.0
samples = 35
value = [0, 0, 35]
entropy = 0.0
samples = 34
value = [0, 34, 0]
entropy = 0.0
samples = 1
value = [0, 0, 1]
entropy = 0.0
samples = 3
value = [0, 0, 3]
X[0] <= 6.95
entropy = 0.918
samples = 3
value = [0, 2, 1]
entropy = 0.0
samples = 2
value = [0, 0, 2]
entropy = 0.0
samples = 1
value = [0, 1, 0]
entropy = 0.0
samples = 2
value = [0, 2, 0]
entropy = 0.0
samples = 1
value = [0, 0, 1]

(5) 예측

테스트용 입력값에 대해 학습된 모형으로 종을 분류하면 다음과 같다.

```
# 분류 예측
Y_pred = clf.predict(X_test)
print(Y_pred)
```

```
[1 1 2 0 1 0 0 0 1 2 1 0 2 1 0 1 2 0 2 1 1 1 1 1 2 0 2 1 2 0]
```

혼동 행렬로 테스트 데이터에 대한 예측 결과를 실제 값과 비교하여 모형의 정확도를 평가해 보자.

```
# 평가: 혼동 행렬 출력
print(confusion_matrix(y_test, Y_pred))
```

```
[[ 9  0  0]
 [ 0 13  0]
 [ 0  0  8]]
```

주대각원소를 제외한 원소는 모두 0이기 때문에 정확도는 1로서, 테스트 데이터에 대해 모두 정확히 분류한 결과를 보이고 있다.

```
# 정확도 출력
print("정확도:", accuracy_score(y_test, y_pred))
```

```
정확도: 1.0
```

요약

의사결정나무 분석 개요: 입력변수(설명변수)와 목표변수(종속변수)의 값들을 바탕으로 의사결정나무로 도표화되는 의사결정 규칙으로 분류하고, 새로운 입력변수들의 데이터로부터 목표변수 데이터들의 한 그룹으로 예측하는 방법이다.

의사결정나무 분석 역사: 의사결정나무를 발견하는 대표적인 기법인 C5.0은 기계학습의 지도학습에 속하며, Ross Quinlan이 자신이 개발한 ID3, C4.5를 발전시켜 만든 알고리즘이다.

C5.0: 엔트로피(Entropy)와 정보이득(Information Gain) 개념에 기반을 두고 있으며, 목표변수의 정보이득을 크게 하는 입력변수를 우선으로 노드에 추가한다.

C5.0 분석 절차: 목표변수의 엔트로피 계산 (엔트로피가 0이거나 추가할 입력변수 없으면 종료) → 각 입력변수별 목표변수에 대한 엔트로피와 정보이득 계산 → 마디 추가 과정을 반복한다.

파이썬 패키지: skleran의 tree 모듈을 이용하여 DecisionTreeClassifier 객체를 만들고 fit() 함수로 학습하며 predict() 함수로 분류를 예측한다.

연습문제

1. 다음은 고객들의 주택 소유 여부와 자가용 배기량에 따른 신용등급을 분류한 데이터 세트이다. C5.0 기법을 이용하여 신용등급을 목표변수로 하는 의사결정나무를 발견하려고 한다. 각 문항에 따라 답하시오

No	주택 소유 여부	자가용 배기량	신용등급
1	N	소형	B
2	N	소형	B
3	N	소형	B
4	N	중형	B
5	Y	소형	A
6	Y	소형	A
7	Y	중형	A
8	Y	중형	A
9	Y	대형	A
10	Y	대형	A

(1) 신용등급의 엔트로피를 계산하시오.

(2) 주택 소유 여부 변수에 대한 신용등급의 엔트로피, H(신용등급|주택 소유 여부)를 계산하시오.

(3) 자가용 배기량 변수에 대한 신용등급의 엔트로피 즉, H(신용등급|자가용 배기량)를 계산하시오.

(4) 입력변수별 목표변수의 정보이득을 계산하시오. 어느 변수로 먼저 분류하면 되는가?

2. 1번 문항의 데이터 세트를 활용하여 다음 물음에 답하시오.

(1) 10명의 고객 데이터에 대해 주택 소유 여부와 자가용 배기량에 따라 신용 등급을 분류하는 의사결정나무 모형을 학습하고 의사결정나무 모형을 출력하는 파이썬 코드를 작성하시오.

(2) 의사결정나무 모형의 엔트로피를 1항의 계산결과와 비교하시오.

(3) 임의의 고객을 1명 추출한 테스트 데이터에 대해 분류결과를 평가하는 파이썬 코드를 작성하시오.

응용문제 유방암 진단

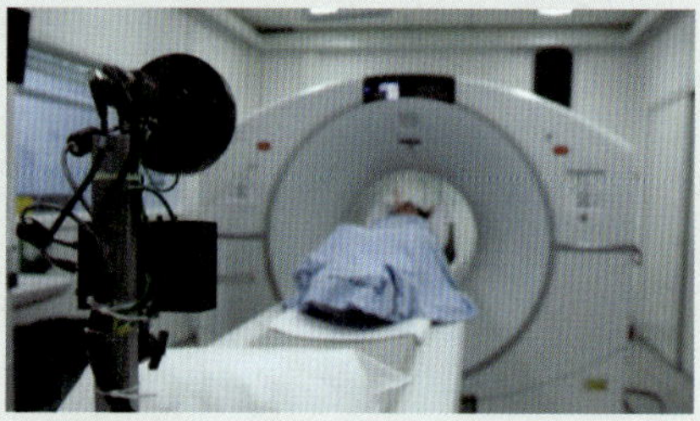

위스콘신대학교의 UCI Machine Learning Repository에 유방암 진단 데이터 세트가 있다. 데이터 세트는 총 32개과 569 행의 구조로 되어 있고, 누락된 데이터는 없다. 1열은 ID, 2열은 진단(M = '악성(malignant)', B = '음성(benign)')을 의미한다. 3~22열은 암 진단을 위한 진료 자료들이다. 3~12열, 13~22열, 23~32열은 각각 다음 10개 변수의 평균값, 표준오차, 가장 큰 3개 세포의 평균값을 의미한다. ①~⑩항의 10개 변수는 5.6절을 참조하시오.

항목 번호	항목명	내용
1	ID number	샘플 아이디
2	diagnosis	M(malignant, 양성), B(benign, 음성)
3~12		①~⑩항의 평균 값
13~22		①~⑩항의 표준오차
23~32		①~⑩항의 각 세포 핵에서 가장 큰 3개의 평균값

3~32번째 항목으로 2번째 항목을 분류하기 위해 C5.0으로 의사결정나무를 만들고 정확도를 평가하시오. 학습용과 테스트 데이트는 8:2로 분리하시오. 데이터를 읽는 방법은 다음 코드를 참고하시오.

```
from sklearn.datasets import load_breast_cancer
# 데이터 불러오기
data = load_breast_cancer(as_frame=True)
```

MEMO

CHAPTER 8 파이썬 데이터 분석

경사하강법

학습목표

강사하강법의 원리 이해

학습내용

강사하강법 원리
예제 실습
파이썬 기반 실습

램브란트 판 레인 – **야경** (1642)

8.1 경사하강법 개요

키를 알면 몸무게를 추측할 수 있을까? 고객들의 소득을 파악하면 우리 백화점의 구매 금액을 추정할 수 있을까? 방의 개수와 범죄율을 알면 주택 가격을 추정할 수 있을까? 이런 문제들은 입력 값들로부터 정량적인 값을 예측하는 회귀모형으로 설명할 수 있다. 회귀분석에 이용되면서 인공신경망의 기본원리가 되는 경사하강법에 대해 알아보자.

회귀분석은 한 개 이상의 독립 변수로부터 종속변수의 정량적인 값을 추정한다. 독립변수가 한 개이면 단순회귀분석, 독립변수가 여러 개인 경우는 다중회귀분석이라고 한다. 독립변수와 종속변수 간의 관계가 선형이면 선형회귀분석, 그렇지 않으면 비선형회귀분석이라고 한다. 비선형 회귀분석의 하나인 로지스틱 회귀분석(logistic regression)은 시그모이드(sigmoid) 함수를 이용하여 0~1사이의 값으로 예측하고, 그 값들을 2개 범주로 분류하는 이진분류에 많이 사용된다.

다음 두 변수의 5개 데이터에 대한 산포도를 보자. x가 증가하면 y도 증가하는 선형 관계를 파악할 수 있다. 선형 관계를 하나의 직선으로 표현하는 회귀선을 그려서 임의의 x값에 대한 값을 추정하고자 한다면 어떤 회귀선이 가장 적당할까? 아마 직관적으로 적색의 굵은 실선을 선택할 것이다. 그 직선이 모든 점들에 대해 가장 가까이 지나기 때문이다.

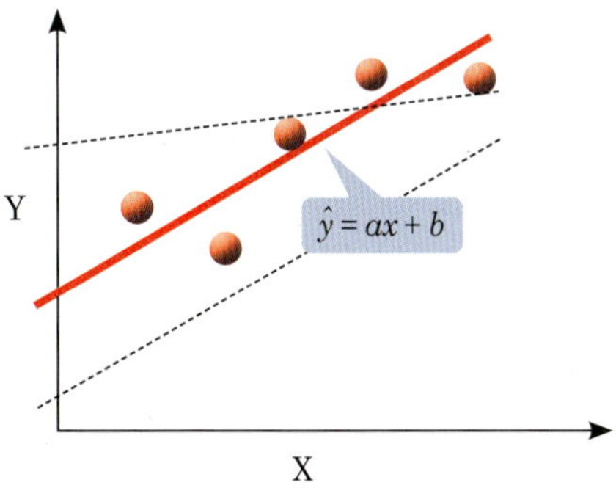

좋은 회귀선

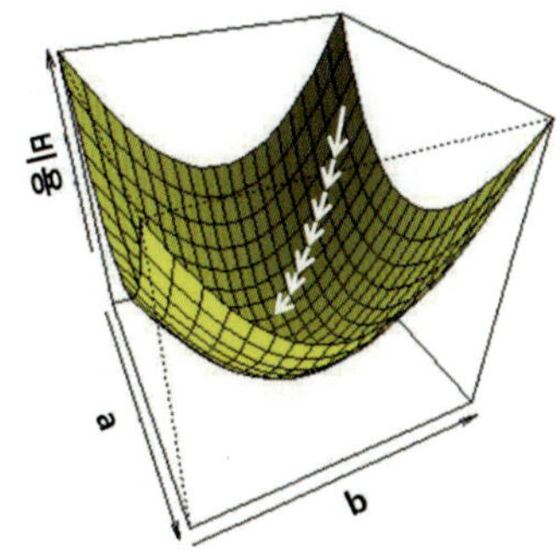

경사하강법에 의한 최소비용 탐색 경로

선형관계에서 회귀선을 찾는 방법은 최소제곱법이 잘 알려져 있다. 이는 독립변수에 따른 종속변수의 실제 값(y)과 추정 값($\hat{y}$)의 차이인 오차($y - \hat{y}$)의 제곱합들을 최소로 하는 기울기와 y절편을 구하기 위해 미분으로 해를 구한다. 이 경우, 독립변수의 수가 많아지면 그 만큼 해를 풀기 위한 연립방정식의 수가 많아 계산 과정이 복잡하고 계산 시간이 오래 걸리게 된다. 경사하강법은 오차 제곱의 평균값(비용)을 최소로 하는 방향으로 기울기와 y절편을 조금씩 이동하여 회귀선을 찾는다[14~16].

8.2 경사하강법의 기본 원리

독립변수 x에 대한 종속변수 y와의 관계를 선형적인 관계로 설명하는 추정 회귀선은

$$\hat{y} = ax + b$$

로 나타낼 수 있다. a는 기울기(가중치), b는 y절편(편향, bias)을 의미한다. x의 데이터에 대한 y의 실제 값과 추정한 회귀선 $\hat{y}$ 간 차이를 최소화하는 파라미터(a, b)를 구해보자. e_i는 x_i에 대한 실제값(y_i)과 추정값($\hat{y}_i$) 간 차이인 오차를 나타낸다.

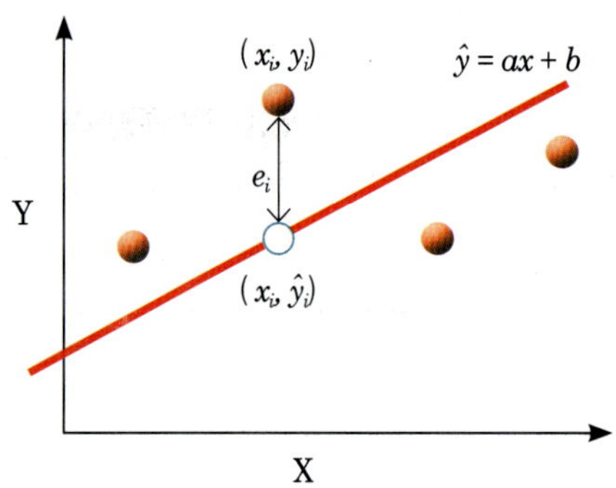

오차 제곱합은

$$\sum_{i=1}^{n} e_i^2 = \sum_{i=1}^{n} (y_i - \hat{y}_i)^2 = \sum_{i=1}^{n} \{y_i - (ax_i + b)\}^2$$

과 같다. n은 표본의 수를 의미한다.

경사하강법(gradient descent)은 비용함수(cost function)의 기울기가 점점 작아지는 쪽으로 이동하여 비용이 최소가 되는 파라미터를 구하는 방법이다. 비용함수를 손실함수(loss function)라고도 한다. 비용함수는 오차 제곱의 합을 평균하는 평균 제곱 오차(MSE: mean squared error)을 사용하며, 다음과 같이 파라미터의 함수가 된다.

$$f(\mathrm{a,b}) = \frac{1}{n}\sum_{i=1}^{n} e_i^2 = \frac{1}{n}\sum_{i=1}^{n}(y_i - \hat{y}_i)^2 = \frac{1}{n}\sum_{i=1}^{n}\{y_i - (ax_i + b)\}^2 \quad ①$$

비용함수는 y와 $\hat{y}$ 간 오차가 없을 때 가장 작은 값을 가지게 되고, 오차가 커지면 비용은 제곱으로 비례하게 된다. 즉, 파라미터가 변함에 따라 아래로 볼록한 곡면의 형태를 띤다. 다음은 임의의 초기값 (a_0, b_0)에서 각각 Δa, Δb 만큼 이동하면서 비용이 최소(f_{min})가 되는 최적점 (a_{min}, b_{min})을 찾아가는 경로를 나타낸 것이다.

$$a' = a + \Delta a,\ b' = b + \Delta b$$

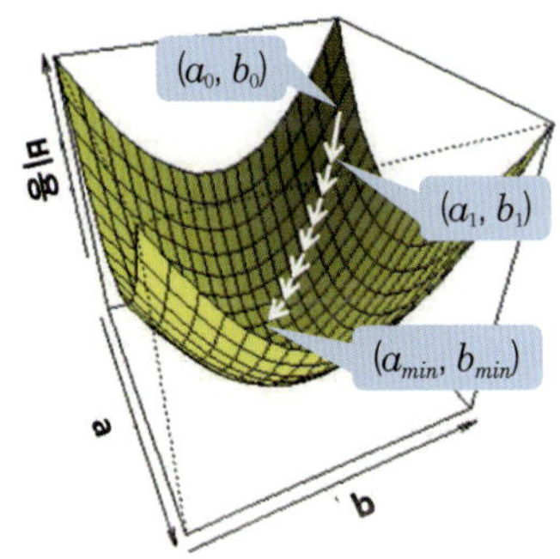

두 파라미터에 따른 경로

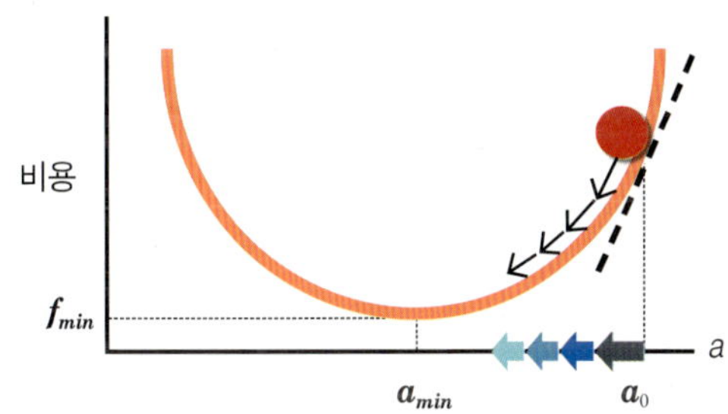

a 관점의 경로

현재 위치에서 기울기를 측정하면 (a_{min}, b_{min})으로 가는 방향을 찾을 수 있다. a의 관점에서 보면, a의 값이 어디에 있든지 현재 기울기의 반대 방향으로 이동하면 a_{min}으로 근접하게된다. 그 변화량(Δa)은 기울기 크기에 비례하여 조정할 수 있다. η는 학습률(learning rate)로서, 학습의 속도를 조절하는 역할을 한다.

$$a' = a - \eta\frac{\partial f}{\partial a},\ b' = b - \eta\frac{\partial f}{\partial b}$$

학습률이 너무 작으면 학습시간이 오래 걸리고, 반대로 학습률이 크면 그래프 반대편에 있는 더 높은 비용값의 위치로 이동하면서 발산할 수 있다. 아주 작은 학습률부터 조금씩 크게 하면서 적정한 크기를 찾을 수 있다.

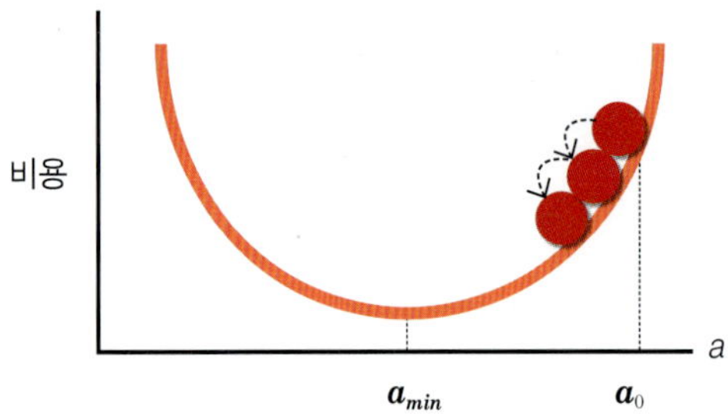

학습률이 너무 작을 때(오랜 학습시간)

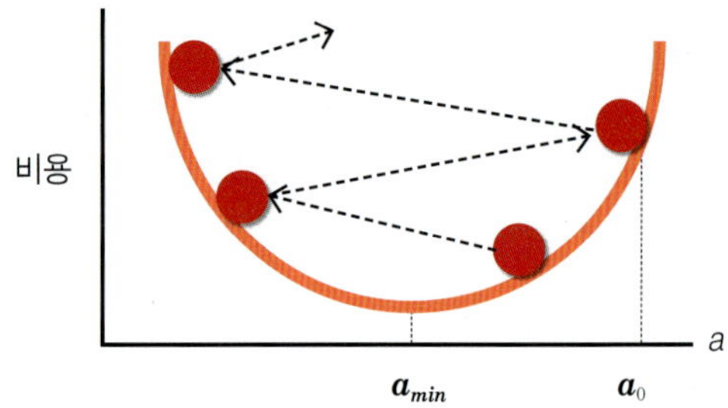

학습률이 너무 클 때(발산)

한편, 임의의 a, b에서의 기울기는 다음 편미분식으로 계산할 수 있다.

$$\frac{\partial f}{\partial a} = \frac{2}{n}\sum_{i=1}^{n} x_i(ax_i + b - y_i),$$

$$\frac{\partial f}{ab} = \frac{2}{n}\sum_{i=1}^{n} (ax_i + b - y_i),$$

학습 종료 기준은 각 학습단계에서의 각 기울기가 허용오차 이내에 있거나, 최대 학습수(epoch)로 정할 수 있다.

경사하강법은 배치 경사하강법(BGD: batch gradient decent), 확률적 경사하강법(SGD: stochastic gradient decent), 미니 배치 확률적 경사하강법(MSGD: mini-batch stochastic gradient decent)이 있다. 배치 경사하강법은 학습용 데이터 세트에서 모든 표본에 대한 비용함수 기울기들의 평균 값으로 파라미터를 업데이트하는 방법이다. 이 방법은 파라미터의 초기 위치에서 최소 비용함수 값을 향해 안정적으로 찾아가지만, 파라미터 업데이트의 시간이 오래 걸리게 된다. 확률적 경사하강법은 학습용 데이터 세트에서 임의로 추출한 한 개의 표본으로 비용함수 기울기를 구하고 파라미터를 업데이트한다. 주어진 데이터 세트를 한번 학습하는 것을 epoch라고 한다. 이 방법은 파라미터의 초기 위치에서 최소 비용함수 값을 향해 지그재그 경로를 거치게 되며, 최적점을 찾아 가는 학습시간은 짧게 된다. 한편, 미니 배치 확률적 경사하강법은 배치 경사하강법과 확률적 경사하강법의 두 개념을 조합한 것이다. 즉, 학습용 데이터 세트를 배치 크기가 m인 여러 미니 배치로 나누고 각 미니 배치에 대해 경사하강법을 적용하여 학습하는 방법이다. 즉, 1 epoch 내에서 파라미터 업데이트 수는 미니 배치 수만큼 진행된다. 따라서, 파라미터 업데이터는 경사하강법보다 자주 일어나고, 최적점을 찾아가는 경로는 확률적 경사하강법보다 지그재그 정도가 작게 된다. 일반적으로 데이터 세트의 표본 수가 적을 때는 배치 경사하강법을 사용하고 표본 수가 많을 때는 미니 배치 경사하강법을 사용한다(10장 참조).

경사하강법에서 여러 독립변수 값들은 단위와 범위 차이로 인해 파라미터들에 대한 비용함수는 한 쪽으로 치우친 길쭉한 형태가 된다. 이 경우, 최적점에 도달하는 학습시간이 오래 걸리게 된다. 지나치게 기울기가 큰 경우에는 최적점에 도달하지 못하고 발산하게 되기도 한다. 따라서, 데이터의 피처스케일링(feature scaling)을 통해 안정적인 학습이 되도록 할 필요가 있다(2장 참조).

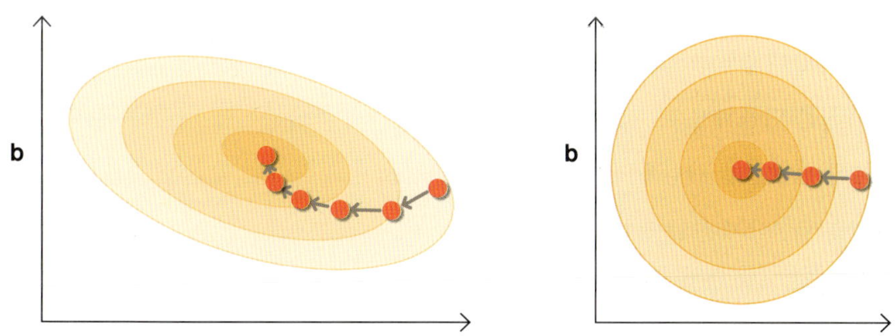

feature scaling 전 feature scaling 후

8.3 경사하강법의 예시

다음과 같이 5개의 표본(n=5)으로 구성되는 데이터 세트가 있다. x를 독립변수로 y를 종속변수로 하는 회귀선($\hat{y} = ax + b$)을 찾아보자. 그리고 새로운 x값이 35일 때 y값을 추정해보자.

데이터

표본(i)	x_i	y_i
1	10	41
2	22	45
3	30	62
4	38	75
5	50	85

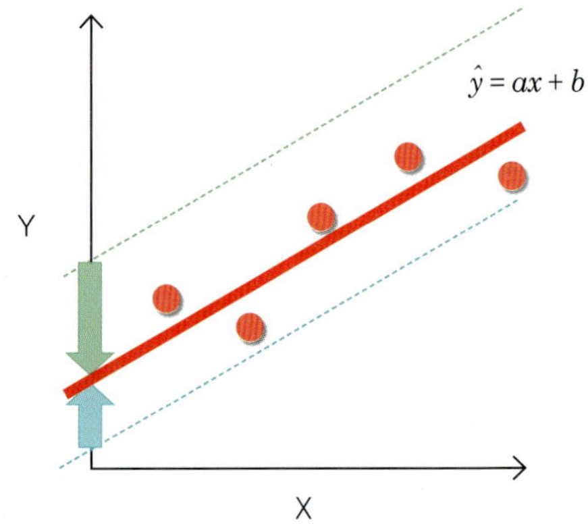

단순한 예시를 위해 기울기는 a=1.0972로 고정하고 y절편인 b의 최적값을 찾기로 한다. 학습률 η=0.4, 비용함수 기울기의 허용오차는 0.5로 하자.

그 과정은 다음과 같다. 먼저, b를 초기화한다. 1회 학습과정에서 각 표본의 비용함수 기울기들의 평균값을 계산한다. 그 평균값이 허용오차 이하이면 학습을 종료한다. 그렇지 않으면 b를 수정하고 학습과정을 반복한다.

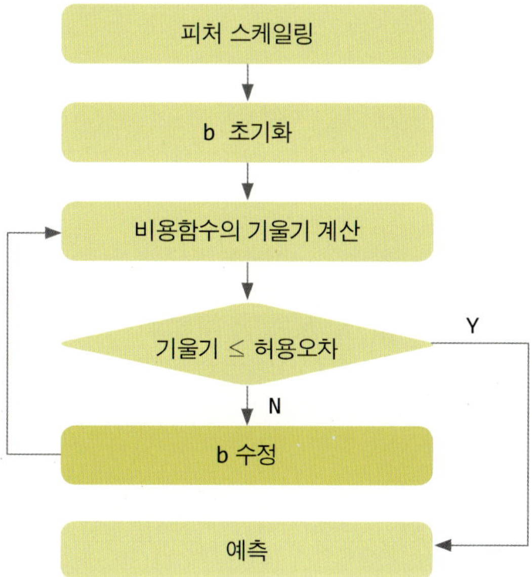

(1) 단계 피처 스케일링

X, Y의 최댓값과 최솟값을 이용해 데이터를 0~1로 정규화한다(2장 참조).

i	원 데이터		정규화된 데이터	
	x_i	y_i	x_i	y_i
1	10	41	0	0
2	22	45	0.3	0.0909
3	30	62	0.5	0.4773
4	38	75	0.7	0.7727
5	50	85	1.0	1.0
최솟값	10	41		
최댓값	50	85		

(2)단계 b의 초기화

b를 1.2로 두자.

[반복 1]

(3)단계 비용함수 기울기 평균값 계산

각 표본에 대한 기울기를 구하고, 그 평균값을 구한다.

i	정규화된 데이터		$\frac{\partial f}{\partial b} = 2(ax_i + b - y_i) = 2(1.0972x_i + 1.2 - y_i)$
	x_i	y_i	
1	0	0	2.4000
2	0.3	0.0909	2.8765
3	0.5	0.4773	2.5427
4	0.7	0.7727	2.3906
5	1.0	1.0	2.5944
평균			2.5608

(4)단계 종료여부 판단

비용함수의 기울기 평균값의 절대값은

$$\left|\frac{\partial f}{\partial b}\right| = |2.5608| > 0.05$$

로서, 허용오차보다 크기 때문에 다음 과정으로 진행한다.

(5) 단계 b의 변화

b를 수정 한다.

$$b' = b - \eta \frac{\partial f}{\partial b}$$
$$= 1.2 - 0.4 \times 2.5608 = 0.1757$$

(3) 단계로 가서 앞의 과정을 반복한다.

[반복 2]

(3) 단계 비용함수 기울기 평균값 계산

각 표본에 대한 기울기를 구하고, 그 평균값을 구한다

i	정규화된 데이터		$\frac{\partial f}{\partial b} = 2(ax_i + b - y_i) = 2(1.0972x_i + 0.6878 - y_i)$
	x_i	y_i	
1	0	0	0.3514
2	0.3	0.0909	0.8279
3	0.5	0.4773	0.4941
4	0.7	0.7727	0.3420
5	1.0	1.0	0.5458
평균			0.5122

(4) 단계 종료여부 판단

비용함수의 기울기 평균값의 절대값은

$$\left|\frac{\partial f}{\partial b}\right| = |0.5122| > 0.05$$

로서, 허용오차보다 크기 때문에 다음 과정을 진행한다.

(5)단계 b의 변화

b를 수정 한다.

$$b' = b - \eta\frac{\partial f}{\partial b}$$

$$= 0.1757 - 0.4 \times 0.5122 = -0.0292$$

(3) 단계로 가서 앞의 과정을 반복한다.

[반복 3]

(3)단계 비용함수 기울기 평균값 계산

각 표본에 대한 기울기를 구하고, 그 평균값을 구한다

i	정규화된 데이터		$\frac{\partial f}{\partial b} = 2(ax_i + b - y_i) = 2(1.0972x_i + 0.3805 - y_i)$
	x_i	y_i	
1	0	0	-0.0584
2	0.3	0.0909	0.4181
3	0.5	0.4773	0.0843
4	0.7	0.7727	-0.0678
5	1.0	1.0	0.1360
평균			0.1024

(4) 단계 종료여부 판단

비용함수의 기울기 평균값의 절대값은

$$\left|\frac{\partial f}{\partial b}\right| = |0.1024| > 0.05$$

로서, 허용오차보다 크기 때문에 다음 과정을 진행한다.

(5) 단계 b의 변화

b를 수정 한다.

$$b' = b - \eta \frac{\partial f}{\partial b}$$
$$= 0.0292 - 0.4 \times 0.1024 = -0.0702$$

(3) 단계로 가서 앞의 과정을 반복한다.

[반복 4]

(3) 단계 비용함수 기울기 평균값 계산

각 표본에 대한 기울기를 구하고, 그 평균값을 구한다.

i	정규화된 데이터		$\frac{\partial f}{\partial b} = 2(ax_i + b - y_i) = 2(1.0972x_i + 0.3805 - y_i)$
	x_i	y_i	
1	0	0	−0.1404
2	0.3	0.0909	0.3361
3	0.5	0.4773	0.0023
4	0.7	0.7727	−0.1498
5	1.0	1.0	0.0540
평균			0.0204

(4)단계 종료여부 판단

비용함수의 기울기 평균값의 절대값은

$$\left|\frac{\partial f}{\partial b}\right| = |0.0204| \leq 0.05$$

로서, 허용오차 이하이기 때문에 학습을 종료한다.

(6)단계 예측

추정되는 회귀선의 식은

$$\hat{y} = ax + b = 1.0972x - 0.0702$$

가 된다. 허용오차를 더 작게 하면 b_{min}에 가까운 값을 찾을 수 있다. 새로운 x값 35을 정규화하면 0.625가 된다. 따라서, 추정치는

$$\hat{y} = 1.0972x - 0.0702 = 1.0972 \times 0.625 - 0.0702 = 0.6156$$

이 되는데, 이를 원래 스케일로 변환하면

$$\hat{y} \times (y_{max} - y_{max}) + y_{max} = 68.0842$$

로 추정할 수 있다.

8.4 파이썬 기반 분석

경사하강법을 이용한 회귀모형을 만들고 예측하는 기본 과정은 다음과 같다. 사용할 파이썬 패키지 설정과 데이터 준비 후에, 탐색적 데이터 분석을 한다. 피처 스케일링 후에 회귀모형을 학습하고 추정한 회귀선으로 새로운 독립변수 값에 대해 종속변수 값을 예측한다.

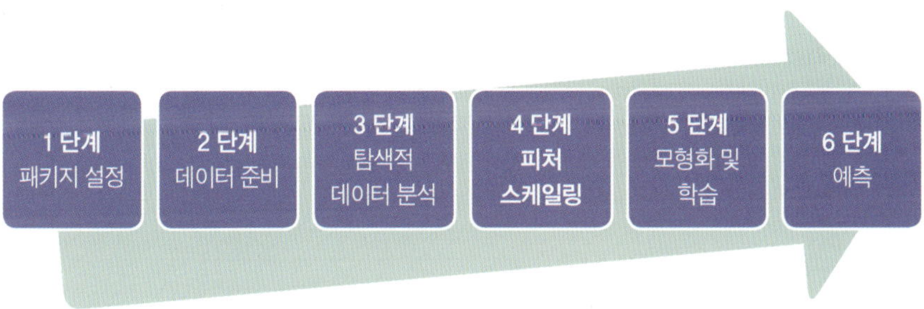

(1) 패키지 설정

sklearn 패키지에 있는 SGDRegression 모듈은 확률적 경사하강법을 사용하여 선형 회귀선을 찾아준다. StandardScaler 패키지는 데이터 표준화에 사용한다(8.3절과 같이 0~1로 정규화할 때는 MinMaxScaler 패키지를 사용하면 된다).

```
from sklearn.linear_model import SGDRegressor
from sklearn.preprocessing import StandardScaler
from sklearn.model_selection import cross_val_score
import numpy as np
import matplotlib.pyplot as plt
```

(2) 데이터 준비

학습 데이터와 테스트 데이터를 준비한다. 학습 데이터는 8.3절에서 사용한 5개의 (X, Y) 세트를 각각 1차원 배열로 구성한다.

```
# 입력 데이터
X_train = np.array([10, 22, 30, 38, 50])
# 출력 데이터
y_train = np.array([41, 45, 62, 75, 85])
```

(3) 탐색적 데이터 분석

입력과 출력 데이터의 분포로부터 선형관계를 파악해본다. 그래프는 선형관계를 잘 보이고 있으며, 선형관계의 강도를 나타내는 선형계수도 0.97로 높게 나타나기 때문에 선형 회귀분석을 진행한다.

```
# 산포도
plt.scatter(X_train, y_train, color ='b')
plt.show()
```

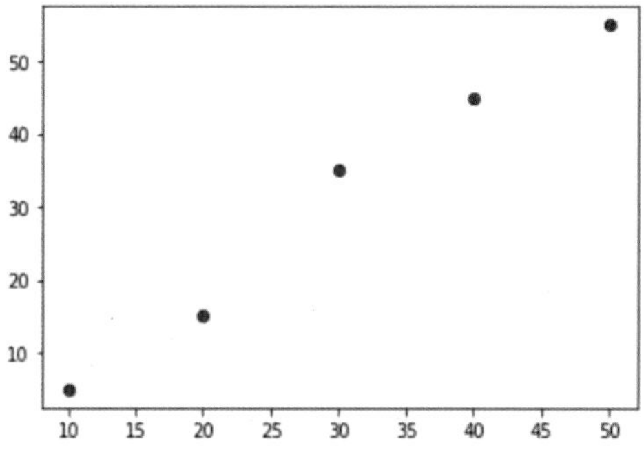

```
# 상관계수 (r)
np.corrcoef(X_train, y_train)
```

```
array([[1.        , 0.97319891],
       [0.97319891, 1.        ]])
```

(4) 피처 스케일링

데이터 세트는 행과 열로 구성되는 2차원 배열로 변환한다. 열의 수는 변수의 수에 해당한다. 학습 데이터의 입력변수(독립변수)는 1개이기 때문에 데이터를 1열로 구성한다. 결과적으로 행의 수는 5개가 되어, 5행 1열의 2차원이 된다. 이 경우, 열의 수만 지정하고 행의 수는 데이터의 수에 따라 자동으로 정해지게 하려면 X_train.reshape(5, 1) 대신 X_train.reshape(−1, 1)로 설정하면 편리하게 사용할 수 있다. 즉, 행의 위치에 −1로 설정되어 있으면, 지정된 열의 수(1)에 따라 행의 크기(5)는 자동으로 정해진다. 한편, 열의 위치에 −1로 설정되면, 지정된 행의 수에 따라 열의 크기는 자동으로 정해지게 된다.

```
# 입력 데이터의 2차원 행렬 변환 (n행 1열)
X_train = X_train.reshape(-1, 1)
print(X_train)
# 출력 데이터의 2차원 행렬 변환 (n행 1열)
y_train = y_train.reshape(-1, 1)
print(y_train)
```

```
[[10]
 [22]
 [30]
 [38]
 [50]]
[[41]
 [45]
 [62]
 [75]
 [85]]
```

각 변수에 대해 평균과의 차이를 표준편차로 나누어 표준화하는 피처 스케일링을 한다(2장 참조).

```
# X 데이터 세트의 표준화
scalerX = StandardScaler()
scalerX.fit(X_train)
X_train = scalerX.transform(X_train)
print(X_train)

# Y 데이터 세트의 표준화
scalerY = StandardScaler()
scalerY.fit(y_train)
y_train = scalerY.transform(y_train)
print(y_train)
```

```
[[-1.46805055]
 [-0.58722022]
 [ 0.        ]
 [ 0.58722022]
 [ 1.46805055]]
[[-1.21929784]
 [-0.98254098]
 [ 0.02367569]
 [ 0.79313549]
 [ 1.38502764]]
```

(5) 모형화 및 학습

SGDRegressor 클래스로 선형 회귀모형을 초기화한다. 디폴트로 설정된 비용함수(loss)는 8.2절의 ①식과 같고(squared_loss), 최대 학습 반복 수(max_iter)는 1,000, 학습 중지 기준(tol)은 비용의 허용오차로 0.001, verbose는 0으로 설정되어 있다. 최대 학습 반복 수에 도달하지 않은 경우, 이전 학습 단계까지의 최소 비용과 현재 비용 간 차이가 허용오차보다 작으면 학습을 종료한다. verbose는 다음과 같이 1로 설정하여 학습과정의 결과가 나타나도록 해보자.

```
# 확률적 경사하강법을 위한 객체 만들기
model = SGDRegressor(verbose=1)
```

정의된 모형에 학습 데이터로 학습한다. 학습 진행 과정을 보면, 학습 데이터 세트를 85회 반복 (85 epoch)하여 비용함수 값이 허용오차 내에 도달하여 학습을 종료하였다.

```
# 모형 학습
model.fit(X_train, y_train)
```

```
Total training time: 0.02 seconds.
-- Epoch 80
Norm: 0.68, NNZs: 1, Bias: 0.000278, T: 400, Avg. loss: 0.071240
Total training time: 0.02 seconds.
-- Epoch 81
Norm: 0.68, NNZs: 1, Bias: 0.000271, T: 405, Avg. loss: 0.070247
Total training time: 0.02 seconds.
-- Epoch 82
Norm: 0.68, NNZs: 1, Bias: 0.000270, T: 410, Avg. loss: 0.069280
Total training time: 0.02 seconds.
-- Epoch 83
Norm: 0.69, NNZs: 1, Bias: 0.000271, T: 415, Avg. loss: 0.068338
Total training time: 0.02 seconds.
-- Epoch 84
Norm: 0.69, NNZs: 1, Bias: 0.000275, T: 420, Avg. loss: 0.067419
Total training time: 0.02 seconds.
```

(6) 예측

학습된 모형으로 입력 데이터가 45일 때 출력 값은 어떻게 예측될까? 입력 데이터는 X 스케일러로 표준화하고, 출력 결과는 Y 스케일러로 역변환한다. 입력 데이터 45는 1.101로 표준화되고, 출력 값은 0.764로 추정되며 이를 원래 스케일로 역변환하면 74.551로 예측할 수 있다.

```
# 입력 테스트 데이터 할당 및 2차원 행렬 변환
X_test = np.array([45]).reshape(-1, 1)
# 입력 테스트 데이터의 표준화
X_test = scalerX.transform(X_test)    ← 학습용 X데이터의 표준화 스케일러로 표준화함
X_test
```

```
array([[1.10103791]])
```

```
# 예측
y_pred = model.predict(X_test)
print(y_pred)
# 예측 값의 역변환
y_pred_inverse = scalerY.inverse_transform(y_pred)    ← 학습용 Y데이터 표준화 스케일러로 역변환함
print(y_pred_inverse)
```

```
[0.76443489]
[74.51510434]
```

8.5 응용: 당뇨병 진단(단순회귀)

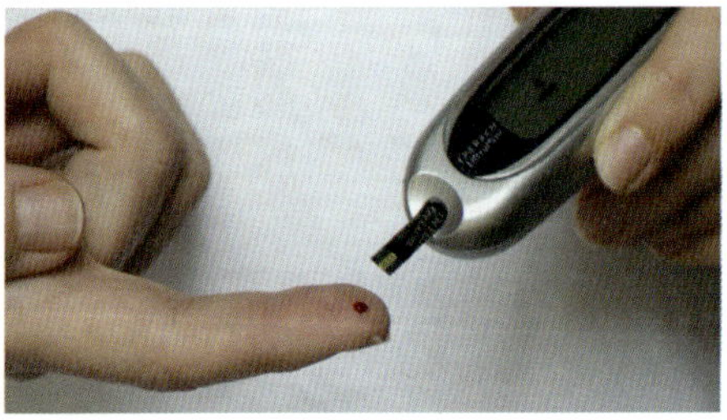

sklearn 패키지에 있는 당뇨병 데이터 세트를 이용해서 당뇨병을 진단해보자. 당뇨병 데이터 세트는 2004년도에 Bradley Efron 등이 제공하였다. 표본은 442명의 당뇨병 환자이며, 10가지 입력변수에 따른 1개의 목표변수로 구성되어 있다. 혈당 수치(s6)에 따른 당뇨병 진행 정도(y)를 예측해보자(다중 회귀분석은 응용문제 참조).

당뇨병 데이터 세트의 구성 항목

항목명	내용
age	나이
sex	성별
bmi	체질량 지수
bp	평균 혈압
s1	총 혈청 콜레스트롤
s2	저밀도 지단백질
s3	고밀도 지단백질
s4	고밀도 지단백질 대비 총 콜레스트롤 비율
s5	혈청 트리글리세리드 수준
s6	혈당 수치
y	연간 당뇨병 진행 정도

8.4절에서 학습모형을 평가하기 위해 학습용과 테스트 데이터를 분리하는 단계를 추가한다. 그리고 예측 단계에서는 모형 평가지표를 사용하여 정확도를 평가해본다.

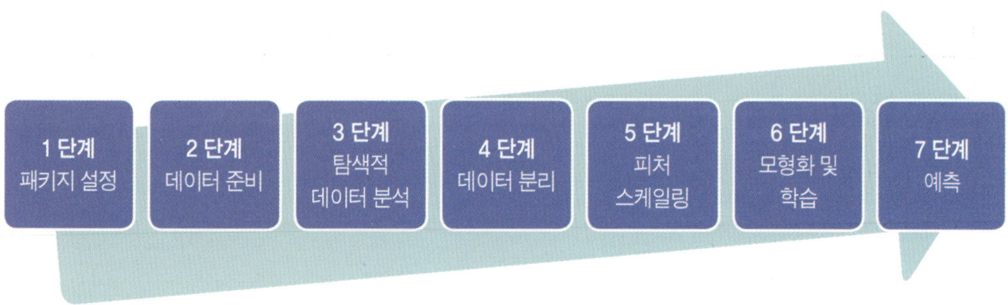

(1) 패키지 설정

8.4절에서 사용한 패키지 외에, 당뇨병 데이터 세트를 활용하기 위해 sklearn 패키지에 있는 datasets 모듈을 추가한다. 또한, 데이터를 학습용과 테스트용으로 분리하기 위해

train_tset_split 모듈, 예측 결과에 대한 오차를 측정하기 위해 mean_absolue_percentage_error 모듈을 추가한다.

```
from sklearn.linear_model import SGDRegressor
from sklearn.preprocessing import MinMaxScaler
from sklearn.model_selection import cross_val_score
from sklearn.metrics import mean_squared_error,
from sklearn.model_selection import train_test_split
from sklearn import datasets
import numpy as np
import matplotlib.pyplot as plt
import pandas as pd
```

(2) 데이터 준비

당뇨병 데이터 세트를 불러온다. 입력 데이터와 목표 데이터가 분리되어 각각 배열형태로 저장된다. 입력 데이터는 442행과 10열로 구성되며, 목표 데이터는 442행과 1열로 구성되어 있다.

```
# 당뇨병 데이터 셋트 로딩: 입력 데이터, 목표 데이터
diabetes_X, diabetes_y = datasets.load_diabetes(return_X_y=True)
```

```
# 배열 크기
print(np.shape(diabetes_X))
print(np.shape(diabetes_y))
```

```
(442, 10)
(442,)
```

입력 값과 목표 값은 다음과 같다.

```
# 입력 값 출력
print(diabetes_X)
```

```
[[ 0.03807591  0.05068012  0.06169621 ... -0.00259226  0.01990842
  -0.01764613]
 [-0.00188202 -0.04464164 -0.05147406 ... -0.03949338 -0.06832974
  -0.09220405]
 [ 0.08529891  0.05068012  0.04445121 ... -0.00259226  0.00286377
  -0.02593034]
 ...
 [ 0.04170844  0.05068012 -0.01590626 ... -0.01107952 -0.04687948
   0.01549073]
 [-0.04547248 -0.04464164  0.03906215 ...  0.02655962  0.04452837
  -0.02593034]
 [-0.04547248 -0.04464164 -0.0730303  ... -0.03949338 -0.00421986
   0.00306441]]
```

```
# 목표 값 출력
print(diabetes_y)
```

```
[151.  75. 141. 206. 135.  97. 138.  63. 110. 310. 101.  69. 179. 185.
 118. 171. 166. 144.  97. 168.  68.  49.  68. 245. 184. 202. 137.  85.
 131. 283. 129.  59. 341.  87.  65. 102. 265. 276. 252.  90. 100.  55.
  61.  92. 259.  53. 190. 142.  75. 142. 155. 225.  59. 104. 182. 128.
  52.  37. 170. 170.  61. 144.  52. 128.  71. 163. 150.  97. 160. 178.
  48. 270. 202. 111.  85.  42. 170. 200. 252. 113. 143.  51.  52. 210.
  65. 141.  55. 134.  42. 111.  98. 164.  48.  96.  90. 162. 150. 279.
  92.  83. 128. 102. 302. 198.  95.  53. 134. 144. 232.  81. 104.  59.
 246. 297. 258. 229. 275. 281. 179. 200. 200. 173. 180.  84. 121. 161.
  99. 109. 115. 268. 274. 158. 107.  83. 103. 272.  85. 280. 336. 281.
 118. 317. 235.  60. 174. 259. 178. 128.  96. 126. 288.  88. 292.  71.
```

입력변수로 10번 째 열의 s6(혈당 수치)를 할당한다.

```
# 일벽 데이터 세트에서 10열 추출
X_data = diabetes_X[:, 9]
print(X_data)
```

```
[-0.01764613 -0.09220405 -0.02593034 -0.00936191 -0.04664087 -0.09634616
 -0.03835666  0.00306441  0.01134862 -0.01350402 -0.03421455 -0.05906719
 -0.04249877 -0.01350402 -0.07563562 -0.04249877  0.02791705 -0.0010777
 -0.01764613 -0.05492509  0.01549073 -0.01764613 -0.01350402  0.13561183
 -0.05492509 -0.03421455 -0.0052198   0.04034337 -0.05492509  0.05276969
 -0.00936191 -0.04249877  0.02791705  0.00306441 -0.06735141  0.01963284
 -0.02593034 -0.0052198   0.02377494  0.00306441  0.09419076 -0.00936191
 -0.03421455  0.07348023 -0.01764613 -0.05078298 -0.08806194 -0.08391984
```

(3) 탐색적 데이터 분석

입력과 목표 데이터의 분포를 박스플롯의 비교해본다. 입력 데이터에는 이탈 값이 일부 존재하는 데, 편의상 그 값들을 포함해서 분석하기로 한다. 목표 데이터는 오른 쪽으로 약간 기운 분포를 보이고 있다.

```
# 입력 데이터의 박스폴롯
g1 = plt.subplot(1,2,1)          # 1행 2열 구조의 첫 번째 위치에 출력
g1.boxplot(X_data, labels=['s6'])
plt.title('Diabetes')
plt.xlabel('Features')

# 목표 데이터의 박스폴롯
g2 = plt.subplot(1,2,2)          # 1행 2열 구조의 두 번째 위치에 출력
g2.boxplot(diabetes_y, labels=['disease progression'])
plt.title('Diabetes')
plt.xlabel('Target')

plt.show()
```

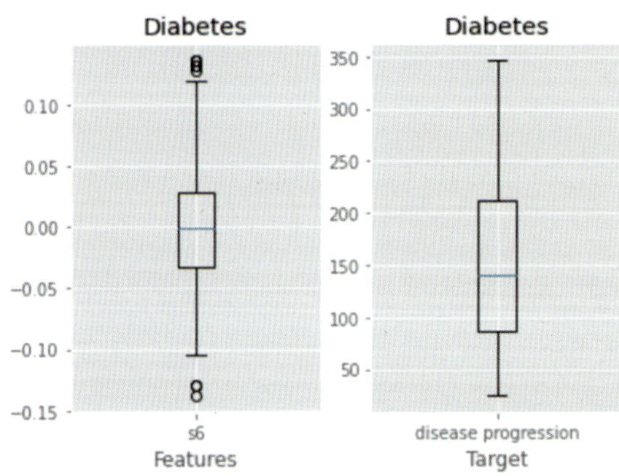

입력과 목표 데이터의 산포도를 보면 상관관계가 약한 현상이 나타난다. 상관계수는 0.38으로 그 강도가 약한 것을 알 수 있다.

```
# 산포도
plt.scatter(X_data, diabetes_y, color ='b')
plt.title('Diabetes')
plt.xlabel('s6')
plt.ylabel('Disease progression')
plt.show()
```

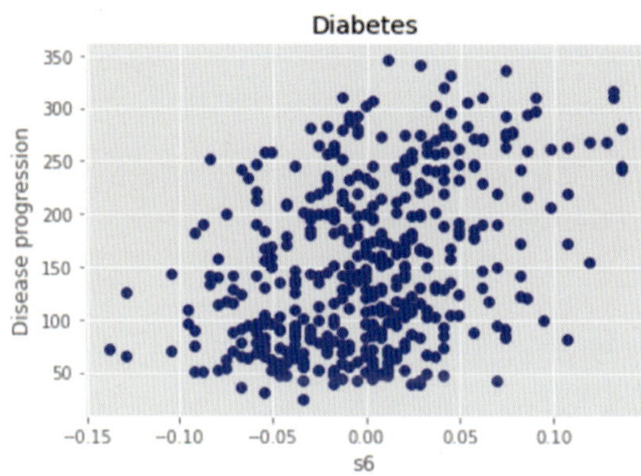


```
# 상관계수 (r)
np.corrcoef(X_data, diabetes_y)
```

```
array([[1.        , 0.38248348],
       [0.38248348, 1.        ]])
```

(4) 데이터 분리

학습 데이터와 테스트 데이터를 7:3으로 분리한다.

```
# 학습용과 테스트 데이터의 분리: 7:3
X_train, X_test, y_train, y_test = train_test_split(X_data, diabetes_y,
                                   test_size=0.3, random_state=1234)
```

(5) 피처 스케일링

먼저 학습 데이터의 입력과 목표 데이터를 각각 0~1의 범위로 정규화한다.

```
# 학습 데이터의 정규화
# 2차원 행렬 변환
X_train = X_train.reshape(-1,1)
y_train = y_train.reshape(-1,1)

# 입력 데이터 정규화
scalerX = MinMaxScaler()
scalerX.fit(X_train)
X_train_scaled = scalerX.transform(X_train)

# 목표 데이터의 정규화
scalerY = MinMaxScaler()
scalerY.fit(y_train)
y_train_scaled = scalerY.transform(y_train)
```

다음으로 학습 데이터의 정규화 스케일을 사용하여 테스트 데이터를 정규화한다.

```
# 테스트 데이터의 정규화
# 2차원 행렬 변환
X_test = X_test.reshape(-1,1)
y_test = y_test.reshape(-1,1)

# 학습용 데이터의 정규화 스케일에 맞추어 입력과 목표 데이터를 정규화함
X_test_scaled = scalerX.transform(X_test)
y_test_scaled = scalerY.transform(y_test)
```

(6) 모형화 및 학습

SGDRegressor 클래스로 선형 회귀모형을 초기화한다. verbose는 다음과 같이 1로 하여 학습과정의 결과가 나타나도록 설정해보자.

```
# 학습 모형
model = SGDRegressor(verbose=1)
```

학습한 결과는 8 epoch이며, 학습 단계에서 비용함수 값의 변화가 허용오차 내에 도달하여 학습을 종료하였다.

```
# 학습
model.fit(X_train_scaled, y_train_scaled)
```

```
-- Epoch 1
Norm: 0.12, NNZs: 1, Bias: 0.212284, T: 309, Avg. loss: 0.052143
Total training time: 0.00 seconds.
-- Epoch 2
Norm: 0.15, NNZs: 1, Bias: 0.260607, T: 618, Avg. loss: 0.031494
Total training time: 0.00 seconds.
-- Epoch 3
Norm: 0.17, NNZs: 1, Bias: 0.280449, T: 927, Avg. loss: 0.028859
Total training time: 0.00 seconds.
-- Epoch 4
Norm: 0.18, NNZs: 1, Bias: 0.285975, T: 1236, Avg. loss: 0.028324
Total training time: 0.01 seconds.
-- Epoch 5
Norm: 0.19, NNZs: 1, Bias: 0.288849, T: 1545, Avg. loss: 0.028168
Total training time: 0.01 seconds.
-- Epoch 6
Norm: 0.19, NNZs: 1, Bias: 0.288851, T: 1854, Avg. loss: 0.028091
Total training time: 0.01 seconds.
-- Epoch 7
Norm: 0.20, NNZs: 1, Bias: 0.288612, T: 2163, Avg. loss: 0.028037
Total training time: 0.01 seconds.
-- Epoch 8
Norm: 0.20, NNZs: 1, Bias: 0.285854, T: 2472, Avg. loss: 0.027992
Total training time: 0.01 seconds.
Convergence after 8 epochs took 0.01 seconds
```

학습 결과로 회귀선의 y절편과 기울기는 다음과 같다.

```
# y절편과 기울기
print('y절편:', model.intercept_)
print('기울기:', model.coef_)
```

```
y절편: [0.28585405]
기울기: [0.20091278]
```

산포도에 회귀선을 그려보면 다음과 같다.

```
# 산포도
plt.scatter(X_train_scaled, y_train_scaled, color='b')
# 회귀선
x = np.array([min(X_train_scaled),max(X_train_scaled)])
y = model.coef_ * x + model.intercept_
plt.plot(x, y, c="orange", label="Regression line")
plt.show()
```

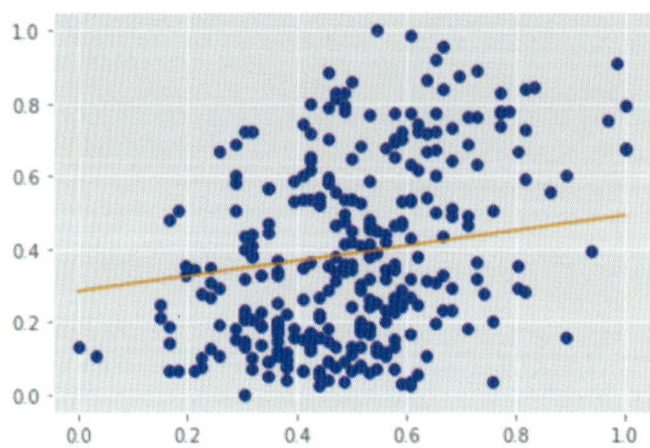

(7) 예측

학습된 모형으로 테스트 데이터를 예측하고, 실제 값과 비교하기 위해 산포도로 그려보자. 예측 값은 주어진 입력 값들에 대해 각각 회귀선의 한 점으로 나타난다.

```
# 테스트 데이터의 예측
y_pred = model.predict(X_test_scaled)
```

```
# 테스트 데이터의 실제 값
plt.scatter(X_test_scaled, y_test_scaled, color='g')
# 테스트 데이터의 예측 값
plt.scatter(X_test_scaled, y_pred, color='b')
plt.show()
```

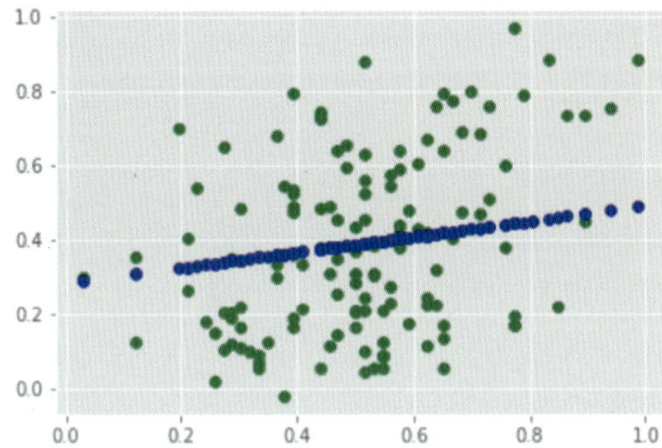

예측 값을 실제 스케일로 변화하여 오차를 측정해보자.

```
# 예측 값의 역변환(셀제 스케일)
y_pred = y_pred.reshape(-1, 1)
y_pred_inverse = scalerY.inverse_transform(y_pred)
```

모형의 평가지표 중의 평균 절대 백분율 오차(MAPE: mean absolute percentage erro)로 실제 값 대비 오차의 크기를 측정해보자. MAPE 지표는 다음과 같다. y_i는 실제 값, $\hat{y}_i$은 예측 값이며, n은 테스트 데이터의 수를 의미한다. 측정 결과는 0.58%로 나타난다. 응용문제의 다중회귀분석 결과와 비교해보자.

$$MAPE(\%) = \frac{1}{n}\sum_{i=1}^{n}\frac{|y_i - \hat{y}_i|}{y_i} \times 100$$

```
# 오차 측정(MAPE)
print('MAPE: %.2f' %      소수점 2자리까지 출력
      mean_absolute_percentage_error(y_test, y_pred_inverse))
```

```
MAPE: 0.58
```

요약

경사하강법 개요: 비용을 최소로 하는 방향으로 기울기와 y절편을 조금씩 이동하는 방법이다.

경사하강법 모형: 비용함수의 기울기가 점점 작아지는 쪽으로 이동하여 비용이 최소가 되는 파라미터를 구하는 방법이다.

경사하강법 유형: 배치 경사하강법은 학습용 데이터 세트에서 모든 표본에 대한 비용함수 기울기들의 평균 값으로 파라미터를 업데이트하는 방법이다. 확률적 경사하강법은 학습용 데이터 세트에서 임의로 추출한 한 개의 표본으로 비용함수 기울기를 구하고 파라미터를 업데이트한다. 미니 배치 확률적 경사하강법은 배치 경사하강법과 확률적 경사하강법의 두 개념을 조합한 것이다.

경사하강법 알고리즘: 데이터 피처 스케일링 → 비용함수 평균 기울기 계산(허용오차 이하이면 종료) → 파라미터 업그레이드 과정으로 진행된다.

파이썬 패키지: sklearn 패키지의 SGDRegression 모듈을 사용한다.

연습문제

1. 다음과 같이 5개의 표본(n=5)으로 구성되는 데이터 세트가 있다. 8.3절의 과정으로 x를 독립변수로 y를 종속변수로 하는 회귀선($\hat{y} = ax + b$)에서 b값을 구해보자. a = 1.0972, η=0.4, 그리고 비용함수 기울기의 허용오차는 0.5로 한다. 임의의 초기값 b는 12.12로 한다.

데이터

i	x_i	y_i
1	10	12
2	22	8
3	28	7
4	42	5
5	50	2

2. 1번 문항의 데이터에 대해 a=-1.140, b=1.370을 초기 값으로 할 때, 8.3절의 과정으로 회귀선의 찾으시오. η=0.4, 비용함수 기울기의 허용오차는 0.5로 한다. a, b에 대한 비용함수의 기울기가 모두 허용오차 이하가 되면 종료한다.

i	정규화된 데이터		$\frac{\partial f}{\partial a} = 2x_i(ax_i + b - y_i)$	$\frac{\partial f}{\partial b} = 2(ax_i + b - y_i)$
	x_i	y_i		
1				
2				
3				
4				
5				
평균				

당뇨병 진단 (다중 회귀분석)

응용 문제

8.5절의 당뇨병 데이터 세트에서 3~10열을 독립변수로, 11열을 종속변수로 하는 다중 회귀분석을 하시오. 그리고 그 결과를 8.5절의 단순회귀분석과 비교해 보시오.

힌트

```
# 일벽 데이터 세트에서 3~10열 추출
X_data = diabetes_X[:, 2:10]
```

```
# 학습 데이터의 정규화
# 2차원 행렬 변환
X_train = X_train.reshape(-1,8)
y_train = y_train.reshape(-1,1)
```

```
# 테스트 데이터의 정규화
# 2차원 행렬 변환
X_test = X_test.reshape(-1,8)
y_test = y_test.reshape(-1,1)
```

CHAPTER 9 파이썬 데이터 분석

인공신경망과 퍼셉트론

학습목표

퍼센트론의 원리 이해

학습내용

퍼센트론의 모형구조 이해
퍼센트론의 학습원리 이해
퍼셉트론의 활용

에두아르 마네 – 배 위에서 그림 그리는 모네 (1874)

9.1 인공신경망의 개요

최근 인공신경망이 거의 모든 분야에 응용되면서 사회와 문화의 패러다임 변화는 물론, 우리생활에도 많은 영향을 미치고 있다. 생물학적 신경망을 본 뜬 인공신경망은 어떤 구조로 만들어지는 것일까? 초기 인공신경망의 기본 구조인 퍼셉트론은 AND, OR 연산과 같은 단순한 이진 분류 등의 문제를 해결하면서 인공지능의 새로운 가능성을 보였다. 퍼셉트론은 어떻게 학습하면서 분류하는 것일까?

인공신경망은 인간의 뇌 구조를 모방하여 만들어졌다. 뇌의 신경세포 "뉴런"은 신경 세포체(soma)를 중심으로, 전기적 신호를 신경 세포체에 전달하는 수상돌기(dendrites), 신경 세포체로부터 전기적 신호를 내보내는 축삭(axon), 그 축삭과 다른 뉴론의 수상돌기 간 화학적 신호로 연결하는 시냅스(synapse)로 구성된다. 시냅스는 축삭으로부터의 전기적 신호를 짧은 간극 간에 화학적 신호로 전달하고, 다시 전기적 신호로 변환하여 전달하는 역할로 기억과 판단을 만들어낸다. 화학적 신호는 한 뉴런에서 다른 뉴런으로 전달되는 신호를 증폭 또는 감소시킬 수 있다.

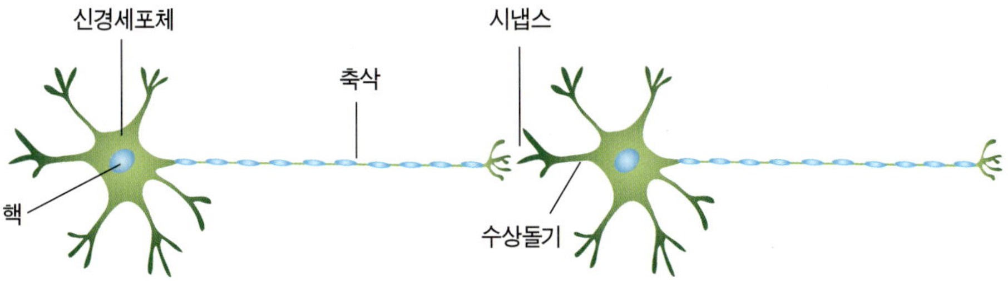

생물학적 신경망

인공신경망은 신경 세포체를 **노드(node)**로, 축삭은 출력, 수상돌기는 입력으로 흉내 내고 시냅스는 노드 간 가중 값을 갖는 연결로 구성된다. 이 경우 각 가중치는 입력 데이터에 대해 목표치를 출력하려는 학습과정을 거치는 동안 조정된다.

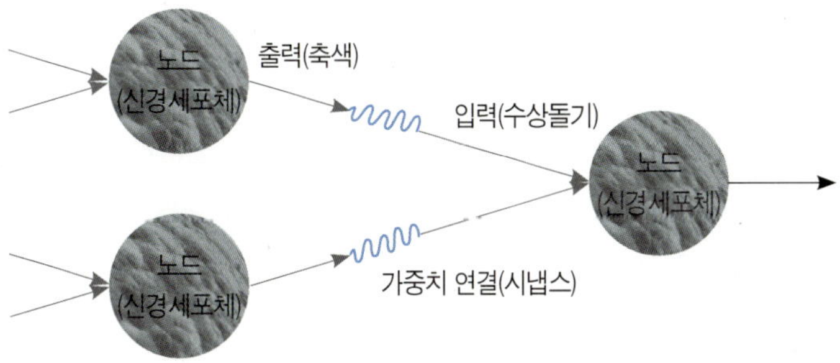

인공 신경망

Warren McCulloch과 Walter Pitts는 1943년에 신경망의 컴퓨팅 모델에 관한 논문을 발표하였고, 1949년에는 심리학자 Donald Hebb은 경험에 의해 두뇌가 변화되는 능력인 신경가소성(Neuroplasticity)의 원리에 근거한 최초의 헤비안 학습 모형을 고안하였다. 1958년에는 Frank Rosenblatt가 헤비안 학습법을 적용하기 위해 퍼셉트론(perceptron)을 제안하였으며, 1960년에 Widraw와 Hoff가 단층 퍼셉트론에 널리 사용되는 델타 학습 규칙을 발표하였다. 하지만, 1969년에 Minsky와 Papert가 단층 퍼셉트론으로는 XOR(exclusive

OR) 문제를 해결할 수 없다고 발표하였고, 이로써 복잡한 분류문제를 해결할 수 없는 인공신경망은 이후 20년 가까이 진전이 없었다[17~22]. 본 장에서는 인공신경망의 기본 구조인 단층 퍼셉트론(SLP: single layer perceptron)의 학습 원리를 살펴보고, 단층 퍼셉트론의 한계를 극복한 다층 퍼셉트론(MLP: multi layer perceptron)과 딥러닝(deep learning)은 10장부터 살펴보기로 한다.

9.2 퍼셉트론의 기본 원리

다음의 AND, OR, XOR(exclusive OR) 진리표를 보자. AND/OR 연산의 경우, 각 표본의 입력에 대한 출력값을 X-Y 평면에 표시하면 서로 다른 두 그룹을 구분하기 위해서는 선형 분류자 1개가 필요하게 된다. 하지만, XOR 연산의 경우는 하나의 선형 분류자로 두 그룹을 분류할 수 없다.

AND/OR/XOR 연산

표본	x_1	x_2	x_1 AND x_2	x_1 OR x_2	x_1 XOR x_2
1	0	0	0	0	0
2	1	0	0	1	1
3	0	1	0	1	1
4	1	1	1	1	0

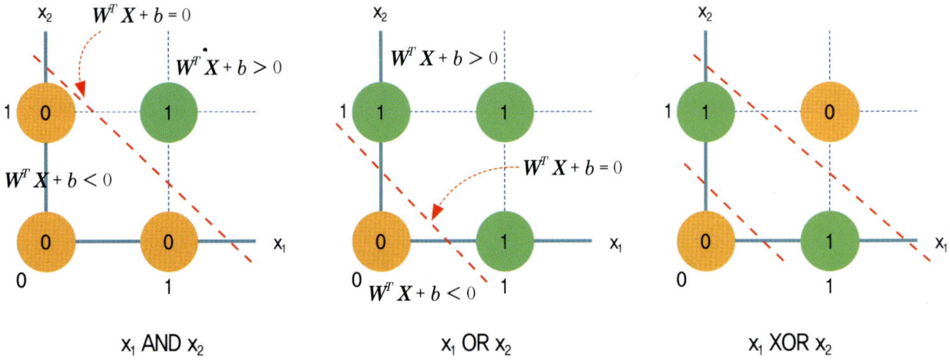

AND와 OR 연산의 경우에 두 변수(x_1, x_2)와 직선의 기울기에 영향을 주는 가중치(w_1, w_2)에 대한 행렬을 각각

$$\boldsymbol{X} = \begin{bmatrix} x_1 \\ x_2 \end{bmatrix}, \quad \boldsymbol{W} = \begin{bmatrix} w_1 \\ w_2 \end{bmatrix}$$

라고 하면, 선형 분류자는

$$\boldsymbol{W}^T \boldsymbol{X} + b = 0$$

가 된다. b는 편향을 의미한다. $\boldsymbol{W}^T \boldsymbol{X} + b > 0$이면 클래스1, $\boldsymbol{W}^T \boldsymbol{X} + b < 0$이면 클래스0으로 분류할 수 있다.

가장 단순한 인공신경망 모형은 입력 노드와 출력 노드로만 구성되는 단층 퍼셉트론이다. AND 또는 OR 연산은 2개의 노드를 가진 입력층과 1개의 노드로 구성되는 단층 퍼셉트론으로 학습이 가능하다. 학습이란 주어진 데이터로 가중치(w_1, w_2)와 편향(b)을 찾는 과정이라고 할 수 있다. 한편, XOR 연산에서는 서로 다른 두 그룹을 구분하기 위해서 1개의 선형 분류자로는 불가능하다. 이 경우, 은닉층이 최소 1개가 있어야 된다. 은닉층이 있는 인공신경망을 다층 퍼셉트론이라 하며, 특히 은닉층이 2개 이상인 인공신경망 모형의 학습을 딥러닝이라고 한다(10장 참조). 은닉층과 출력층은 각 입력값을 처리하는 합성함수와 출력으로 보내기 위한 활성화함수로 구성된다.

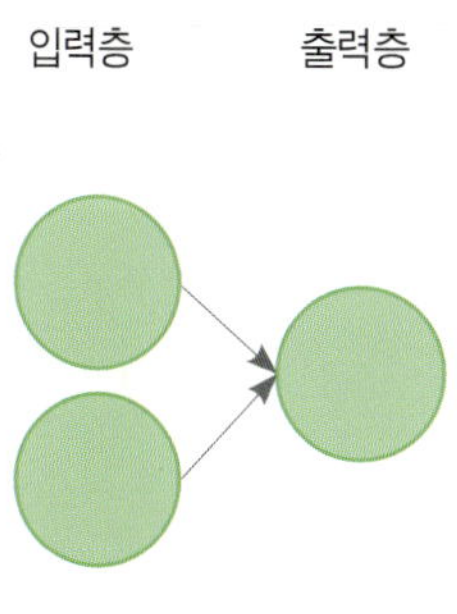

단층 퍼셉트론

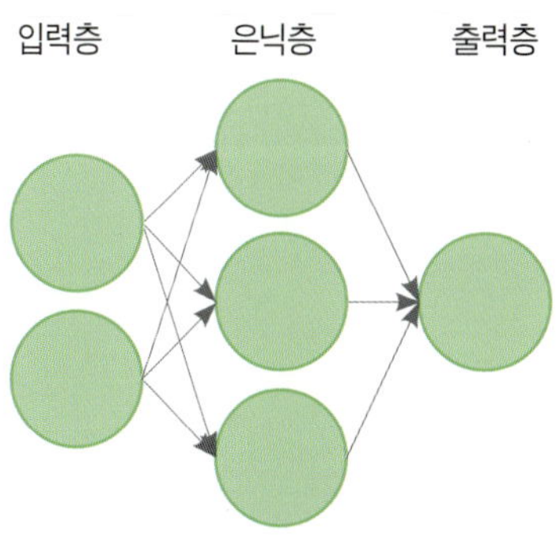

다층 퍼셉트론

단층 퍼셉트론이 델타 학습 규칙으로 AND/OR 연산을 하는 모형 구조와 가중치가 조정되는 학습 과정을 살펴보자. 모형 구조는 입력 노드 2개(x_1, x_2)와 출력 노드 1개로 구성된다.

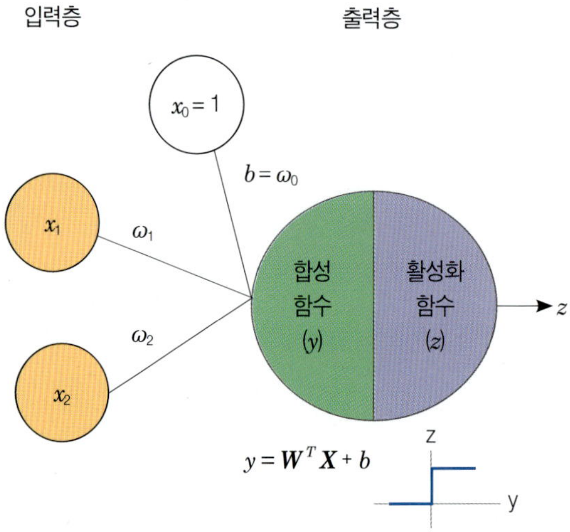

출력노드는 합성함수와 활성화함수로 구성된다. 합성함수는 입력 값들을 가중 평균하여 하나의 값으로 변환하는데

$$y = \boldsymbol{W}^T \boldsymbol{X} + b$$

가 된다. 한편, 활성화함수는 y가 특정 임계치 이상이면 정보를 전달하고 그 외는 정보를 차단하는 역할을 한다. 델타 학습 규칙의 학습과정은 다음과 같다. 활성화함수는 해비사이드 계단 함수(Heaviside step function)인

$$z = f(y) = \begin{cases} 0 \; if \, y < 0 \\ 1 \; if \, y \geq 0 \end{cases}$$

를 사용한다.

출력 노드를 거친 후에 w_i 가중치는

$$\omega_i' = \omega_i + \Delta w_i$$

와 같이 조정된다. Δw_i는 가중치 w_i의 변화량으로, 목표값(t)과 출력값(z)의 오차인 $t-z$에 비례한다. η는 학습률을 의미하며 가중치 변화량의 크기를 조절한다(8장 참조).

$$\omega_i' = \omega_i + \eta(t-z)x_i$$

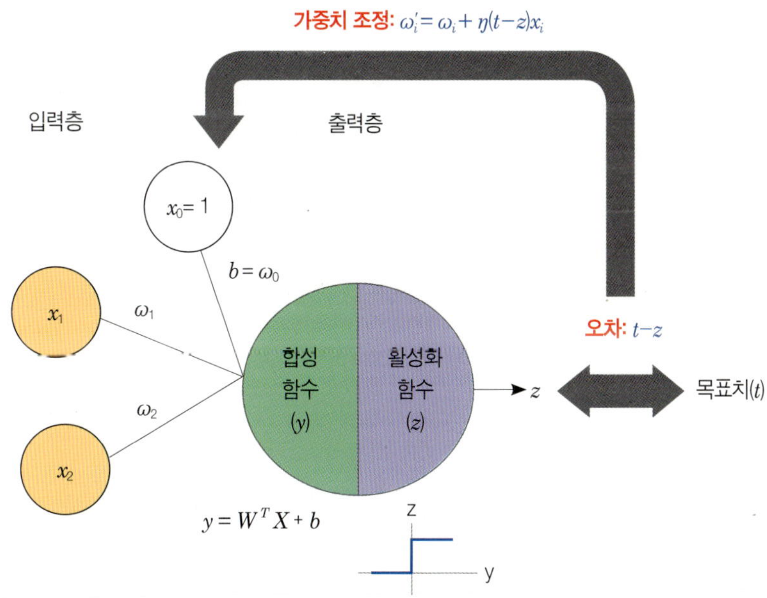

9.3 퍼셉트론의 예시

OR 연산을 예로 하는 학습 과정을 보자. 먼저 파라미터(가중치와 편향)를 초기화한다. 다음으로 하나의 입력 표본에 대해 합성함수 값을 계산하고, 활성화함수로 변환하여 출력한다. 출력 값과 목표 값의 차이가 있으면 가중치를 조정한다. 주어진 데이터 세트에 대한 학습 수를 1 epoch라고 한다(8장 참조). 여러 epoch을 반복하는 동안 한 epoch 내에서 모두 가중치의 변화가 없으면 학습을 종료한다.

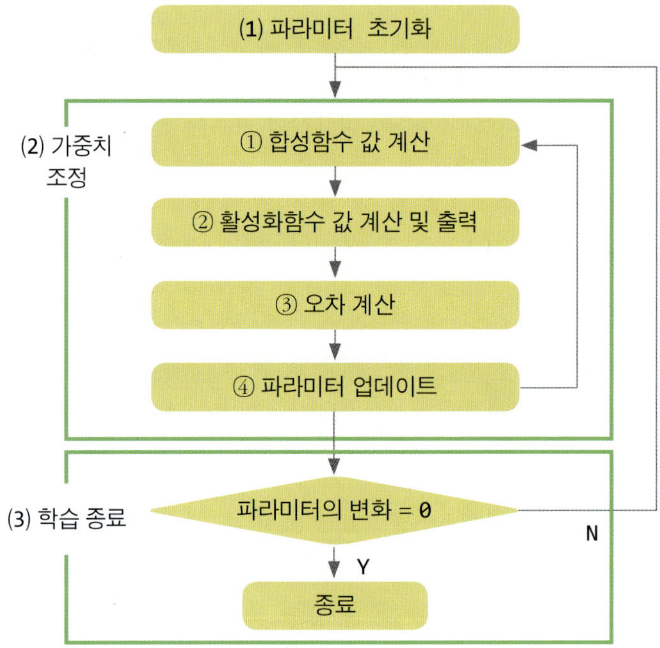

(1) 파라미터의 초기화

학습률은 $\eta = 0.2$로 하고, 문제를 단순화하기 위해 편향은 $b = -0.5$인 상수로 하자. 두 입력 노드의 초기 가중치는

$$w_1 = 0.1, w_2 = 0.3$$

으로 하면, 초기 단층 퍼셉트론의 학습모형은 다음과 같다.

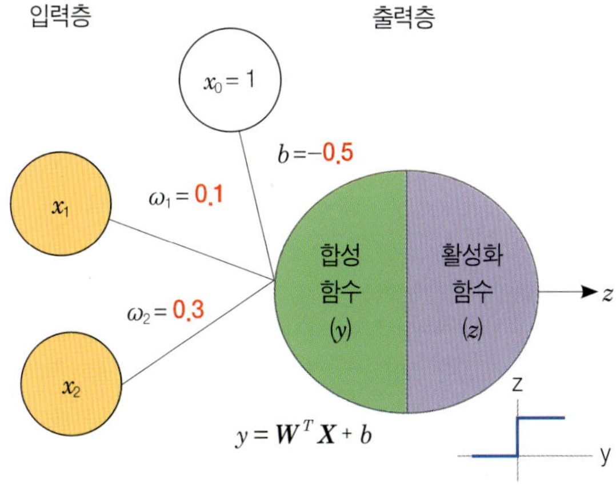

(2) 가중치 조정

첫 번째 표본1과 표본2에 의해 가중치가 조정되는 과정은 다음과 같다.

• 표본1에 의한 가중치 변환

가중치	$w_1 = 0.1,\ w_2 = 0.3$
입력 값과 목표 값	$x_1 = 0,\ x_2 = 0,\ t = 0$
① 입력 데이터의 합성함수 값	$y = w_1x_1 + w_2x_2 - 0.5 = 0.1\times0 + 0.3\times0 - 0.5 = -0.5$
② 활성화함수를 통한 출력값	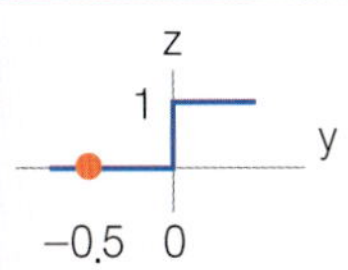 $z = 0$
③ 오차	$t - z = 0 - 0 = 0$
④ 가중치 조정	$w'_1 = w_1 + \eta\,(t-z)\,x_1 = 0.1 + 0.2\times0\times0 = 0.1$ $w'_2 = w_2 + \eta\,(t-z)\,x_2 = 0.3 + 0.2\times0\times0 = 0.3$ → 가중치의 변화가 없음

표본1에 의한 가중치의 변화는 없기 때문에, 다음 과정에서 그 가중치를 그대로 사용한다.

• 표본2에 의한 가중치 변환

가중치	$w_1 = 0.1,\ w_2 = 0.3$
입력 값과 목표 값	$x_1 = 0,\ x_2 = 1,\ t = 1$
① 입력 데이터의 합성함수 값	$y = w_1x_1 + w_2x_2 - 0.5 = 0.1 \times 0 + 0.3 \times 1 - 0.5 = -0.2$
② 활성화함수를 통한 출력값	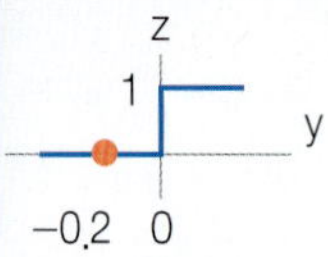 $z = 0$
③ 오차	$t - z = 1 - 0 = 1$
④ 가중치 조정	$w'_1 = w_1 + \eta\,(t-z)\,x_1 = 0.1 + 0.2 \times 1 \times 0 = 0.1$ $w'_2 = w_2 + \eta\,(t-z)\,x_2 = 0.3 + 0.2 \times 1 \times 1 = 0.5$ →가중치 변화가 있음

표본2에 의해 가중치가 0.1과 0.5로 변했기 때문에 다음 과정에는 변한된 가중치를 사용한다.

앞의 과정을 반복한 결과, 3 epoch에서 네 개의 표본은 모두 가중치의 변화가 없게 되어 학습은 종료된다.

• 3번의 반복(3 epoch)과정을 통한 가중치 변화

epoch	표본	가중치		입력		목표	합성함수	활성화함수	오차	가중치 수정	
		ω_1	ω_2	x_1	x_2	t	y	z	$t-z$	ω_1'	ω_2'
1	1	0.1	0.3	0	0	0	-0.5	0	0	0.1	0.3
	2	0.1	0.3	0	1	1	-0.2	0	1	0.1	0.5
	3	0.1	0.5	1	0	1	-0.4	0	1	0.3	0.3
	4	0.3	0.3	1	1	1	0.1	1	0	0.3	0.3
2	1	0.3	0.3	0	0	0	-0.5	0	0	0.3	0.3
	2	0.3	0.3	0	1	1	-0.2	0	1	0.3	0.5
	3	0.3	0.5	1	0	1	-0.2	0	1	0.5	0.5
	4	0.5	0.5	1	1	1	0.5	1	0	0.5	0.5
3	1	0.5	0.5	0	0	0	-0.5	0	0	0.5	0.5
	2	0.5	0.5	0	1	1	0	1	0	0.5	0.5
	3	0.5	0.5	1	0	1	0	1	0	0.5	0.5
	4	0.5	0.5	1	1	1	0.5	1	0	0.5	0.5

학습된 모형의 최종 조정된 가중치는 $w_1 = 0.5$, $w_2 = 0.5$이며, 학습모형은 다음과 같다.

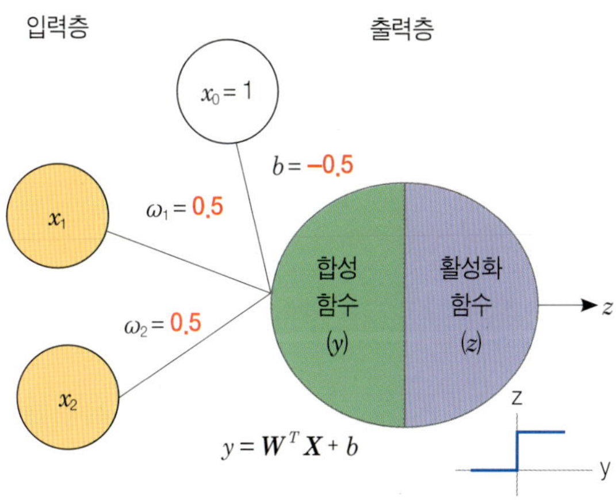

9.4 파이썬 기반 분석

9.3절의 OR 연산에 대한 학습 및 테스트 과정은 다음과 같다. 퍼셉트론 관련 파이썬 패키지를 설정하고, OR 연산에 사용할 데이터를 작성한다. 탐색적 데이터 분석의 간단한 예로 산포도를 그려서 분류 가능한 현상을 파악해본다. 퍼셉트론 모형화 및 학습 후에, 테스트 데이터를 분류해보자.

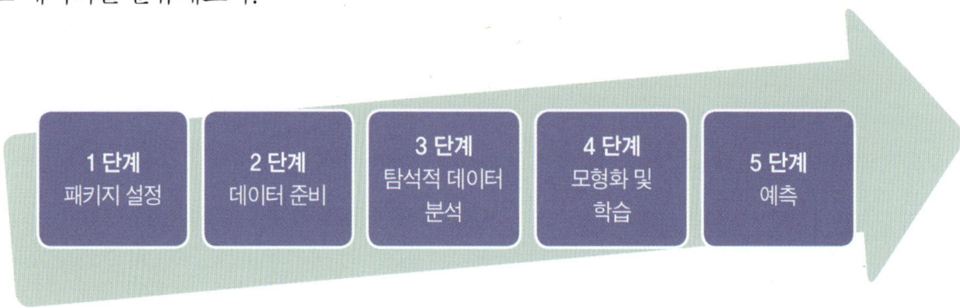

(1) 패키지 설정

퍼셉트론 학습을 위해 sklearn.linear_model 패키지에서 제공하는 Perceptron 모듈을 사용한다.

```
from sklearn.linear_model import Perceptron
import numpy as np
import matplotlib.pyplot as plt
```

(2) 데이터 준비

OR 연산의 입력(X)과 목표치(y) 배열을 작성한다.

```
# 데이터 작성 (OR 연산)
# 입력 값
X = np.array([[0, 0], [0, 1], [1, 0], [1, 1]])
# 목표 값
y = np.array([0, 1, 1, 1])
```

(3) 탐색적 데이터 분석

두 입력 값의 (x_1, x_2) 세트를 각각 X, Y 축으로 표시하면 영역이 구분되는 것을 파악할 수 있다. 두 영역은 하나의 직선 분류자(점선)로 구분이 가능하다.

```
# 산포도
plt.scatter(X[:, 0], X[:, 1], c=y)
plt.xlabel('x1')
plt.ylabel('x2')
plt.show()
```

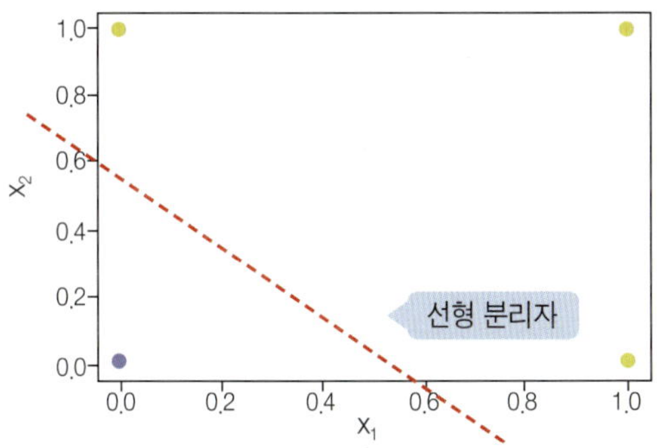

(4) 모형화 및 학습

Perceptron 객체를 만들어 모형화하고, X, y 데이터로 학습한다. 특정값을 지정하지 않으면 디폴트로 학습계수는 1이며(eta0=1), 학습종료 기준인 허용오차는 0.001(tol=0.001)이고, 최대 학습 반복수는 100(max_iter=1000)으로 설정되어 있다. 이전 단계 epoch의 평균 비용과 현재 epoch의 평균 비용과의 차이가 허용오차보다 작으면 학습을 종료한다. 퍼셉트론에서의 비용은 출력 값과 목표 값 간의 차이를 말한다. 다음과 같이 verbose=1을 설정하면 학습 과정을 볼 수 있다. 7회 학습(Epoch 7)으로 종료한 결과가 나타난다.

```
# 학습 모형
model = Perceptron(verbose=1)
# 학습
model.fit(X, y)
```

```
-- Epoch 1
Norm: 1.41, NNZs: 2, Bias: 0.000000, T: 4, Avg. loss: 0.250000
Total training time: 0.00 seconds.
-- Epoch 2
Norm: 2.24, NNZs: 2, Bias: 0.000000, T: 8, Avg. loss: 0.000000
Total training time: 0.00 seconds.
-- Epoch 3
Norm: 2.24, NNZs: 2, Bias: -1.000000, T: 12, Avg. loss: 0.000000
Total training time: 0.00 seconds.
-- Epoch 4
Norm: 2.83, NNZs: 2, Bias: 0.000000, T: 16, Avg. loss: 0.000000
Total training time: 0.00 seconds.
-- Epoch 5
Norm: 2.83, NNZs: 2, Bias: -1.000000, T: 20, Avg. loss: 0.000000
Total training time: 0.01 seconds.
-- Epoch 6
Norm: 2.83, NNZs: 2, Bias: -1.000000, T: 24, Avg. loss: 0.000000
Total training time: 0.01 seconds.
-- Epoch 7
Norm: 2.83, NNZs: 2, Bias: -1.000000, T: 28, Avg. loss: 0.000000
Total training time: 0.01 seconds.
Convergence after 7 epochs took 0.01 seconds
Perceptron(verbose=1)
```

편향 Bias(b)는 -1, 가중치 업데이터 수(T)는 epoch(7) X 샘플 수(4)로 총 28회, 평균 손실은 0

학습결과인 가중치(w_1, w_2)와 편향(b), 학습 수(epoch)를 출력하면, w_1, w_2는 각각 2, 2이며, b는 −1이고 epoch는 7임을 알 수 있다.

```
# 가중치
print(model.coef_)
# 편향
print(model.intercept_)
# 학습 수(epoch)
print(model.n_iter_)
```

```
[[2. 2.]]
[-1.]
7
```

산포도에 분류선으로 구분해보면 학습결과를 볼 수 있다. 분류선은 합성함수 값이 0이 되는 기준선으로

$$x_2 = \frac{w_1}{w_2} x_1 - \frac{b}{w_2}$$

$$\therefore x_2 = -\frac{2}{2} x_1 - \frac{-2}{2} = -x_1 + \frac{1}{2}$$

과 같다.

```
# 산포도
plt.scatter(X[:, 0],  X[:, 1], c=y)
plt.xlabel('x1')
plt.ylabel('x2')

# 파라미터
w1 = model.coef_[0,0]
w2 = model.coef_[0,1]
b = model.intercept_

# x 절편
x_intercept = - b/w1
# y 절편
y_intercept = - b/w2
# 선형 분류자 추가
plt.plot([0, y_intercept],  [x_intercept, 0], c='red')
plt.show()
```

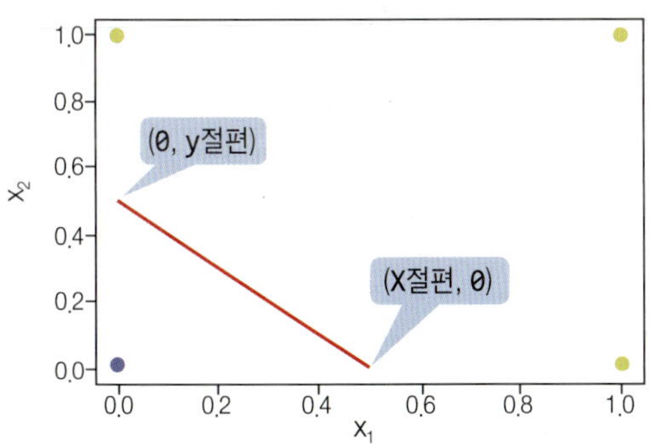

(5) 예측

학습용 데이터의 4가지 표본에 대해 테스트해보면 모두 잘 분류되는 것을 볼 수 있다.

```
# 테스트 입력 데이터
X_test = X
# 예측
pred = model.predict(X_test)
print(pred)
```

```
[0 1 1 1]
```

9.5 응용: 붓꽃의 분류

퍼셉트론으로 다중 분류에 적용해 보자. 붓꽃 데이터 세트(2장 참조)는 4개의 입력 데이터꽃잎의 길이(petal length)와 너비(petal width), 꽃받침의 길이(sepal length)와 너비(sepal width))에 따른 3가지 종(**setosa, versicolor, virginica**)이 분류되어 있다.

setosa versicolor virginica

붓꽃의 종

붓꽃 종의 분류를 위한 다중 분류 모형은 4개의 입력 노드와 1개의 출력 노드로 구성된다.

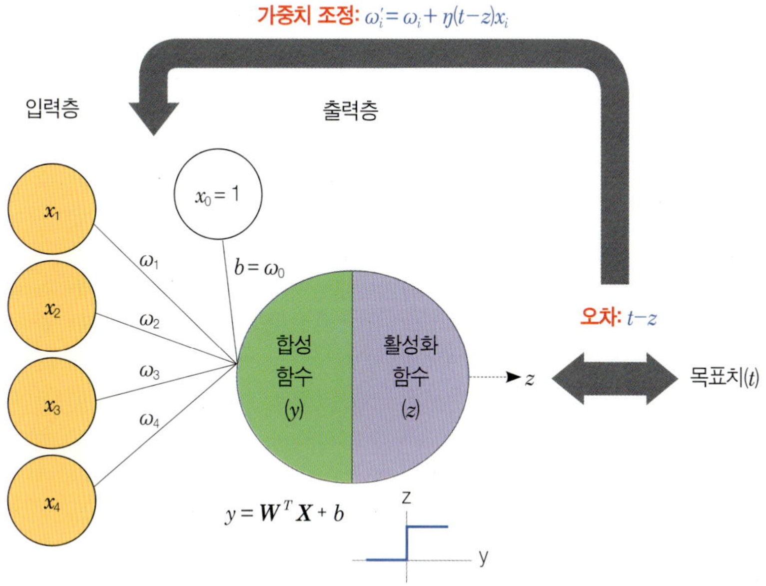

분석절차는 다음과 같다. 먼저 패키지를 설정하고 iris 데이터 세트를 불러온다. 다음은 탐색적 데이터 분석 후에 데이터를 학습용과 테스트용으로 분리한다. 피처 스케일링으로 표준화하고 퍼셉트론 모형화 및 학습 후에 테스트 데이터로 예측한다.

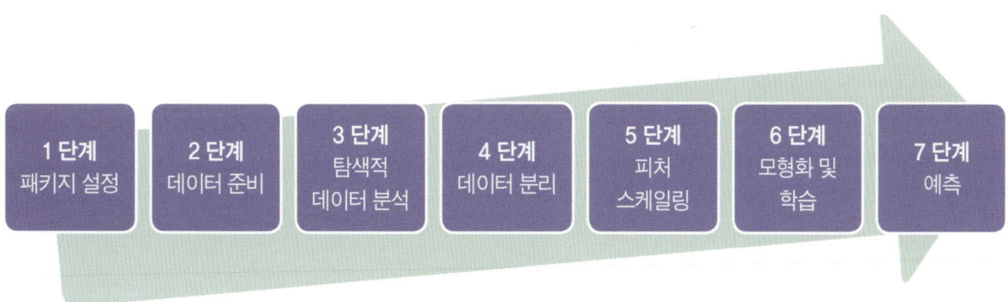

(1) 패키지 설정

sklearn 패키지의 iris 데이터 세트를 사용하기 위해 datasets 모듈을 불러오고, 학습용과 테스트용으로 분리하기 위해 train_test_split 모듈을 설정한다. 표준화를 위해서는

StandardScaler 모듈을 설정한다. 퍼셉트론 학습을 위해 Perceptron 모듈을 설정하고, 정확도 평가를 위해 accuracy_score 모듈을 설정한다. sns 패키지는 matplotlib를 기반으로 하며 다양한 그래프와 색상으로 고급 시각화 기능을 제공한다.

```
from sklearn import datasets
from sklearn.preprocessing import StandardScaler
from sklearn.linear_model import Perceptron
from sklearn.model_selection import train_test_split
from sklearn.metrics import accuracy_score
import numpy as np
import matplotlib.pyplot as plt
import pandas as pd
import seaborn as sns
```

(2) 데이터 준비

iris 데이터 세트를 불러와서, 입력 변수인 특성(feature) 이름과 목표값인 target에 분류되어 있는 종을 보면 다음과 같다.

```
# iris 데이터 세트 로딩
iris = datasets.load_iris()
# iris 입력 속성
print(iris.feature_names)
# iris 목표 값
print(iris.target_names)
```

feature 이름

```
['sepal length (cm)', 'sepal width (cm)', 'petal length (cm)', 'petal width (cm)']
['setosa' 'versicolor' 'virginica']
```

target

데이터 부분은 4가지 특성의 순서에 따라 150개 리스트로 되어 있으며, 목표 데이터는 0('setosa'), 1('versicolor'), 2('virginica')로 구분되어 있다. 데이터를 출력하면 다음과 같다. 입력 데이터는 10행까지만 출력한 결과이다.

```
# iris 입력 데이터 세트
X = iris.data
# iris 목표 데이터 세트
y = iris.target
# 입렫 데이터: 1~10행
print(X[:10])
# 목표 데이터
print(y)
```

```
[[5.1 3.5 1.4 0.2]
 [4.9 3.  1.4 0.2]
 [4.7 3.2 1.3 0.2]
 [4.6 3.1 1.5 0.2]
 [5.  3.6 1.4 0.2]
 [5.4 3.9 1.7 0.4]
 [4.6 3.4 1.4 0.3]
 [5.  3.4 1.5 0.2]
 [4.4 2.9 1.4 0.2]
 [4.9 3.1 1.5 0.1]]
[0 0 0 0 0 0 0 0 0 0 0 0 0 0 0 0 0 0 0 0 0 0 0 0 0 0 0 0 0 0 0 0 0 0 0 0 0
 0 0 0 0 0 0 0 0 0 0 0 0 0 1 1 1 1 1 1 1 1 1 1 1 1 1 1 1 1 1 1 1 1 1 1 1 1
 1 1 1 1 1 1 1 1 1 1 1 1 1 1 1 1 1 1 1 1 1 1 1 1 1 1 2 2 2 2 2 2 2 2 2 2 2
 2 2 2 2 2 2 2 2 2 2 2 2 2 2 2 2 2 2 2 2 2 2 2 2 2 2 2 2 2 2 2 2 2 2 2 2 2
 2 2]
```

(3) 탐색적 데이터 분석

4가지 특성별 분포를 박스플롯으로 보면, 꽃잎의 길이는 넓은 분포를 보이고 있으며 꽃받침은 분포가 좁고 이탈값도 나타난다. 한편 중앙값은 꽃받침 길이, 꽃잎 길이, 꽃받침 너비, 꽃잎 너비 순이다.

```
# 그래프 가로, 세로 크기(inch)
plt.figure(figsize=(8, 4))
# Feature 별 박스폴롯
plt.boxplot([X[:,0], X[:,1], X[:,2], X[:,3]],
labels=iris.feature_names)
plt.title('Iris')
plt.xlabel('Features')
plt.ylabel('Length or Width (cm)')
plt.show()
```

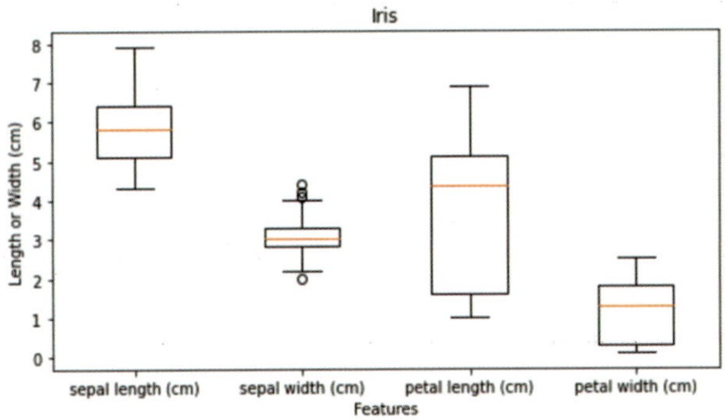

특성별 산포도로 종들의 전반적인 분포를 살펴본다. pairplot() 함수는 두 변수간 종별 분포와 산포도를 볼 수 있다.

```
# 입력 데이터의 데이터 프레임 변환
X_df = pd.DataFrame(X)
# 특성 이름을 열 이름으로 대체
X_df.columns = iris.feature_names
# species를 열이름으로 하는 y 데이터 추가
X_df['species'] = y
print(X_df)
```

pairplot()함수를 사용하기 위해 데이터 프레임으로 변환한다.

```
# 변수 간 산포도
sns.pairplot(X_df, hue="species", height = 2)
```

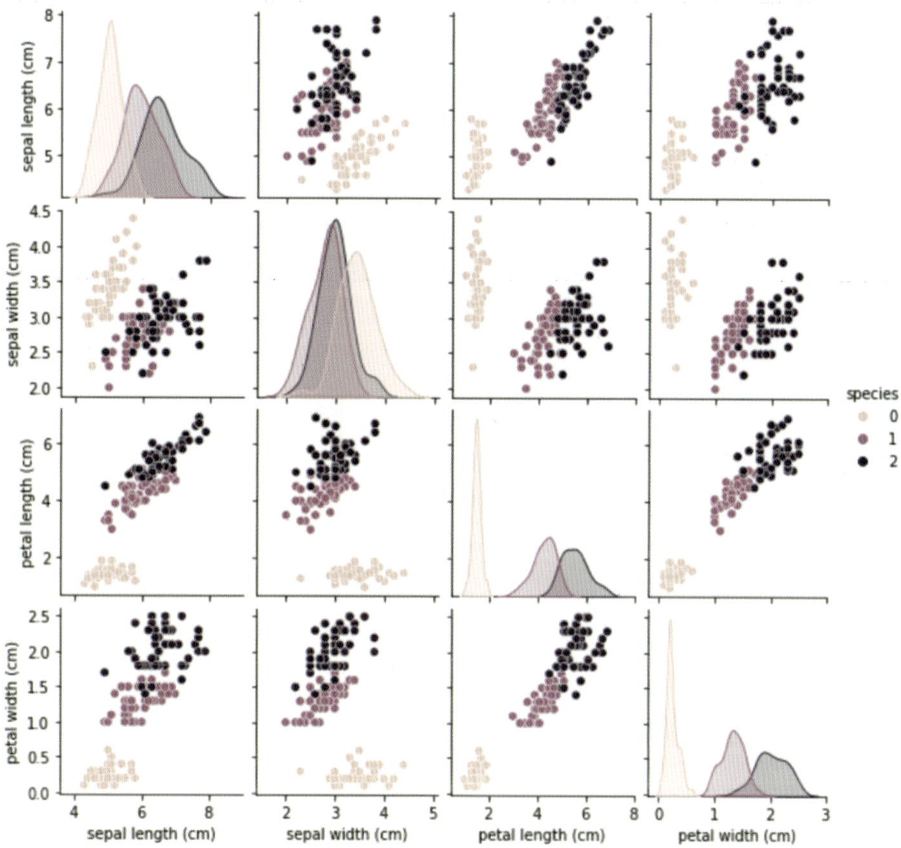

(4) 데이터 분리

학습용과 테스트용을 7:3으로 분리하기로 한다.

```
# 학습용과 데이터 분리(7:3)
X_train, X_test, y_train, y_test = train_test_split(X, y, test_size=0.3)
```

(5) 피처 스케일링

학습용 데이터의 표준화 스케일러로 학습용과 테스트용 데이터를 표준화한다.

```
# 표준화 스케일러 생성
scalerX = StandardScaler()
# 표준화 스케일러를 학습용 데이터에 맞춤
scalerX.fit(X_train)
# 표준화 스케일러로 학습용 데이터를 변환
X_train_std = scalerX.transform(X_train)
# 표준화 스케일러로 테스트용 데이터를 변환
X_test_std = scalerX.transform(X_test)
```

sklearn의 Perceptron 모듈은 이진 분류만 가능한데, 다중 클래스(multiclass) 분류를 위해 One–vs.–Rest (OvR) 방법을 사용한다. 이중 분류로 나누어 다중 분류하는 방법은 One–vs.–Rest (OvR)과 One–vs.–One (OvO) 방법이 있다. OvR은 setosa와 {versicolor, virginica}를 0과 1로, versicolor와 {setosa, virginica}를 0과 1로, virginica와 {versicolor, setosa}를 0과 1로 하는 3개의 이진 분류 모형을 만들어 3가지 클래스를 분류하게 된다. 한편, OvO는 setosa와 versicolor, setosa와 virginica, versicolor와 virginica에 대한 3개의 이진 분류 모형으로 분류하는 방법이다.

(6) 모형화 및 학습

Perceptron 객체를 만들어 모형화하고, X_train_std와 y_train 데이터로 학습한다. verbose=1을 설정하면, 3번의 이진 분류별 학습 과정을 볼수 있다.

```
# 퍼셉트론 모형 생성
model = Perceptron(verbose=1)
# 학습
model.fit(X_train_std, y_train)
```

```
-- Epoch 1
Norm: 2.55, NNZs: 4, Bias: -1.000000, T: 105, Avg. loss: 0.012274
Total training time: 0.00 seconds.
-- Epoch 2
Norm: 2.55, NNZs: 4, Bias: -1.000000, T: 210, Avg. loss: 0.000000
Total training time: 0.00 seconds.
-- Epoch 3
Norm: 2.55, NNZs: 4, Bias: -1.000000, T: 315, Avg. loss: 0.000000
Total training time: 0.00 seconds.

Total training time: 0.02 seconds.
-- Epoch 12
Norm: 6.85, NNZs: 4, Bias: -5.000000, T: 1260, Avg. loss: 0.000000
Total training time: 0.02 seconds.
-- Epoch 13
Norm: 6.85, NNZs: 4, Bias: -5.000000, T: 1365, Avg. loss: 0.000000
Total training time: 0.02 seconds.
Convergence after 13 epochs took 0.02 seconds
[Parallel(n_jobs=1)]: Using backend SequentialBackend with 1 concurrent work
[Parallel(n_jobs=1)]: Done   3 out of   3 | elapsed:    0.0s finished
Perceptron(verbose=1)
```

학습결과는 3가지 2진 분류별로 가중치(w_1, w_2, w_3, w_4)와 편향(b) 결과를 볼 수 있다.

```
# 가중치
print(model.coef_)
# 편향
print(model.intercept_)
```

```
[[-0.74561557  1.23305319 -1.6341366  -1.32959007]
 [-1.7324935  -3.0179147   3.28469669 -1.7213215 ]
 [-1.67734782 -0.51093364  3.61316636  5.54421195]]
[-1. -2. -5.]
```

이진분류 1의 가중치

이진분류 1의 편향

(7) 예측

학습된 모형으로 테스트 데이터를 예측한다. 예측 값과 실제 값을 출력하면 어느 정도 유사한 결과를 볼 수 있다.

```
# 테스트 데이터에 대한 분류
y_pred = model.predict(X_test_std)
```

```
# 예측 값
print(y_pred)
# 실제 값
print(y_test)
```

```
[1 0 2 0 0 0 2 0 2 0 1 2 1 0 0 1 2 2 2 0 2 1 2 1 2 0 0 0 0 2 1 2 2 0 0 0 0
 1 2 2 1 2 0 1 0]
[1 0 1 0 0 0 1 1 2 0 1 2 1 0 0 1 2 2 2 1 2 1 2 1 2 0 0 0 0 2 1 2 2 0 0 0 1
 1 2 2 1 1 0 2 0]
```

150개의 30%에 해당하는 45개의 테스트 데이터를 예측한 결과, 정확도는 84%이며 단층 퍼셉트론으로도 어느 정도 분류가 잘 되는 것을 볼 수 있다.

```
# 정확도
print('Accuracy: %.2f' % accuracy_score(y_test, y_pred))
```

```
Accuracy: 0.84
```

요약

인공신경망 개요: 인공신경망은 머신러닝 분야에서 연구되는 학습 알고리즘의 하나이며, 인간의 뇌 구조를 모방하여 만들어졌다. 데이터 학습을 통해 분류와 회귀 등에 응용된다.

퍼셉트론 개요: Warren McCulloch과 Walter Pitts는 1943년에 신경망의 컴퓨팅 모델에 관한 논문을 발표하였고, 1949년에는 심리학자 Donald Hebb는 경험에 의해 두뇌가 변화되는 능력인 신경가소성(Neuroplasticity)의 원리에 근거한 최초의 헤비안 학습 모형을 고안하였다. 1958년에는 Frank Rosenblatt가 헤비안 학습법을 적용하기 위해 퍼셉트론(perceptron)을 제안하였으며, 1960년에 Widraw와 Hoff가 단층 퍼셉트론에 널리 사용되는 델타 학습 규칙을 발표하였다.

퍼셉트론 모형: 입력층과 출력층으로 구성되며, 출력층의 노드는 합성함수로 입력 값들을 가중 평균하고 활성화 함수로 변환하여 출력한다. 목표값과 츨력값의 오차에 비례하여 가중치들이 변하게 된다.

퍼셉트론 기반 분석 절차: 각 데이터 샘플별로 목표값과 출력값의 차이가 있으면 가중치를 업데이타트한다. 한 epoch내에서 가중치의 변화가 없으면 학습을 종료하고, 테스트 데이터로 예측한다.

파이썬 기반 분석: sklearn 패키지의 Perceptron 모듈을 이용하여 모형화, 학습, 예측 과정으로 분석한다.

연습문제

1. AND 연산의 학습을 위해 편향과 학습률이 b= 0.5, η = 0.2일 때, 가중치 변화가 없을 때까지의 과정을 계산하시오. 두 입력 노드의 초기 가중치는 $w_1 = 0.1$, $w_2 = 0.3$로 한다.

epoch	샘플	가중치		입력		목표	합성함수	활성화함수	오차	가중치 수정	
		ω_1	ω_2	x_1	x_2	t	y	z	$t-z$	ω_1'	ω_2'
1	1	0.1	0.3								
	2										
	3										
	4										
2	1										
	2										
	3										
	4										

2. OR 연산의 학습을 위해 편향과 학습률이 η = 0.2일 때, 1 epoch 과정에서 가중치와 편향의 변화를 계산하시오. 두 입력 노드의 초기 가중치는 $w_1 = 0.1$, $w_2 = 0.3$, 편향은 $b(w_0)$=0.5로 한다.

1 epoch

샘플	가중치			입력		목표	합성 함수	활성화 함수	오차	가중치 수정		
	ω_0	ω_1	ω_2	x_1	x_2	t	y	z	$t-z$	ω_0'	ω_1'	ω_2'
1	0.5	0.1	0.3	0	0	0						
2				0	1	1						
3				1	0	1						
4				1	1	1						

AND / XOR 연산의 분류문제

응용 문제1

1. sklearn의 Perceptron 모듈을 이용한 AND 연산 학습 과정에 관한 다음 물음에 답하시오.

   (1) 학습결과의 가중치를 확인하시오.
   (2) 산포도에 선형 분류자를 추가하고 확인하시오.
   (3) 학습 후에, AND 연산의 4가지 표본에 대한 예측 및 정확도를 평가하시오.

2. sklearn의 Perceptron 모듈에 의한 단층 퍼셉트론으로 XOR 연산의 4개 표본에 대해 학습하고, 학습모형으로 정확도를 평가해보시오. 분류가 가능한지 확인해 보시오.

응용 문제2 이진 분류

다음 20개 샘플들의 입력 값(x_1, x_2)으로 목표 값(t)을 분류하는 퍼셉트론 모형을 만들려고 한다. 학습된 퍼셉트론 모형의 선형 분류자를 산포도에 표시하시오. 그리고 예측 정확도를 평가하시오. 단, 학습용과 테스트용 데이터는 7:3으로 분리하시오.

샘플	x_1	x_2	t
1	20	10	0
2	25	12	0
3	30	15	0
4	32	12	0
5	28	20	0
6	22	13	0
7	28	13	0
8	24	16	0
9	33	16	0
10	34	10	0
11	7	20	1
12	9	22	1
13	13	23	1
14	10	22	1
15	9	18	1
16	8	13	1
17	9	15	1
18	11	17	1
19	11	20	1
20	5	20	1

MEMO

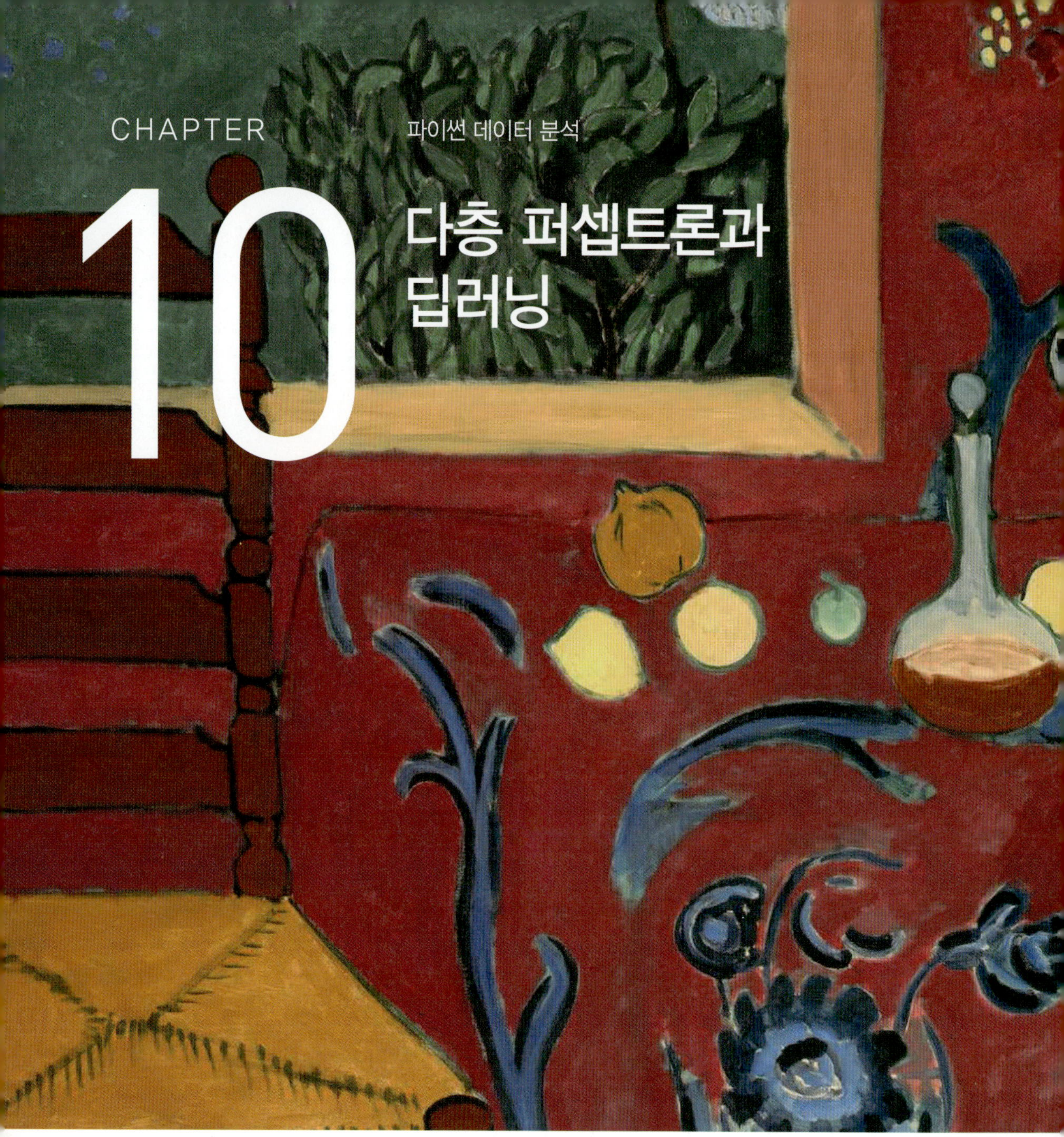

CHAPTER 10

파이썬 데이터 분석

다층 퍼셉트론과 딥러닝

학습목표

다층 퍼셉트론과 딥러닝의 이해

학습내용

다층 퍼셉트론의 원리 이해
다층 퍼셉트론의 활용: 분류문제
다층 퍼셉트론의 활용: 회귀문제

앙리 마티스 – 붉은 방 빨강의 조화 (1908)

10.1 딥러닝 개요

단층 퍼셉트론(single layer perceptron)은 한 개의 선형 구분자로 AND와 OR 연산은 가능하지만, XOR 연산은 해결할 수 없었다. 이 문제를 해결하기 위해 1974년도에 당시 하버드 대학원생이었던 Paul Werbos가 다층 퍼셉트론(MLP: multilayer perceptron) 구조와 역전파 알고리즘을 제시하였고, 1986년에는 David Rumelhart, Geoffrey Hinton, Ronald Williams가 역전파 알고리즘을 이용한 다층 퍼셉트론 학습에 성공하여 새로운 가능성을 열었다[23~26]. 다층 퍼센트론은 이웃 층 간의 노드들이 모두 연결되고(fully-connected network) 정보가 입력층에서 출력층의 한 방향으로 흐르는 순방향 네트워크(feed-forward network)로서, 학습은 다음 과정으로 이루어진다. 먼저 입력층에서 출력층으로 진행하는 순전파 과정을 통해 출력값을 계산하고, 출력의 오차를 줄이기 위해 출력층에서 입력층으로 가는 역전파 과정에서 미분의 연쇄 규칙을 적용하여 가중치를 조정한다.

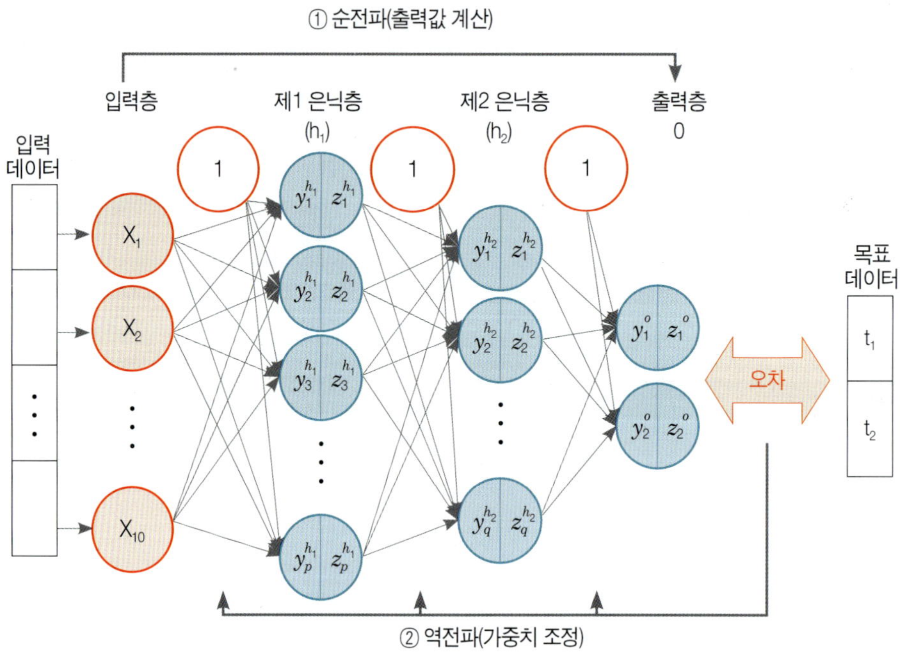

최근 딥러닝의 출현에 따라 인공지능에 대한 관심이 고조되고 있다. 딥러닝은 인공신경망에서 입력층과 출력층 사이에 은닉층이 여러 개로 구성되는 심층신경망(DNN: Deep Neural Network) 구조로 학습하는 것을 말한다.

'딥러닝' 용어는 1986년에 Rina Dechter에 의해 머신러닝 학회에서 소개되었다. 1965년에 Alexey Ivakhnenko는 최초의 일반적인 지도학습의 딥러닝 알고리즘을 발표하였고, 1971 년에는 8 개의 은닉층이 있는 딥 네트워크로 데이터 처리를 위한 학습을 발표하였다. 1989 년 Yann LeCun과 그의 동료들은 역전파 알고리즘을 이용해서 손으로 쓰여진 우편번호를 인식하기 위해 심층신경망을 적용했는데, 그 당시 컴퓨팅 환경으로는 신경망 학습에 3일이 소요되어 현실적인 사용에 문제가 있었다. 2006년에는 Geoff Hinton 등이 여러 층의 네트워크가 한번에 한 층씩 어떻게 효과적으로 사전 훈련이 되는지 보였다. 2010년경에는 산업계에서 대규모의 음성 인식 분야에 딥러닝을 적용하기 시작했다. 한편, 하드웨어의 발전은 딥러닝 분야의 새로운 관심을 가져 오게 되었다. Nvidia 기업의 GPU(graphics processing units)는 기존의 딥러닝을 100배 더 빠르게 처리하면서 실행 시간을 단축할 수 있게 되었다[27].

딥러닝은 2016년 바둑게임에서 알파고가 이세돌을 4:1로 이기면서 사회적으로 큰 이슈가 되었다. 딥러닝의 인공신경망 모형으로는 합성곱 신경망(CNN, convolutional neural network), 순환 신경망(RNN, recursive neural network)이 대표적이다. CNN은 이미지 인식, RNN은 자연어 처리 등에 응용되고 있다. ImageNet(www.image-net.org)이 2010년부터 시작한 이미지 인식대회인 ILSVRC(ImageNet Large Scale Visual Recognition)에서, 2012년도에는 Geoffrey Hinton의 딥러닝 기반 AlexNet(오차 16%)이 우승하였다. 이후 2015년에는 인간의 이미지 인식 오차(5%)보다 낮은 ResNet(오차 3.6%), 2016년 GoogleNet-v4(오차 3%), 2017년 SENet(2.3%)으로 계속 발전하였다.

이제 10.2절에서는 다층 퍼셉트론 구조가 XOR 연산이 가능한지 살펴보자. 10.3절에서는 다층 퍼셉트로의 기본 원리인 순전파와 역전파 과정을 살펴보기로 한다. 10.4절에서는 sklearn 패키지에서 제공하는 MLPClassifier와 MLPRegressor 모듈을 이용해서, 다층 퍼셉트론의 분류모형과 회귀모형으로 학습과 예측하는 과정을 살펴보자. 나아가 11장, 12장,

13장에서는 복잡한 딥러닝 모형을 살펴보기로 한다.

10.2 다층 퍼셉트론과 XOR 예시

다음은 배타적 논리합(XOR)의 진리표이다. X_1-X_2 평면에 표시하면 서로 다른 두 그룹을 구분하기 위해서는 논리적으로 선형 분류자 2개가 필요하게 된다.

XOR 진리표

표본	x_1	x_2	x_1 XOR x_2
1	0	0	0
2	1	0	1
3	0	1	1
4	1	1	0

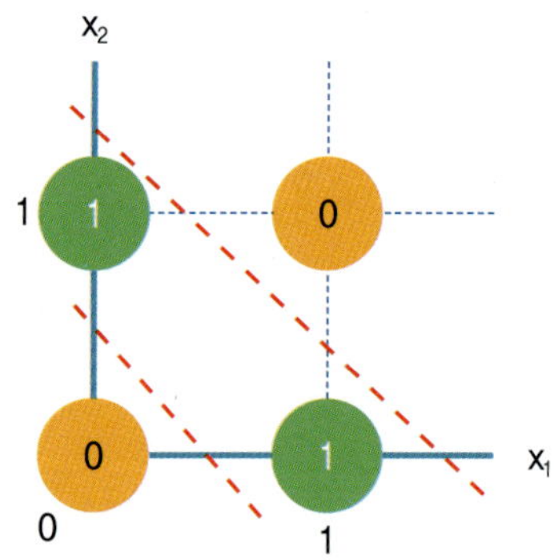

XOR은 OR, NAND, AND 연산을 단계적으로 이용하면 된다. NAND(negative−AND)는 모든 입력이 참일 때만 거짓을 출력하는 연산이다. 다음 표에서와 같이 (x_1 OR x_2) AND (x_1 NAND x_2)는 x_1 XOR x_2와 같은 결과이다.

OR, NAND, AND를 이용한 XOR 연산

표본	x_1	x_2	z_1 (= x_1 OR x_2)	z_2 (= x_1 NAND x_2)	z_1 AND z_2 (= x_1 XOR x_2)
1	0	0	0	1	0
2	1	0	1	1	1
3	0	1	1	1	1
4	1	1	1	0	0

즉, XOR 연산은 OR, NAND, AND 단층퍼셉트론들의 학습모형을 연결한 것과 같다. 이 구조는 입력층과 출력층 사이에 2개 노드가 있는 은닉층을 추가하면 가능하다. 이 경우, 은닉층의 첫 번째 노드는 $z_1^h = x_1\ OR\ x_2$, 두 번째 노드는 $z_2^h = x_1\ NAND\ x_2$ 역할을 하고, 그 결과들을 출력층에서 $z_1^h\ AND\ z_2^h$ 로 처리하면 x_1 XOR x_2과 같게 된다.

가중치가 정해진 학습된 모형을 가정하자. 이 경우 입력값에 대해 XOR 연산이 가능한지 보자. 활성화함수는 해비사이드 계단 함수로 한다.

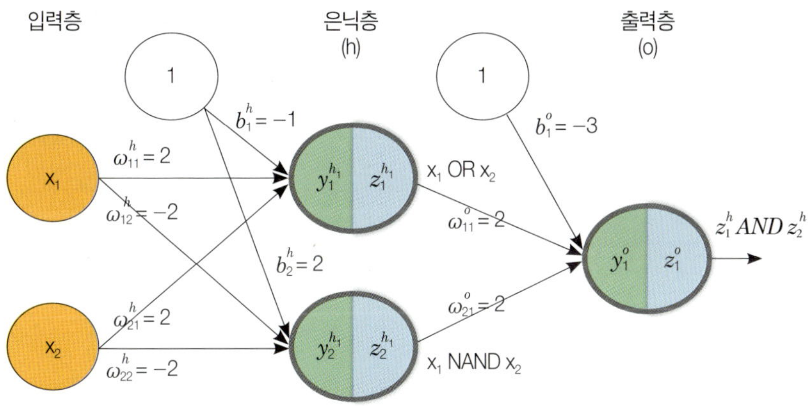

XOR 진리표의 표본1에 대한 출력 과정은 다음과 같다. 출력층의 계산된 값(z_1^o)은 0으로, 표본1의 목표값과 같은 결과임을 알 수 있다.

• **표본1: x_1=0, x_2 = 0 (목표값 = 0)**

노드	합성함수 값	활성화함수 값
은닉층의 노드 1	$y_1^h = \omega_{11}^h x_1 + \omega_{21}^h x_2 + b_1^h$ $= 2 \times 0 + 2 \times 0 - 1$ $= -1$	$z_1^h = 0$
은닉층의 노드 2	$y_2^h = \omega_{12}^h x_1 + \omega_{22}^h x_2 + b_2^h$ $= -2 \times 0 - 2 \times 0 + 2$ $= 2$	$z_2^h = 1$
출력층 노드	$y_1^o = \omega_{11}^o x_1 + \omega_{21}^o x_2 + b_1^o$ $= 2 \times 0 + 2 \times 1 - 3$ $= -1$	$z_1^o = 0$

같은 방법으로 계산하면 표본2의 출력 값은 1, 표본3의 출력 값은 1, 표본4의 출력 값은 0으로 테스트 결과는 모두 목표 값과 일치하여 오차가 없음을 알 수 있다.

표본에 대한 테스트 결과

표본	입력층 노드		은닉층				출력층 노드		목표값
			노드 1		노드 2				
	x_1	x_2	합성함수 값	활성화함수 값	합성함수 값	활성화함수 값	합성함수 값	활성화함수 값	$t = (x_1 \text{ XOR } x_2)$
1	0	0	−1	0	2	1	−1	0	0
2	0	1	1	1	0	1	1	1	1
3	1	0	1	1	0	1	1	1	1
4	1	1	3	1	−2	0	−1	0	0

10.3 역전파 기본 원리

(1) 예시 모형

순전파와 역전파 과정의 간단한 예시를 위해 모형을 다음과 같이 생각해보자. 입력층-은닉층-출력층의 노드 수는 각각 3-2-2이다. 예시의 편의를 위해 1개 표본에 대한 출력 결과로 가중치를 조정하는 과정을 보기로 한다.

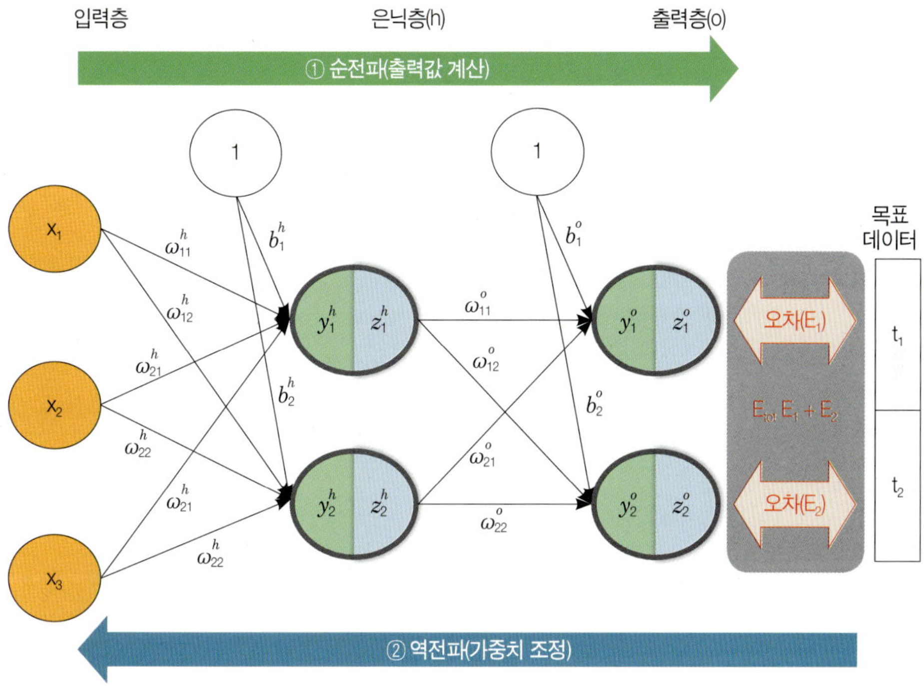

학습은 순전파와 역전파 과정으로 일어난다. 순전파는 입력층에서 출력층으로 가면서 출력값을 만드는 과정을 말한다. 한편, 역전파는 출력값과 목표값 사이의 오차를 줄이기 위해 출력층에서 입력층으로 가면서 단계적으로 가중치를 조정하는 과정을 말한다. 역전파 과정에서는 미분이 가능하며 미분계수가 0이 아닌 활성화함수를 사용해야하기 때문에 해비사이드 계단함수 대신 이와 유사한 시그모이드(sigmoid) 함수를 적용한다. 시그모이드 함수는 다음 그래프와 같이 연속적인 값을 가지며, y=0에서 0.5가 된다. y는 각 노드에서의 합성함수값이다.

$$z = f(y) = \frac{1}{1+e^{-y}} \quad ①$$

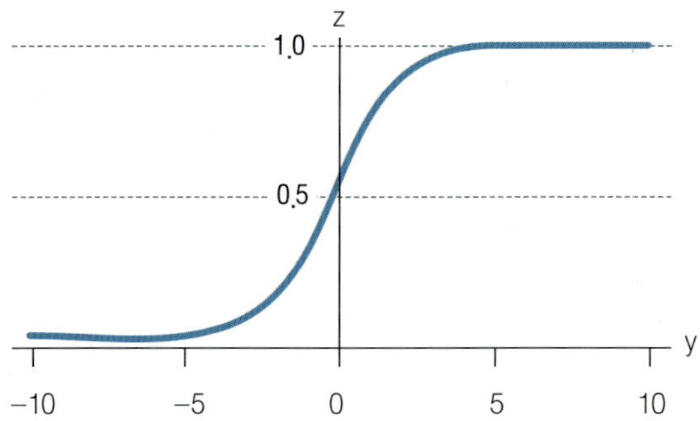

한편, 시그모이드 함수의 도함수는 다음과 같다.

$$f(y)' = f(y)\{1 - f(y)\} = \frac{1}{1+e^{-y}}\ (1 - \frac{1}{1+e^{-y}})\quad ②$$

학습 모형의 출력노드(j)의 출력값(z_j^o)과 목표값(t_j) 사이의 오차를 측정하는 비용함수는 평균제곱오차(MSE:mean squared error)로 하자. 다음은 학습용 데이터 세트의 1개 표본에 대한 MSE를 나타낸 식이다.

$$MSE = \frac{1}{m}\sum_{j=1}^{m}(t_j - z_j^o)^2$$

예시 모형의 출력노드의 수(m)는 2개이기 때문에 MES를 적용한 총 오차의 크기는 다음과 같다.

$$E_{tot} = \frac{1}{2}\sum_{j=1}^{2}(t_j - z_j^o)^2$$

학습은 총 오차의 크기가 임계치(threshold)보다 작을 때 종료하기로 한다. 임계치는 0.1로 설정하자.

(2) 순전파

은닉층과 출력층에서의 합성함수는 행렬로 간단히 모형화할 수 있다. $\boldsymbol{X}$는 입력값의 행렬, $\boldsymbol{W}^h$는 은닉층으로 연결된 가중치 행렬, $\boldsymbol{W}^o$는 출력층으로 연결된 가중치 행렬, $\boldsymbol{B}^h$는 은닉층의 편향 행렬, $\boldsymbol{B}^o$는 출력층의 편향 행렬, $\boldsymbol{Y}^h$는 은닉층의 합성함수 값 행렬, $\boldsymbol{Y}^o$는 출력층의 합성함수 값 행렬, $\boldsymbol{Z}^h$는 은닉층의 활성화함수 값의 행렬, $\boldsymbol{Z}^o$는 출력층의 활성화함수 값의 행렬을 의미한다. $\boldsymbol{T}$는 목표값을 의미한다. 숫자는 임의로 설정한 예이다.

$$\boldsymbol{X}=\begin{bmatrix} x_1 \\ x_2 \\ x_3 \end{bmatrix}=\begin{bmatrix} 2 \\ 3 \\ 5 \end{bmatrix}$$

$$\boldsymbol{W}^h=\begin{bmatrix} \omega_{11}^h\ \omega_{12}^h \\ \omega_{21}^h\ \omega_{22}^h \\ \omega_{31}^h\ \omega_{13}^h \end{bmatrix}=\begin{bmatrix} 0.2\ 0.5 \\ 0.3\ 0.4 \\ 0.1\ 0.3 \end{bmatrix},\ \boldsymbol{W}^o=\begin{bmatrix} \omega_{11}^o\ \omega_{12}^o \\ \omega_{21}^o\ \omega_{22}^o \end{bmatrix}=\begin{bmatrix} 0.3\ 0.1 \\ 0.2\ 0.4 \end{bmatrix}$$

$$\boldsymbol{B}^h=\begin{bmatrix} b_1^h \\ b_2^h \end{bmatrix}=\begin{bmatrix} -0.1 \\ 0.3 \end{bmatrix},\ \boldsymbol{B}^o=\begin{bmatrix} b_1^o \\ b_2^o \end{bmatrix}=\begin{bmatrix} 0.2 \\ -0.2 \end{bmatrix}$$

$$\boldsymbol{Y}^h=\begin{bmatrix} y_1^h \\ y_2^h \end{bmatrix},\ \boldsymbol{Y}^o=\begin{bmatrix} y_1^o \\ y_2^o \end{bmatrix}$$

$$\boldsymbol{Z}^h=\begin{bmatrix} z_1^h \\ z_2^h \end{bmatrix},\ \boldsymbol{Z}^o=\begin{bmatrix} z_1^o \\ z_2^o \end{bmatrix}$$

$$\boldsymbol{T}=\begin{bmatrix} t_1 \\ t_2 \end{bmatrix}=\begin{bmatrix} 2 \\ 3 \end{bmatrix}$$

• 은닉층의 출력

입력값 $\boldsymbol{X}$를 이용한 은닉층의 합성함수와 활성화함수에 의한 출력값은 다음과 같다.

$$\boldsymbol{Y}^h = (\boldsymbol{W}^h)^T \boldsymbol{X}^h + \boldsymbol{B}^h = \begin{bmatrix} 0.2\ 0.3\ 0.1 \\ 0.5\ 0.4\ 0.3 \end{bmatrix} \begin{bmatrix} 2 \\ 3 \\ 5 \end{bmatrix} + \begin{bmatrix} -0.1 \\ 0.5 \end{bmatrix} = \begin{bmatrix} 1.7 \\ 4.2 \end{bmatrix}$$

$$\boldsymbol{Z}^h = \begin{bmatrix} z_1^h \\ z_2^h \end{bmatrix} = \begin{bmatrix} \dfrac{1}{1+e^{-1.7}} \\ \dfrac{1}{1+e^{-4.2}} \end{bmatrix} = \begin{bmatrix} 0.8255 \\ 0.9852 \end{bmatrix}$$

• 출력층의 출력

한편, 은닉층의 결과로부터 출력층의 합성함수와 활성화함수를 거친 출력값은 다음과 같다.

$$\boldsymbol{Y}^o = (\boldsymbol{W}^o)^T \boldsymbol{Z}^h + \boldsymbol{B}^o = \begin{bmatrix} 0.3\ 0.1 \\ 0.2\ 0.4 \end{bmatrix} \begin{bmatrix} 0.8455 \\ 0.9852 \end{bmatrix} + \begin{bmatrix} 0.2 \\ -0.2 \end{bmatrix} = \begin{bmatrix} 0.5522 \\ 0.3632 \end{bmatrix}$$

$$\boldsymbol{Z}^o = \begin{bmatrix} z_1^o \\ z_2^o \end{bmatrix} = \begin{bmatrix} \dfrac{1}{1+e^{-0.5522}} \\ \dfrac{1}{1+e^{-0.3632}} \end{bmatrix} = \begin{bmatrix} 0.6346 \\ 0.5898 \end{bmatrix}$$

• 총 오차

2개 출력 노드의 총 오차를 계산하면, 총 오차는 임계치(0.1)보다 크기 때문에 역전파 과정을 통해 가중치를 조정하게 된다.

$$\begin{aligned} E_{\text{tot}} &= \frac{1}{2} \sum_{j=1}^{2} (t_j - z_j^o)^2 \\ &= \frac{1}{2} \{(2 - 0.6346)^2 + (3 - 0.5898)^2\} \\ &= 3.8367 \end{aligned}$$

(3) 역전파

여러 가중치 중에 ω_{11}^o 와 ω_{11}^h 의 두 가중치가 각각 조정되는 역전파 과정을 보기로 하자.

경사하강법에 의하면 ω_{11}^{o}과 ω_{11}^{h}의 가중치 변화는 다음과 같다. 학습률 η는 0.1로 두자.

$$\omega_{11}^{o}{'} = \omega_{11}^{o} - \eta \frac{\partial E_{tot}}{\partial \omega_{11}^{o}} \quad ③$$

$$\omega_{11}^{h}{'} = \omega_{11}^{h} - \eta \frac{\partial E_{tot}}{\partial \omega_{11}^{h}} \quad ④$$

가중치는 가중치에 대한 오차의 기울기에 비례하며, 기울기는 연결된 모든 네트워크의 영향을 반영하게 된다. 역전파는 출력에서 입력층으로 가는 흐름으로 가중치가 조정되는데 출력층에서 멀어질수록 이전 단계의 값들을 다 반영하기 때문에 계산 과정은 점점 더 복잡하게 된다.

• ω_{11}^{o}의 조정

먼저, 출력층에 가까운 ω_{11}^{o} (③식)이 조정되는 방법을 보자.

$$\omega_{11}^{o}{'} = \omega_{11}^{o} - \eta \frac{\partial E_{tot}}{\partial \omega_{11}^{o}} \quad ③$$

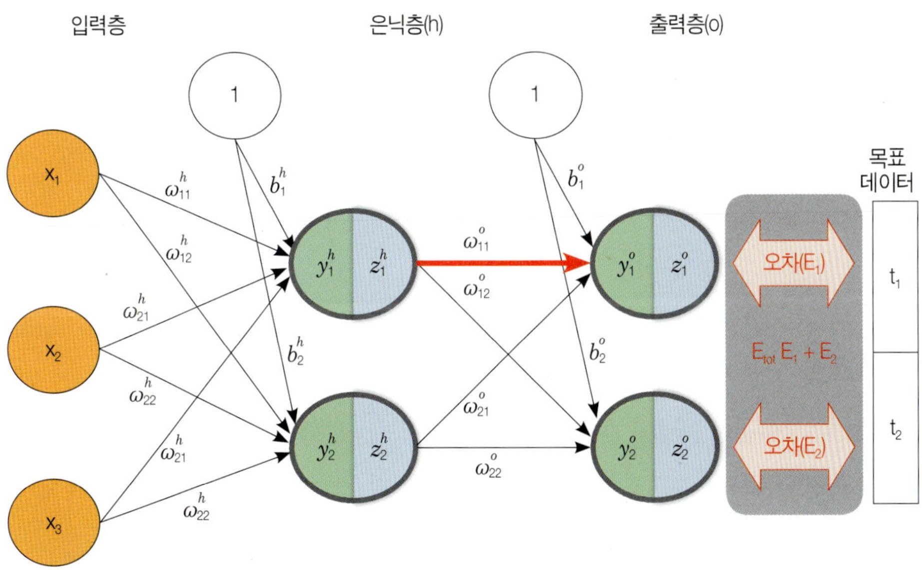

③식의 편미분값은 미분의 연쇄법칙(chain rule)을 적용하면

$$\frac{\partial E_{tot}}{\partial \omega_{11}^{o}} = \frac{\partial E_{tot}}{\partial z_1^{o}} \frac{\partial z_1^{o}}{\partial y_1^{o}} \frac{\partial y_1^{o}}{\partial \omega_{11}^{o}}$$

이므로, 가중치는

$$\omega_{11}^{o}{}' = \omega_{11}^{o} - \eta \frac{\partial E_{tot}}{\partial z_1^{o}} \frac{\partial z_1^{o}}{\partial y_1^{o}} \frac{\partial y_1^{o}}{\partial \omega_{11}^{o}} \quad ⑤$$

와 같이 변하게 된다.

$$\frac{\partial E_{tot}}{\partial z_1^{o}} = \frac{\partial E_1}{\partial z_1^{o}} = t_1 - z_1^{o} = 2 - 0.6346 = 1.3654$$

$$\frac{\partial z_1^{o}}{\partial y_1^{o}} = \frac{1}{1+e^{-0.5522}}(1 - \frac{1}{1+e^{-0.5522}}) = 0.2319$$

$$\frac{\partial y_1^{o}}{\partial \omega_{11}^{o}} = z_1^{o} = 0.6346$$

이므로, ⑤식의 가중치는 0.3에서 0.2799로 변하게 된다.

$$\begin{aligned}\omega_{11}^{o}{}' &= \omega_{11}^{o} - \eta \frac{\partial E_{tot}}{\partial z_1^{o}} \frac{\partial z_1^{o}}{\partial y_1^{o}} \frac{\partial y_1^{o}}{\partial \omega_{11}^{o}} \\ &= 0.3 - 0.1 \times 1.3654 \times 0.2319 \times 0.6346 \\ &= 0.2799\end{aligned}$$

- ω_{11}^{h} 의 조정

다음으로, 입력층과 연결된 가중치 (④식)이 조정되는 방법을 보자. 굵은 실선의 가중치 변화량은 이전 단계에서 굵은 점선으로 연결되어 있는 각각의 오차 변화량을 반영하게 된다.

$$\omega_{11}^{h}{}' = \omega_{11}^{h} - \eta \frac{\partial E_{tot}}{\partial \omega_{11}^{h}} \quad ④$$

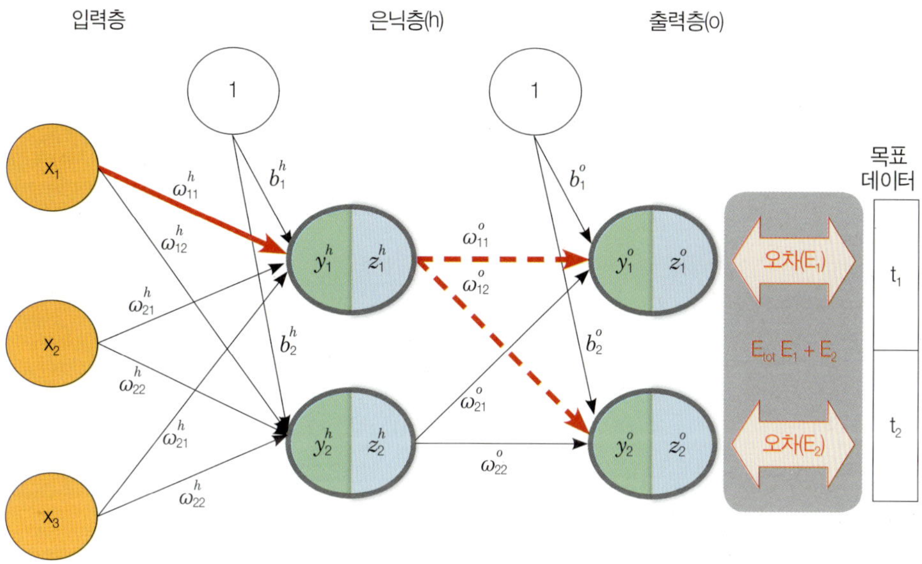

④식의 편미분값은 미분의 연쇄법칙(chain rule)에 의하면

$$\frac{\partial E_{tot}}{\partial \omega_{11}^{h}} = \frac{\partial E_{tot}}{\partial z_{1}^{h}} \frac{\partial z_{1}^{h}}{\partial y_{1}^{h}} \frac{\partial y_{1}^{h}}{\partial \omega_{11}^{h}}$$

이고, 총 오차는 각각의 오차 합이기 때문에

$$\begin{aligned} \frac{\partial E_{tot}}{\partial z_{1}^{h}} &= \frac{\partial E_{1}}{\partial z_{1}^{h}} + \frac{\partial E_{2}}{\partial z_{1}^{h}} \\ &= \frac{\partial E_{1}}{\partial z_{1}^{o}} \frac{\partial z_{1}^{o}}{\partial y_{1}^{o}} \frac{\partial y_{1}^{o}}{\partial z_{1}^{h}} + \frac{\partial E_{2}}{\partial z_{2}^{o}} \frac{\partial z_{2}^{o}}{\partial y_{2}^{o}} \frac{\partial y_{2}^{o}}{\partial z_{1}^{h}} \end{aligned}$$

이 된다. 따라서 ④식은

$$\omega_{11}^{o}{}' = \omega_{11}^{o} - \eta \frac{\partial E_{tot}}{\partial z_1^h} \frac{\partial z_1^h}{\partial y_1^h} \frac{\partial y_1^h}{\partial \omega_{11}^h}$$

$$= \omega_{11}^{o} - \eta\left(\frac{\partial E_1}{\partial z_1^o} \frac{\partial z_1^o}{\partial y_1^o} \frac{\partial y_1^o}{\partial z_1^h} + \frac{\partial E_2}{\partial z_2^o} \frac{\partial z_2^o}{\partial y_2^o} \frac{\partial y_2^o}{\partial z_1^h}\right) \frac{\partial z_1^h}{\partial y_1^h} \frac{\partial y_1^h}{\partial z_{11}^h} \quad ⑥$$

와 같이 변하게 된다.

$$\frac{\partial E_1}{\partial z_1^o} = t_1 - z_1^o = 2 - 0.6346 = 1.3654$$

$$\frac{\partial z_1^o}{\partial y_1^o} = \frac{1}{1+e^{-0.5522}}\left(1 - \frac{1}{1+e^{-0.5522}}\right) = 0.2319$$

$$\frac{\partial y_1^o}{\partial \omega_1^h} = \omega_{11}^o = 0.3$$

이므로,

$$\frac{\partial E_1}{\partial z_1^o} \frac{\partial z_1^o}{\partial y_1^o} \frac{\partial y_1^o}{\partial z_1^h} = 1.3654 \times 0.2319 \times 0.3 = 0.0950$$

가 된다. 또한,

$$\frac{\partial E_2}{\partial z_2^o} = t_2 - z_2^o = 3 - 0.5898 = 2.4102$$

$$\frac{\partial z_2^o}{\partial y_2^o} = \frac{1}{1+e^{-0.3632}}\left(1 - \frac{1}{1+e^{-0.3632}}\right) = 0.2419$$

$$\frac{\partial y_1^o}{\partial \omega_1^h} = \omega_{11}^o = 0.3$$

이므로,

$$\frac{\partial E_2}{\partial z_2^o} \frac{\partial z_2^o}{\partial y_2^o} \frac{\partial y_2^o}{\partial z_1^h} = 2.4102 \times 0.2419 \times 0.3 = 0.1749$$

가 된다. 그리고

$$\frac{\partial z_1^h}{\partial y_1^h} = \frac{1}{1+e^{-1.7}}(1 - \frac{1}{1+e^{-1.7}}) = 0.1306$$

$$\frac{\partial y_1^h}{\partial \omega_{11}^h} = x_1 = 2$$

이다. 따라서 ⑥식의 가중치는 다음과 같이 0.2에서 0.1930으로 변하게 된다.

$$\begin{aligned}\omega_{11}^{h\prime} &= \omega_{11}^h - \eta(\frac{\partial E_1}{\partial z_1^o}\frac{\partial z_1^o}{\partial y_1^o}\frac{\partial y_1^o}{\partial z_1^h} + \frac{\partial E_2}{\partial z_2^o}\frac{\partial z_2^o}{\partial y_2^o}\frac{\partial y_2^o}{\partial z_1^h})\frac{\partial z_1^h}{\partial y_1^h}\frac{\partial y_1^h}{\partial \omega_{11}^h} \\ &= 0.2 - 0.1 \times (0.0950 + 0.1749) \times 0.1306 \times 2 \\ &= 0.1930\end{aligned}$$

다른 가중치들도 같은 방법으로 조정된다.

• 활성화함수와 기울기 소실 문제

가중치는 활성화함수를 포함한 미분의 연쇄법칙이 적용되어 조정된다. 출력층에서 입력층으로 갈수록 활성화함수의 미분계수가 계속 곱해지기 때문에 활성화함수의 미분계수가 작으면 가중치의 변화량은 0에 가깝게 되는 기울기 소실문제(gradient vanishing)가 발생한다. 시그모이드 함수의 경우(①식), y의 정의역인 [−∞, ∞]에서 미분계수는 [0, 0.25]의 값으로 작은 수가 된다(②식).

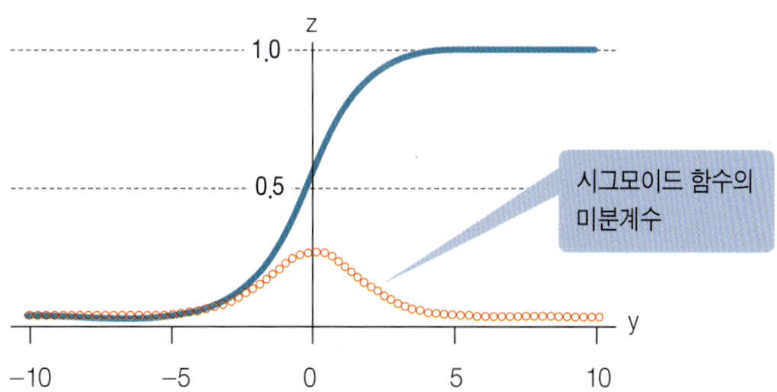

따라서 네트워크의 층이 깊은 딥러닝의 경우, 다음과 같은 ReLU (recrified linear unit) 함수를 활성화함수로 사용함으로써 기울기 소실문제를 해결하게 된다. ReLU 함수는 $y \leq 0$ 범위에서는 0을 반환하고, $y > 0$에서는 y를 그대로 반환한다. 한편 미분계수는 $y \leq 0$에서는 0이며, $y > 0$에서는 1의 일정한 값을 가진다.

$$f(y) = \max(0, y) = \begin{cases} 0 \ if \ y \leq 0 \\ y \ if \ y > 0 \end{cases}$$

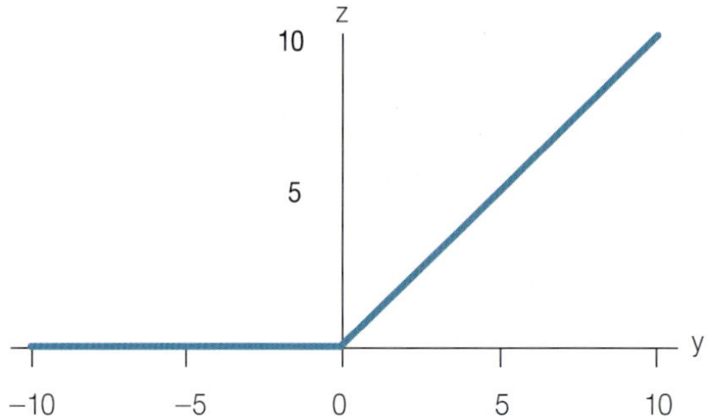

• 손실함수 (비용함수)

손실함수란 인공신경망의 학습정도를 나타내는 지표로, 출력값과 실제값 간의 차이를 나타내는 함수이다. 회귀문제에서는 일반적으로 평균 제곱 오차(MSE: mean squared error)를 사용하며, 분류문제에서는 교차 엔트로피 오차(CEE: cross−entropy error)를 사용한다. 출력 노드가 1개인 경우, MSE는 다음과 같다(11장 참조). n은 학습(또는 테스트) 데이터의 표본 수를 의미한다. y_i는 i번째 표본에 대한 실제값이며, $\hat{y}_i$는 출력노드로 계산한 추정값을 의미한다.

$$MSE = \frac{1}{n}\sum_{i=1}^{n}(y_i - \hat{y}_i)^2$$

한편, CEE는 다음과 같다(12장 참조). n은 학습(또는 테스트) 데이터의 표본 수를 의미하며, m은 다중분류를 위한 출력노드의 수를 의미한다. i는 표본 데이터의 색인을 의미하며(1~n), j는 출력 노드의 색인을 의미한다(1~m). 그리고 R_{ij}은 각 표본 i에 대한 j번째 출력노드의 목표치(0 또는 1)이며, P_{ij}는 각 표본 i에 대한 j번째 출력노드의 출력값인 확률(0~1)이 된다.

$$CEE = \frac{1}{n}\sum_{i=1}^{n}\sum_{j=1}^{m} R_{ij}\, log\, P_{ij}$$

• 옵티마이저

옵티마이저(optimizer)는 인공신경망 모형이 학습하는 동안 비용을 최소화하는 방향으로 파라미터(ω_1, b)를 찾아가는 방법을 알려주는 역할을 한다.

경사하강법(GD: gradient descent)에서 파라미터는 다음과 같이 조정된다(9장 참조).

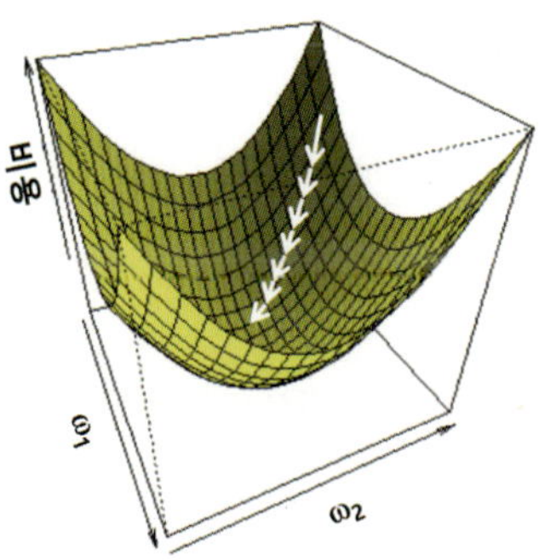

최적 경로

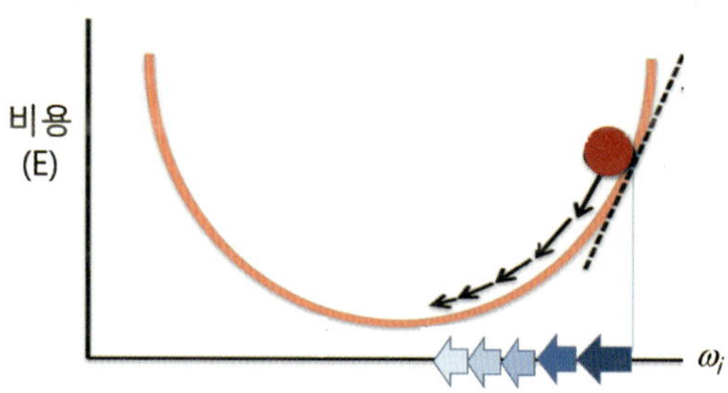

최적 경로 (w_i 관점)

$$\omega_i' = \omega_i - \eta \frac{\partial E}{\partial \omega_i}$$

여기서 E는 데이터 세트를 구성하는 n개 표본의 각 오차(e_i)들을 평균한 값이다.

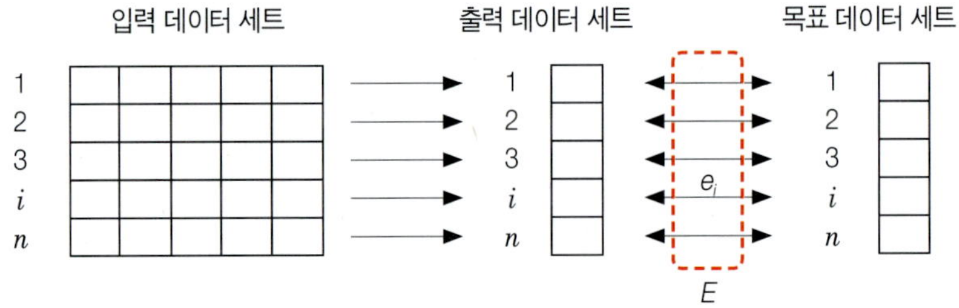

$$E = \frac{1}{n}\sum_{i=1}^{n} e_i$$

따라서, 가중치는 다음과 같이 조정된다.

$$\omega_i' = \omega_i - \eta \frac{1}{n}\sum_{i=1}^{n}\frac{\partial e_i}{\partial \omega}$$

경사하강법에서 파라미터는 각 epoch에서의 E 값으로 한 번씩 조정이 되기 때문에 학습시간이 오래 걸리게 된다. 이에 비해 확률적 경사하강법 (SGD: stochastic GD)은 각 epoch에서 임의로 추출한 1개의 표본에 대한 오차(e_i)의 기울기를 반영하여 파라미터를 조정해 나간다.

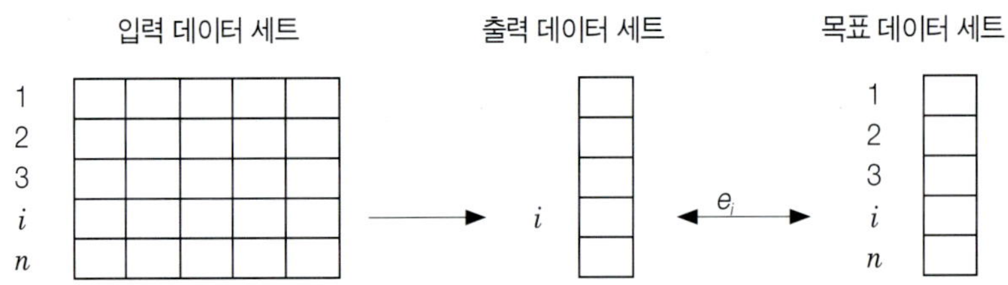

$$\omega_i' = \omega_i - \eta \frac{\partial e_i}{\partial \omega_i}$$

따라서 경사하강법은 안정적인 경로를 따르지만 학습시간이 오래 걸리고, 확률적 경사하강법은 최적 경로를 벗어나는 진동 폭이 크지만 학습속도가 빠르게 된다.

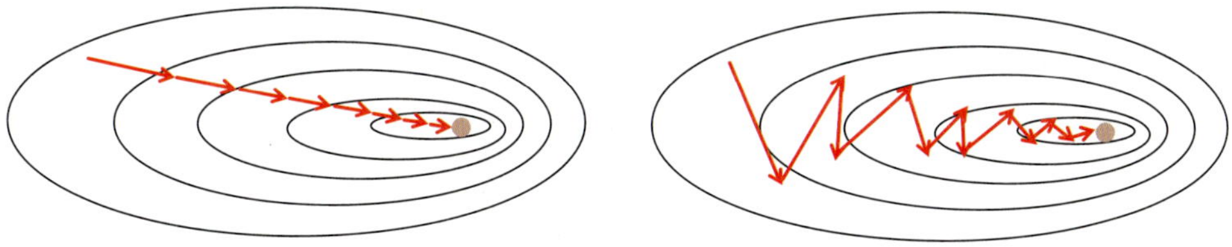

경사하강법의 최적 경로　　　　확률적 경사하강법의 최적 경로

한편, 미니 배치 경사하강법 (mini-batch GD)는 GD와 SGD를 혼합한 방법으로, 데이터 세트를 m개 크기의 미니 배치로 나누어 학습한다.

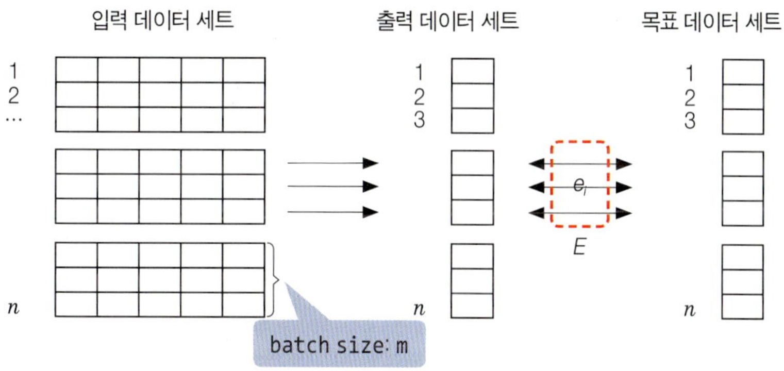

각 미니 배치에서의 오차 평균과 파라미터 조정은 다음과 같다.

$$E = \frac{1}{m}\sum_{i=1}^{m} e_i$$

$$\omega_i^{'} = \omega_i - \eta \frac{1}{m}\sum_{i=1}^{m} \frac{\partial e_i}{\partial \omega}$$

옵티아미저는 이 외에 고급 기법으로, momentum, NAG (nexterov accelerated gradient), Adagrad (adaptive gradient), RMSProp (root mean square prop), Adam (adaptive moment estimation) 등이 있다. 현재 Adam은 딥러닝에서 가장 많이 사용되는 옵티마이저이다.

10.4 파이썬 기반 XOR 연산

싸이킷런에는 다층 퍼셉트론을 지원하는 패키지가 있다. 다중 분류를 위해서는 MLPClassifier 모듈, 회귀분석을 위해서는 MLPRegressor 모듈을 사용하면 된다. 이번 절에서는 MLPClassifier 모듈을 이용해서 XOR 분류문제를 학습하고, 10.5절에서는 비선형함수에 대한 회귀문제를 다루기로 한다. XOR 연산의 분류문제에 대한 기본 절차는 다음과 같다.

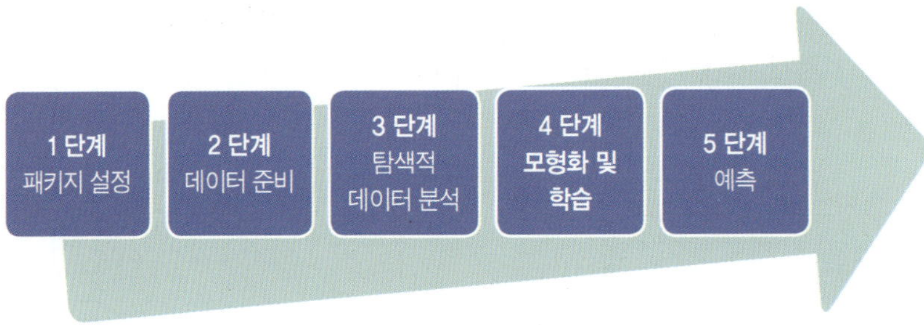

(1) 패키지 설정

분류모형을 위해 sklearn의 MLPClassifier 모듈을 설정한다.

```
from sklearn.neural_network import MLPClassifier
import numpy as np
```

(2) 데이터 작성

XOR 연산을 위한 입력과 목표 데이터를 작성한다.

```
# XOR 연산을 위한 데이터 작성
# 입력 값
X = np.array([[0, 0], [0, 1], [1, 0], [1, 1]])
# 목표 값
y = np.array([0, 1, 1, 0])
```

(3) 모형화

모형의 입출력 노드는 입출력 데이터 구조에 따라 정해진다. XOR 연산의 경우, 입력 값은 2개, 출력은 1개이기 때문에 입출력 노드도 그대로 정해진다. 한편, 은닉층의 노드 수는 2개, 활성화함수는 로지스틱 함수, 최적화 방법은 표본의 수가 작을 때 유용한 L-BFGS (Limited-memory BFGS), 최대 학습 반복 수는 100회로 설정하였다. MLPClassifier에서 사용하는 비용함수는 CEE이다.

```
# 모형화
model = MLPClassifier(hidden_layer_sizes=(2),
        activation='logistic',
        solver='lbfgs',
        max_iter = 100)
```

입력층과 출력층 사이에 제1 은닉층(3개 노드), 제2 은닉층(2개 노드)을 추가하려고 하면 hidden_layer_sizes=(3, 2)으로 설정함

(4) 학습

모형은 학습용 데이터로 학습한다.

```
# 학습
model.fit(X, y)
```

(5) 예측

테스트 데이터는 학습용 데이터의 입력 값인 X로 하고, 그 결과가 정확하게 예측되는지 확인해 본다. 다음 결과는 X데이터의 4가지 표본에 대해 각각 올바른 연산 결과를 보여주고 있다.

```
# 예측
print(model.predict(X))
```

```
[0 1 1 1]
```

10.5 파이썬 기반 비선형 함수의 회귀분석

비선형 함수에 대한 회귀분석을 보자. MLP의 회귀분석을 위해서는 sklearn 패키지의 MLPRegressor 모듈을 사용한다. 다음은 $y = 0.5(x-50)^3 - 50000/X + 120000$ 함수를 나타낸 그래프이다. X는 [1, 100] 범위의 정수로 한다.

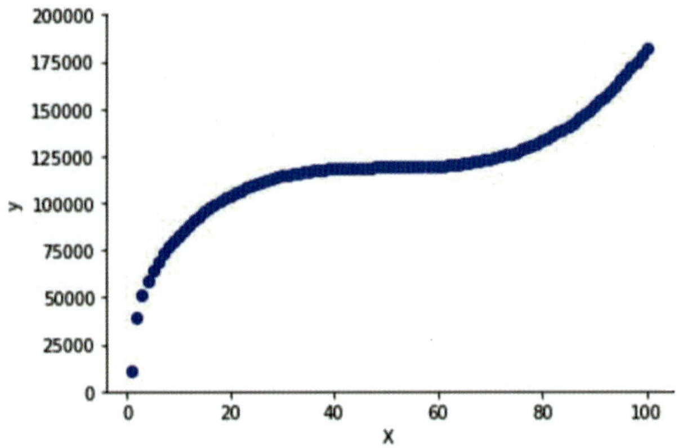

기본적인 분석 절차는 다음과 같다. 먼저 패키지를 설정한다. 데이터를 준비하고 학습용과 테스트용 데이터를 분리하며, 데이터를 정규화한다. 모형을 만들고 학습용 데이터로 학습하며 테스트용 데이터에 대해 예측하고 정확도를 평가한다.

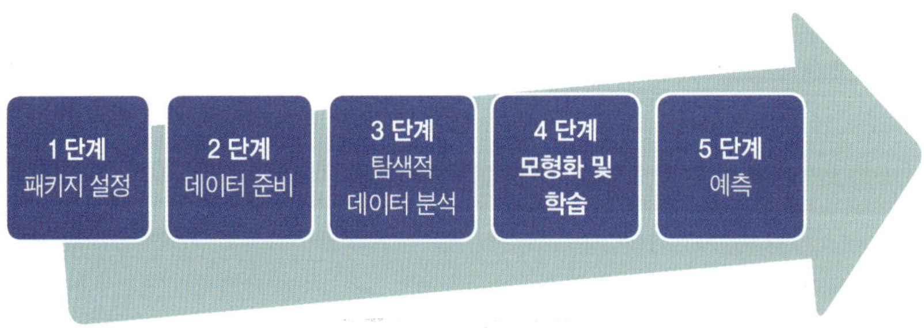

(1) 패키지 설정

sklearn 패키지의 MLPRegressor 모듈을 사용한다.

```
from sklearn.neural_network import MLPRegressor
from sklearn.preprocessing import MinMaxScaler
from sklearn.model_selection import train_test_split
from sklearn.metrics import mean_absolute_percentage_error
import numpy as np
import matplotlib.pyplot as plt
```

(2) 데이터 준비

X 변수 값은 1~100 사이의 정수로 정한다.

```
# 입력 값
X = np.array(range(1, 101))
print(X)
```

```
[  1   2   3   4   5   6   7   8   9  10  11  12  13  14  15  16  17  18
  19  20  21  22  23  24  25  26  27  28  29  30  31  32  33  34  35  36
  37  38  39  40  41  42  43  44  45  46  47  48  49  50  51  52  53  54
  55  56  57  58  59  60  61  62  63  64  65  66  67  68  69  70  71  72
  73  74  75  76  77  78  79  80  81  82  83  84  85  86  87  88  89  90
  91  92  93  94  95  96  97  98  99 100]
```

X의 각 값에 대응하는 Y값을 계산한다.

```
# 출력 값
y = 0.5*(X-50)**3 - 50000/X + 120000
print(y)
```

```
[ 11175.5          39704.           51421.83333333  58832.
  64437.5          69074.66666667   73103.64285714  76706.
  79983.94444444   83000.           85795.04545455  88397.33333333
  90827.34615385   93100.57142857   95229.16666667  97223.
  99090.32352941  100838.22222222  102472.92105263 104000.
 105424.54761905  106751.27272727  107984.58695652 109128.66666667
 110187.5         111164.92307692  112064.64814815 112890.28571429
 113645.36206897  114333.33333333  114957.59677419 115521.5
 116028.34848485  116481.41176471  116883.92857143 117239.11111111
 117550.14864865  117820.21052632  118052.44871795 118250.
 118415.98780488  118553.52380952  118665.70930233 118755.63636364
 118826.38888889  118881.04347826  118922.67021277 118954.33333333
 118979.09183673  119000.          119020.10784314 119042.46153846
 119070.10377358  119106.07407407  119153.40909091 119215.14285714
 119294.30701754  119393.93103448  119517.04237288 119666.66666667
 119845.82786885  120057.5483871   120304.84920635 120590.75
 120918.26923077  121290.42424242  121710.23134328 122180.70588235
 122704.86231884  123285.71428571  123926.27464789 124629.55555556
 125398.56849315  126236.32432432  127145.83333333 128130.10526316
 129192.14935065  130334.97435897  131561.58860759 132875.
 134278.21604938  135774.24390244  137366.09036145 139056.76190476
 140849.26470588  142746.60465116  144751.78735632 146867.81818182
 149097.70224719  151444.44444444  153911.04945055 156500.52173913
 159215.8655914   162060.08510638  165036.18421053 168147.16666667
 171396.03608247  174785.79591837  178319.44949495 182000.         ]
```

(3) 탐색적 데이터 분석

X와 Y 간의 관계를 그래프로 그려보면, X의 3차식에 의한 비선형 곡선이 나타난다.

```
# 산포도
plt.scatter(X, y, color='b')
plt.title('y = 0.5*(X-50)**3 - 50000/X + 120000')
plt.xlabel('X')
plt.ylabel('y')
plt.ylim(0, 200000)
plt.show()
```

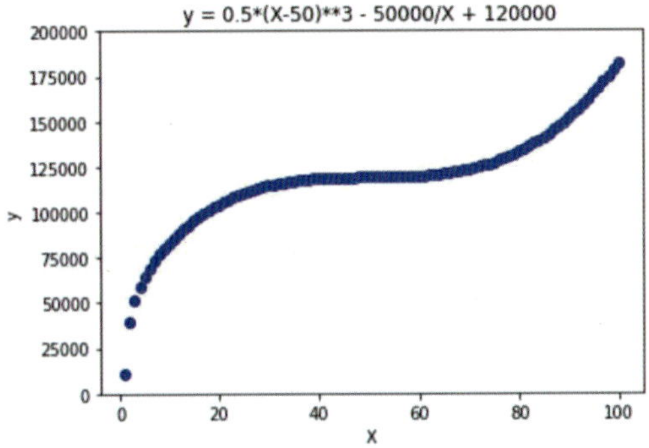

(4) 데이터 분리

학습용과 테스트용 데이터를 7:3으로 분리한다.

```
# 학습용과 테스트 데이터 분리
X_train, X_test, y_train, y_test = train_test_split(X, y, test_size=0.3,
                                                    random_state=1234)
```

```
# 입력 데이터
print(X_train)
print(X_test)
```

```
[  5  65  11  94  58  73  37   8  55  78  22  19  71  87  23   7  45   9
  42  17  46  21  26  56  79  32  93   6  85  33  53  14  92  18  29  47
  61  15  66  13  20   3   4   1  12  68  98  35  38  96  51 100  74  81
  70  59  91  90  44  31  27  24  50  16  25  77  54  39  84  48]
[41 36 82 62 99 69 86 28 40 43 34 60 64 95 57 88 97  2 72 83 10 52 30 89
 76 75 63 67 80 49]
```

학습 데이터의 입력용

테스트 데이터의 입력용

```
# 출력 데이터
print(y_train)
print(y_test)
```

```
[ 64437.5        120918.26923077  85795.04545455 162060.08510638
 119393.93103448 125398.56849315 117550.14864865  76706.
 119153.40909091 130334.97435897 106751.27272727 102472.92105263
 123926.27464789 144751.78735632 107984.58695652  73103.64285714
 118826.38888889  79983.94444444 118553.52380952  99090.32352941
 118881.04347826 105424.54761905 111164.92307692 119215.14285714
 131561.58860759 115521.5       159215.8655914   69074.66666667
 140849.26470588 116028.34848485 119070.10377358  93100.57142857
 156500.52173913 100838.22222222 113645.36206897 118922.67021277
 119845.82786885  95229.16666667 121290.42424242  90827.34615385
 104000.         51421.83333333  58832.          11175.5
  88397.33333333 122180.70588235 174785.79591837 116883.92857143
 117820.21052632 168147.16666667 119020.10784314 182000.
 126236.32432432 134278.21604938 123285.71428571 119517.04237288
 153911.04945055 151444.44444444 118755.63636364 114957.59677419
 112064.64814815 109128.66666667 119000.          97223.
 110187.5       129192.14935065 119106.07407407 118052.44871795
 139056.76190476 118954.33333333]
[118415.98780488 117239.11111111 135774.24390244 120057.5483871
 178319.44949495 122704.86231884 142746.60465116 112890.28571429
 118250.        118665.70930233 116481.41176471 119666.66666667
 120590.75      165036.18421053 119294.30701754 146867.81818182
 171396.03608247  39704.        124629.55555556 137366.09036145
  83000.        119042.46153846 114333.33333333 149097.70224719
 128130.10526316 127145.83333333 120304.84920635 121710.23134328
 132875.        118979.09183673]
```

학습 데이터의 출력용

테스트 데이터의 출력용

(5) 피처 스케일링

데이터 구조의 차원을 변형한다. 각 데이터 세트를 1열 구조로 변형한다.

```
# 데이터 구조의 차원 변형
X_train = X_train.reshape(-1, 1)
X_test  = X_test.reshape(-1, 1)
y_train = y_train.reshape(-1, 1)
y_test  = y_test.reshape(-1, 1)
print(X_train)
```

학습용 입력 데이터를 1열 구조로 변환

```
[[ 5]
 [65]
 [11]
 [94]
 [58]
 [73]
 [37]
 [ 8]
 [55]
 [78]
 [25]
 [77]
 [54]
 [39]
 [84]
 [48]]
```

1열 구조로 변형된
학습 데이터의 입력용

학습 데이터에 대해 정규화한다. 최솟값은 0, 최댓값은 1로 변환된다.

```
# 피처 스케일링: 학습 데이터의 입력 값
scalerX = MinMaxScaler()
scalerX.fit(X_train)
X_train_norm = scalerX.transform(X_train)
```

```
# 피처 스케일링: 학습 데이터의 출력 값
scalerY = MinMaxScaler()
scalerY.fit(y_train)
y_train_norm = scalerY.transform(y_train)
```

학습 데이터의 정규화 스케일러로 테스트 데이터의 입력 값을 정규화한다.

```
# # 피처 스케일링: 테스트 데이터의 입출력 값
X_test_norm = scalerX.transform(X_test)
y_test_norm = scalerY.transform(y_test)
```

(6) 모형화 및 학습

학습 시에 입출력 값이 각각 1개이기 때문에 그에 대응하는 입출력 노드도 각각 1개가 된다. 은닉층의 노드 수는 4개로 설정하였다. 한편, 활성화함수는 로지스틱 함수, 최적화 방법은 L–BFGS (Limited–memory BFGS), 최대 학습 반복 수는 500회로 설정하였다. MLPRegressor에서 사용하는 비용함수는 MSE이다.

```
# 모형화
model = MLPRegressor(hidden_layer_sizes=(4),
         activation ='logistic',
         solver='lbfgs',
         max_iter = 500)
```

학습용 데이터의 정규화된 입출력 데이터로 학습한다.

```
# 학습
model.fit(X_train_norm, y_train_norm)
```

(7) 예측

테스트 데이터의 정규화된 입력 데이터에 대해 예측한다.

```
# 예측
y_pred = model.predict(X_test_norm)
print(y_pred)
```

```
[0.62591209 0.62758169 0.75067849 0.62794095 0.93868363 0.6553955
 0.78984452 0.61097983 0.62666128 0.62406271 0.62623083 0.62325259
 0.63400887 0.89013946 0.61867305 0.81081559 0.91417496 0.19292207
 0.67248404 0.76009812 0.3963032  0.61675794 0.61825778 0.82161308
 0.70003287 0.69265268 0.63079975 0.64576898 0.73264135 0.61825641]
```

예측 데이터

예측 값의 데이터를 1열 구조로 변형한다.

```
# 데이터 구조의 변형
y_pred = y_pred.reshape(-1, 1)
```

예측 값을 실제 크기의 스케일로 역변환한다.

```
# 예측 값의 역변환
y_pred_inverse = scalerY.inverse_transform(y_pred)
print(y_pred_inverse)
```

```
[[118096.62009532]
 [118381.8291515 ]
 [139409.77804113]
 [118443.19818036]
 [171525.66205971]
 [123133.10885647]
 [146100.29525111]
 [115545.82379843]
 [illegible]
 [129497.54806611]
 [118931.55110735]
 [121488.6627613 ]
 [136328.59294573]
 [116788.84231197]]
```

역변환된 실제 예측데이터

1~100 사이의 X 값에 대응하는 Y의 실제 값과 테스트 데이터로 예측한 값을 산포도로 출력하면, 예측 값이 실제 값과 비슷한 것을 볼 수 있다.

```
# 산포도
# 원 데이터
plt.scatter(X, y, color='g')        실제 데이터의 분포
plt.title('y = 0.5*(X-50)**3 - 50000/X + 120000')
plt.xlabel('X')
plt.ylabel('y')
plt.ylim(0, 200000)
# 테스트 데이터
plt.scatter(X_test, y_pred_inverse, color='r')        테스트 데이터의 분포
plt.show()
```

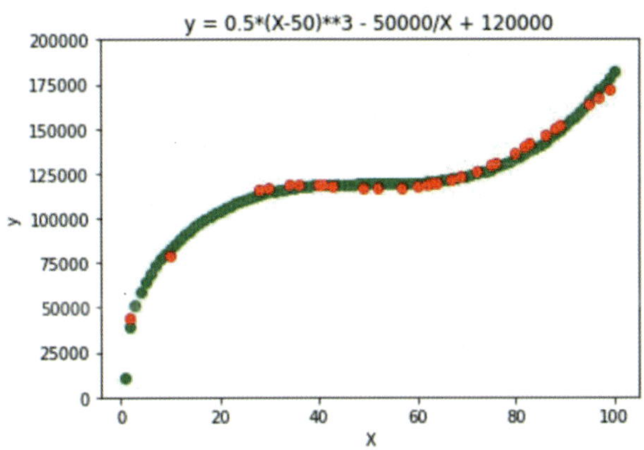

실제 값 대비 절대 오차의 평균 백분율(MAPE)로 정확도를 계산해보면, 0.02%의 낮은 에러로 나타난다. MAPE는 0에 가까울수록 정확한 정도를 나타낸다(8장 참조).

```
# 오차 측정(MAPE)
print('MAPE: %.2f' %
    mean_absolute_percentage_error(y_test, y_pred_inverse))
```

```
MAPE: 0.02
```

요약

다층 퍼셉트론 개요: 다층 퍼셉트론(MLP: multilayer perceptron)은 입력층과 출력층 사이에 1개 이상의 은닉층이 있는 구조이며, 역전파 알고리즘으로 단층 퍼셉트론에서 불가능하였던 XOR 연산이 가능하다.

딥러닝 개요: 딥러닝은 인공신경망에서 입력층과 출력층 사이에 은닉층이 여러 개로 구성되는 심층 신경망(DNN: Deep Neural Network) 구조로 학습하는 것을 말한다. 복잡한 비선형 관계를 모형화할 수 있기 때문에, 음성인식, 이미지 인식, 자연어 처리, 추천 시스템, 금융사기 방지 등 복잡한 분야에 응용되고 있다.

다층 퍼셉트론의 학습 원리: 학습은 순전파와 역전파 과정으로 일어난다. 순전파는 입력층에서 출력층으로 가면서 출력값을 만드는 과정이며, 역전파는 출력값과 목표값 사이의 오차를 줄이기 위해 출력층에서 입력층으로 가면서 가중치를 조정하는 과정이다.

기울기 소실 문제: 가중치는 활성화함수를 포함한 미분의 연쇄법칙이 적용되어 조정된다. 층이 깊어질수록 활성화함수의 미분계수가 계속 곱해지기 때문에 활성화함수의 미분계수가 작으면 가중치의 변화량은 0에 가깝게 되는 기울기 소실 문제가 발생한다. 딥러닝에서는 이를 보완하기 위해 활성화함수로 시그모이드 함수 대신 ReLU 함수를 사용한다.

손실함수: 학습 정도를 측정하는 지표로 출력값과 실제값 간의차이를 나타내는 함수이다. 회귀문제에서는 평균 제곱 오차, 분류문제에서는 교차 엔트로피 오차를 사용한다.

옵티마이저: 학습하는 과정에서 비용(실제값과 예측값 차이)을 최소화하는 방향으로 파라미터를 찾아가는 방법을 말하며, 경사하강법 외 다양한 기법들이 있다.

파이썬 분석 기본 절차: 패키지 설정 ➔ 데이터 준비 ➔ 탐색적 데이터 분석 ➔ 데이터 분리(학습용, 테스트용) ➔ 피처 스케일링 ➔ 모형화 및 학습 ➔ 예측

파이썬 패키지: sklearn의 MLPClassifier 모듈은 다층 퍼셉트론의 분류문제에 사용되며, MLPRegressor 모듈은 회귀문제에 사용된다.

연습문제

1. XNOR(exclusive-NOR) 연산 진리표와 학습된 다층 퍼셉트 모형이다. 각 표본에 대해 옳은 답을 출력하는지 계산하시오. 활성화함수는 해비사이드 계단 함수로 가정하시오.

〈XNOR 연산〉

표본	입력층 노드		목표값
	x_1	x_2	x_1 NXOR x_2
1	0	0	1
2	0	1	0
3	1	0	0
4	1	1	1

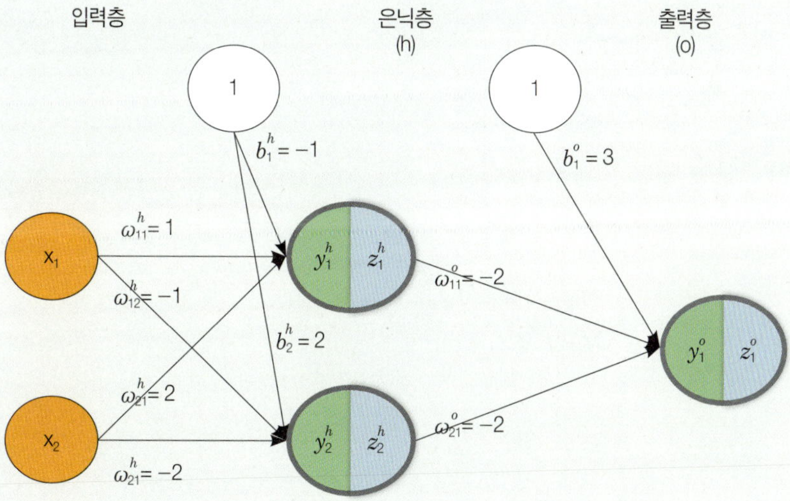

2. 10.3절의 다층 퍼셉트론 모형에서 역전파에 의해 ω_{22}^o 와 ω_{22}^h 의 가중치가 변하는 과정을 계산하시오.

(1) $\omega_{22}^{o\prime}$

(2) $\omega_{22}^{h\prime}$

응용 문제1 이진 분류

다음 데이터 세트에 대해 sklearn의 MLPClassifier 모듈을 이용하여 다층 퍼셉트론 모형으로 학습하고, 전체 표본을 테스트 데이터로 할 때 분류 정확도를 평가해 보시오.

표본	입력층 노드		목표값
	X_1	X_2	
1	1	4	1
2	2	4	1
3	1	3	1
4	1	1	0
5	2	2	0
6	3	3	0
7	2	1	0
8	3	2	0
9	3	0	1
10	4	1	1

(1) 그래프로 분포를 파악해 보시오.

(2) 학습모형을 만들고, 분류 정확도를 평가하시오.

비선형 함수의 회귀분석

응용 문제2

다음은 1~100까지의 정수(x)에 대한 $y=\sqrt{x}$의 그래프이다. sklearn의 MLPRegressor 모듈을 이용하여 x에 대한 추정값($\hat{y}$)을 구하는 다층 퍼셉트론 모형을 개발해보자. 정확도는 MAPE로 평가하시오. 학습 데이터와 테스트 데이터는 7:3으로 분리하시오.

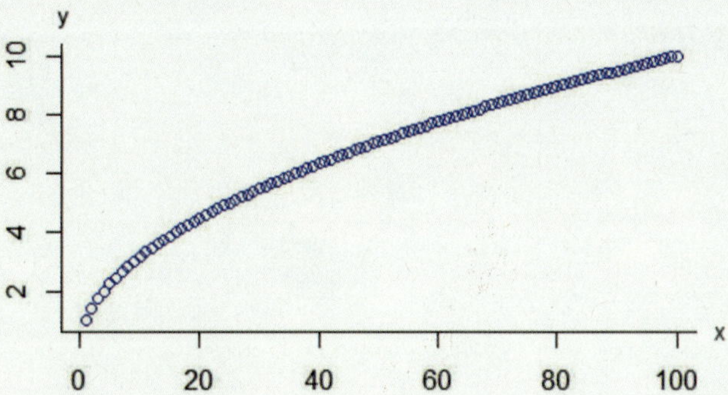

CHAPTER 11 파이썬 데이터 분석

딥러닝: 회귀분석

학습목표

딥러닝 회귀문제의 이해

학습내용

딥러닝 원리 이해
딥러닝의 회귀모형
드롭 아웃 모형과 활용

빈센트 반 고흐 – 론강의 별이 빛나는 밤에 (1888)

11.1 회귀분석 예시: 보스톤 주택가격 예측

주택가격에 영향을 주는 여러 입력변수로 주택가격을 예측하는 문제를 생각해보자. 목표변수인 주택가격은 정량적인 값으로 회귀문제가 된다.

다음은 보스톤 주택가격 데이터 세트의 구성 항목이다. 카네기 멜론 대학의 StartLib 라이브러리에서 제공하며, 1970년대 보스톤 근교 지역의 주택가격(mediv)과 주택가격에 영향을 주는 13개 항목들로 구성되는 506개 샘플로 구성되어 있다. 입력변수와 목표변수 간에 상관관계가 클 때는 은닉층이 없는 인공신경망 구조로 문제를 풀 수 있지만, 상관관계가 작을 때는 은닉층이 있는 비선형 구조의 딥러닝으로 예측력을 높일 수 있다.

보스톤 주택가격 구성 항목

항목명	내용
crim	지역(town) 범죄 비율
zn	25,000 ft^2 당 거주자 비율
indus	지역(town) 당 비소매업자의 토지 면적(에이커) 비율
chas	찰스 강 지역에 대한 더미 변수(dummy variable: 강의 경계에 위치하면 1, 그렇지 않으면 0)
nox	질소 산화물(NOx) 농도
rm	주택 당 평균 방의 수
age	1940년 이전에 지어진 소유자 점유 단위의 비율
dis	5개의 보스턴 고용센터까지의 가중 평균 거리
rad	방사형 고속도로의 접근성 지수
tax	$10,000당 재산세율

항목명	내용
ptratio	지역(town)의 학생-교사 비율
black	1000(Bk - 0.63)·2, Bk는 지역(town)의 흑인 비율
lstat	인구의 하위 계층 비율(%)
mediv	주택 가격($1000 단위)

11.2 딥러닝 모형 개요

(1) 보스톤 주택가격 데이터 세트와 모형 구조

비선형 회귀분석의 경우, 인공신경망 구조는 1개 이상의 은닉층이 필요하다. 다음은 은닉층을 2개로 할 때 심층신경망(DNN) 모형의 개념도를 예시한 것이다. 주택가격(mediv)를 출력노드로, 주택가격에 영향을 미치는 나머지 독립변수들은 입력 노드가 된다. 0과 1의 값을 갖는 더미 변수인 4번째 chas 변수는 제외하기로 한다.

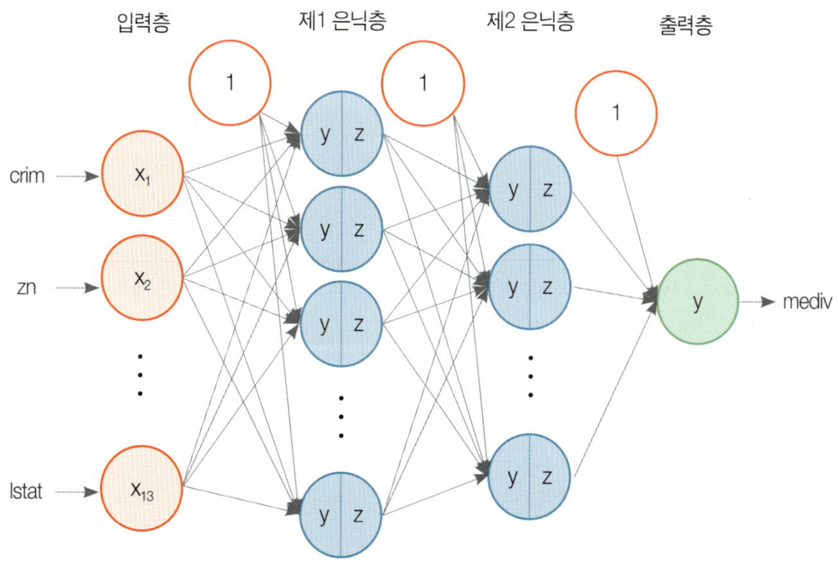

주택가격 예측을 위한 DNN

(2) 활성화함수

각 은닉층의 노드들은 활성화함수는 ReLU로 한다. 딥러닝의 경우, 미분값들로 인한 가중치 소실문제를 해결하기 위해 일반적으로 ReLU 함수를 설정한다(10장 참조). 한편, 회귀분석의 경우, 출력 노드에는 활성화함수를 설정하지 않아도 된다. 이 경우 활성화함수는 a(x) = x와 같이 선형함수가 된다.

(3) 비용 함수

비용함수는 학습 데이터 표본의 실제 값과 예측 값의 차이를 평균한 값으로 정확도를 평가하는 평균제곱오차(MSE, mean squared error)를 사용한다. n개의 데이터 표본이 있을 때, i는 각 표본 데이터의 색인을 의미하며(1~n), y_i는 입력에 대한 실제 값, $\hat{y}_i$는 학습모형으로 추정한 출력 값을 의미한다.

$$MSE = \frac{1}{n}\sum_{i=1}^{n}(y_i - \hat{y}_i)^2$$

(4) 최적화 기법

가중치를 수정하는 최적화 방법으로는 딥러닝에서 일반적으로 많이 사용하는 Adam을 사용한다.

(5) 테스트 및 평가

학습모형의 평가 기준은 평균절대오차(MAE: mean absolute error)를 설정하기로 한다. n개의 데이터 표본이 있을 때, i는 각 표본 데이터의 색인을 의미하며(1~n), y_i는 입력에 대한 실제 값, $\hat{y}_i$는 학습모형으로 추정한 출력 값을 의미한다.

$$MAE = \frac{1}{n}\sum_{i=1}^{n}|y_i - \hat{y}_i|$$

11.3 파이썬 기반 분석

딥러닝에서 유용한 keras 패키지를 사용한다. 보스톤 주택가격 데이터 세트를 불러와서 탐색적 데이터 분석을 실행한다. 데이터는 학습용과 테스트용으로 분리하고, 피처 스케일링해서 딥러닝 모형화 및 학습 후에 테스트 데이터로 예측한다.

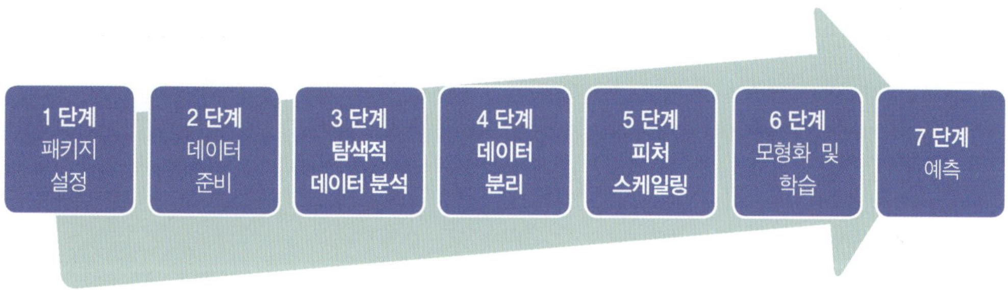

(1) 패키지 설정

sklearn 패키지에 있는 보스톤 주택가격 데이터 세트를 사용하기 위해 load_boston 모듈을 불러오고, 학습용과 테스트용으로 분리하기 위해 train_test_split 모듈을 설정한다. 정규화를 위해서는 MinMaxScaler 모듈을 설정한다. 딥러닝 모형화를 위해 keras 패키지를 사용한다. Sequential 모듈은 한 층씩 추가하여 네트워크를 만들어 가며, Dense 모듈은 층 간 노드들은 모두 연결되는 모형구조(fully-connected network)를 만들게 한다.

```
from sklearn.datasets import load_boston
from sklearn.preprocessing import MinMaxScaler
from sklearn.model_selection import train_test_split
from sklearn.metrics import mean_absolute_error
from keras.models import Sequential
from keras.layers import Dense
import pandas as pd
import seaborn as sns
import matplotlib.pyplot as plt
```

(2) 데이터 준비

보스톤 주택가격 데이터 세트를 불러오면 입력 값에 해당하는 data 부분과 출력 부분에 해당하는 target 데이터를 볼 수 있다.

```
# 데이터 불러오기
boston = load_boston()
print(boston)
```

```
{'data': array([[6.3200e-03, 1.8000e+01, 2.3100e+00, ..., 1.5300e+01, 3.9690e+02,
        4.9800e+00],
       [2.7310e-02, 0.0000e+00, 7.0700e+00, ..., 1.7800e+01, 3.9690e+02,
        9.1400e+00],
       [2.7290e-02, 0.0000e+00, 7.0700e+00, ..., 1.7800e+01, 3.9283e+02,
        4.0300e+00],
       ...,
       [6.0760e-02, 0.0000e+00, 1.1930e+01, ..., 2.1000e+01, 3.9690e+02,
        5.6400e+00],
       [1.0959e-01, 0.0000e+00, 1.1930e+01, ..., 2.1000e+01, 3.9345e+02,
        6.4800e+00],
       [4.7410e-02, 0.0000e+00, 1.1930e+01, ..., 2.1000e+01, 3.9690e+02,
        7.8800e+00]]), 'target': array([24. , 21.6, 34.7, 33.4, 36.2, 28.7, 22.9,
       18.9, 21.7, 20.4, 18.2, 19.9, 23.1, 17.5, 20.2, 18.2, 13.6, 19.6,
       15.2, 14.5, 15.6, 13.9, 16.6, 14.8, 18.4, 21. , 12.7, 14.5, 13.2,
       13.1, 13.5, 18.9, 20. , 21. , 24.7, 30.8, 34.9, 26.6, 25.3, 24.7,
       21.2, 19.3, 20. , 16.6, 14.4, 19.4, 19.7, 20.5, 25. , 23.4, 18.9,
       35.4, 24.7, 31.6, 23.3, 19.6, 18.7, 16. , 22.2, 25. , 33. , 23.5,
```

data 부분

target 부분

먼저 입력변수를 데이터 프레임으로 변환하여 출력하면, 13가지 특성(feature)의 순서에 따라 506개 행이 나타난다.

```
# 입력 데이터의 데이터 프레임
X = pd.DataFrame(boston.data, columns=boston.feature_names)
print(X)
```

```
        CRIM    ZN  INDUS  CHAS    NOX  ...  RAD    TAX  PTRATIO       B  LSTAT
0    0.00632  18.0   2.31   0.0  0.538  ...  1.0  296.0     15.3  396.90   4.98
1    0.02731   0.0   7.07   0.0  0.469  ...  2.0  242.0     17.8  396.90   9.14
2    0.02729   0.0   7.07   0.0  0.469  ...  2.0  242.0     17.8  392.83   4.03
3    0.03237   0.0   2.18   0.0  0.458  ...  3.0  222.0     18.7  394.63   2.94
4    0.06905   0.0   2.18   0.0  0.458  ...  3.0  222.0     18.7  396.90   5.33
..       ...   ...    ...   ...    ...  ...  ...    ...      ...     ...    ...
501  0.06263   0.0  11.93   0.0  0.573  ...  1.0  273.0     21.0  391.99   9.67
502  0.04527   0.0  11.93   0.0  0.573  ...  1.0  273.0     21.0  396.90   9.08
503  0.06076   0.0  11.93   0.0  0.573  ...  1.0  273.0     21.0  396.90   5.64
504  0.10959   0.0  11.93   0.0  0.573  ...  1.0  273.0     21.0  393.45   6.48
505  0.04741   0.0  11.93   0.0  0.573  ...  1.0  273.0     21.0  396.90   7.88

[506 rows x 13 columns]
```

분석 대상에서 제외할 더미 변수인 'CHAS'는 삭제하고 확인해본다.

```
# CHAS 열 삭제
X = X.drop(['CHAS'],axis=1)
print(X.head())
```

```
      CRIM    ZN  INDUS    NOX     RM  ...  RAD    TAX  PTRATIO       B  LSTAT
0  0.00632  18.0   2.31  0.538  6.575  ...  1.0  296.0     15.3  396.90   4.98
1  0.02731   0.0   7.07  0.469  6.421  ...  2.0  242.0     17.8  396.90   9.14
2  0.02729   0.0   7.07  0.469  7.185  ...  2.0  242.0     17.8  392.83   4.03
3  0.03237   0.0   2.18  0.458  6.998  ...  3.0  222.0     18.7  394.63   2.94
4  0.06905   0.0   2.18  0.458  7.147  ...  3.0  222.0     18.7  396.90   5.33

[5 rows x 12 columns]
```

입력 데이터의 전반적인 개요를 보면, 데이터 프레임은 506개 행과 12개 열로 구성되어 있다. 각 변수에는 널 값이 아닌 수(Non-Null Count)가 행의 수와 같기 때문에 널 값을 처리할 필요가 없다.

```
# 입력 변수의 정보
print(X.info())
```

```
<class 'pandas.core.frame.DataFrame'>
RangeIndex: 506 entries, 0 to 505
Data columns (total 12 columns):
 #   Column   Non-Null Count  Dtype
---  ------   --------------  -----
 0   CRIM     506 non-null    float64
 1   ZN       506 non-null    float64
 2   INDUS    506 non-null    float64
 3   NOX      506 non-null    float64
 4   RM       506 non-null    float64
 5   AGE      506 non-null    float64
 6   DIS      506 non-null    float64
 7   RAD      506 non-null    float64
 8   TAX      506 non-null    float64
 9   PTRATIO  506 non-null    float64
 10  B        506 non-null    float64
 11  LSTAT    506 non-null    float64
dtypes: float64(12)
memory usage: 47.6 KB
None
```

한편, 목표변수 값을 데이터 프레임으로 변환하고 출력하면, 506개 행과 1개 열로 구성된 것을 볼 수 있다.

```
# 목표변수의 데이터 프레임
y = pd.DataFrame(boston.target)
print(y)
```

```
        0
0    24.0
1    21.6
2    34.7
3    33.4
4    36.2
..    ...
501  22.4
502  20.6
503  23.9
504  22.0
505  11.9

[506 rows x 1 columns]
```

(3) 탐색적 데이터 분석

그래프로 데이터 분포를 파악하기 위해 입출력 데이터를 하나의 데이터 프레임으로 만들어 보자. CHAS 변수는 삭제한다.

```
# 입출력 데이터 세트의 데이터 프레임
boston_df = pd.DataFrame(data=boston.data, columns=boston.feature_names)
boston_df["MEDIV"] = boston.target
print(boston_df.head())
```

```
      CRIM    ZN  INDUS  CHAS    NOX  ...    TAX  PTRATIO       B  LSTAT  MEDIV
0  0.00632  18.0   2.31   0.0  0.538  ...  296.0     15.3  396.90   4.98   24.0
1  0.02731   0.0   7.07   0.0  0.469  ...  242.0     17.8  396.90   9.14   21.6
2  0.02729   0.0   7.07   0.0  0.469  ...  242.0     17.8  392.83   4.03   34.7
3  0.03237   0.0   2.18   0.0  0.458  ...  222.0     18.7  394.63   2.94   33.4
4  0.06905   0.0   2.18   0.0  0.458  ...  222.0     18.7  396.90   5.33   36.2

[5 rows x 14 columns]
```

```
# CHAS 열 삭제
boston_df = boston_df.drop(['CHAS'],axis=1)
boston_df.info()
```

목표변수인 주택가격(MEDIV) 값을 10개의 계급으로 하는 히스토그램을 출력하면, 20 (x $1000)를 중심으로 좌우 대칭인 종 모양의 분포를 띠고 있다. 일부는 고가의 주택이 있다.

```
# 목표변수 값의 히스토그램
sns.set(rc={'figure.figsize':(10, 5)})
sns.distplot(boston_df['MEDIV'], bins=10)
plt.show()
```

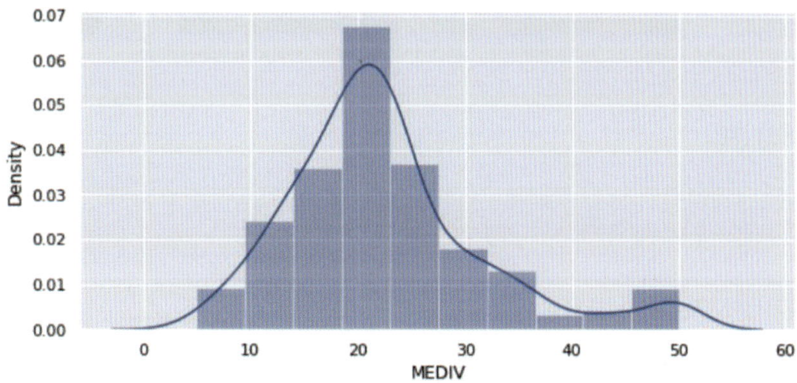

다음은 각 변수 간 상관계수를 히트맵으로 출력한 그래프이다. 흰색은 1이며, 검은 색은 −1로 그 강도를 파악할 수 있다.

```
# 각 변수별 상관계수
correlation_matrix = boston_df.corr().round(2)
# 상관계수의 히트맵
sns.set(rc={'figure.figsize':(10, 8)})
sns.heatmap(data=correlation_matrix, annot=True)
plt.show()
```

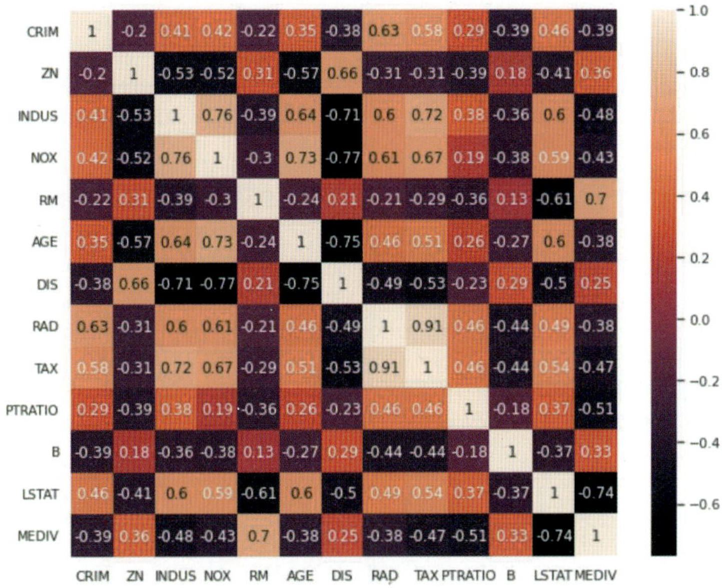

(4) 데이터 분리

입출력 데이터에서 학습용과 테스트용 데이트를 각각 7:3으로 분리하자.

```
# 학습용과 데이터 분리(7:3)
X_train, X_test, y_train, y_test = train_test_split(X, y, test_size=0.3)
```

(5) 피처 스케일링

학습용 입력 데이터에 대한 정규화 스케일러를 만들고, 학습용과 테스트용 입력 데이터를 0~1로 정규화한다. 출력해보면 변환된 결과를 볼 수 있다.

```
# 정규화 스케일러 생성
scalerX = MinMaxScaler()
# 정규화 스케일러를 학습용 데이터에 맞춤
scalerX.fit(X_train)
# 정규화 스케일러로 학습용 데이터를 변환
X_train_norm = scalerX.transform(X_train)
# 정규화 스케일러로 테스트용 데이터를 변환
X_test_norm = scalerX.transform(X_test)
```

```
print(X_train_norm)
```

```
[[8.88431556e-02 0.00000000e+00 6.46627566e-01 ... 8.00000000e-01
  9.87770437e-01 3.48936170e-02]
 [9.87925924e-04 0.00000000e+00 4.53445748e-01 ... 6.33333333e-01
  9.95007313e-01 1.43262411e-01]
 [1.01866261e-04 8.00000000e-01 0.00000000e+00 ... 1.55555556e-01
  9.93267437e-01 3.51773050e-02]
 ...
 [2.96568181e-03 0.00000000e+00 3.38343109e-01 ... 6.88888889e-01
  1.00000000e+00 3.57446809e-01]
 [1.18464477e-01 0.00000000e+00 6.46627566e-01 ... 8.00000000e-01
  9.87593928e-01 4.36595745e-01]
 [6.65313165e-02 0.00000000e+00 6.46627566e-01 ... 8.00000000e-01
  9.46089061e-01 4.34042553e-02]]
```

```
print(X_test_norm)
```

```
[[4.48809960e-04 0.00000000e+00 1.08137830e-01 ... 5.33333333e-01
  9.91552776e-01 1.83546099e-01]
 [2.86789564e-03 0.00000000e+00 3.71334311e-01 ... 6.22222222e-01
  9.84971506e-01 4.05673759e-01]
 [1.02750280e-03 0.00000000e+00 8.90762463e-02 ... 5.55555556e-01
  9.91502345e-01 5.21985816e-02]
 ...
 [1.95925948e-03 0.00000000e+00 9.23387097e-01 ... 6.77777778e-01
  9.32951737e-01 6.71773050e-01]
 [1.10780170e-01 0.00000000e+00 6.46627566e-01 ... 8.00000000e-01
  1.00000000e+00 5.42411348e-01]
 [3.71628247e-03 0.00000000e+00 3.38343109e-01 ... 6.88888889e-01
  1.00000000e+00 3.36453901e-01]]
```

학습용 출력 데이터에 대한 정규화 스케일러를 만들고, 학습용과 테스트용 출력 데이터를 0~1로 정규화한다. 각각 앞 부분의 10개 행을 보면 변환된 결과를 확인할 수 있다.

```
# 정규화 스케일러 생성
scalerY = MinMaxScaler()
# 정규화 스케일러를 학습용 데이터에 맞춤
scalerY.fit(y_train)
# 정규화 스케일러로 학습용 데이터를 변환
y_train_min = scalerY.transform(y_train)
# 정규화 스케일러로 테스트용 데이터를 변환
y_test_norm = scalerY.transform(y_test)
```

```
print(y_train_norm[0:10])
```

```
[[1.        ]
 [0.42444444]
 [1.        ]
 [0.4       ]
 [0.15777778]
 [0.30222222]
 [0.55777778]
 [0.84      ]
 [0.39555556]
 [0.64      ]]
```

```
print(y_test_norm[0:10])
```

```
[[0.37777778]
 [0.38666667]
 [0.86222222]
 [0.41777778]
 [0.34666667]
 [0.36666667]
 [0.31555556]
 [0.57111111]
 [0.29333333]
 [0.23111111]]
```

(6) 모형화 및 학습

먼저, Sequential 모듈을 이용해서 입력부터 출력 노드까지 순차적으로 더해 주는 순차 모형을 만든다. 다음은 Dense 모듈을 이용해서 12개 입력 노드와 60개 노드가 있는 제1은닉층을 만들고, 2와 3 은닉층에는 60개와 30개의 노드로 구성하며, 1개 출력노드를 추가하여 완전 연결 네트워크(fully-connected network)를 만든다. 은닉층은 모두 RelU 활성화함수로 설정한다. 출력 층은 활성화함수가 적용하지 않는다. 이 경우 선형 활성화함수 (a(x)=x)를 의미한다.

```
# 모형 구조
model = Sequential()
model.add(Dense(60, activation='relu', input_shape=(12,)))
model.add(Dense(60, activation='relu'))
model.add(Dense(30, activation='relu'))
model.add(Dense(1))
```

순차 모형 / 제1은닉층과 입력층 / 제2은닉층 / 제3은닉층 / 출력층

모형 구조를 출력하면 다음과 같다. 입력부터 출력까지 노드 간 연결 수와 편향을 포함한 총 수를 볼 수 있다.

```
# 모형 구조 출력
model.summary()
```

```
Model: "sequential_1"
_________________________________________________________________
Layer (type)                 Output Shape              Param #
=================================================================
dense_4 (Dense)              (None, 60)                780

dense_5 (Dense)              (None, 60)                3660

dense_6 (Dense)              (None, 30)                1830

dense_7 (Dense)              (None, 1)                 31

=================================================================
Total params: 6,301
Trainable params: 6,301
Non-trainable params: 0
_________________________________________________________________
```

제1은닉층의 노드 수

가중치 : 12×60=720(개)
편향 : 60(개)

다음으로 모형 구성에 관한 최적화 기법, 손실 함수, 정확도 평가 지표를 설정한다. 순서대로 Adam, MSE, MAE를 설정한 예이다.

```
# 모형 구성
model.compile(optimizer='adam',
     loss='mse',
     metrics=['mae'])
```

모형 학습은 학습용 입력과 출력 데이터로 한다. 학습 과정에서 모형 검증은 테스트 데이터를 설정하였다. 그리고 학습 반복 수는 200, 배치 크기는 32로 하였다. 실행하면 학습 단계마다 테스트 데이터에 대한 비용과 정확도가 변하는 과정을 볼 수 있다. loss는 학습 데이터의 비용, mae는 학습 데이터의 오차, val_loss는 테스트 데이터의 비용, val_mae는 테스트 데이터의 오차를 의미한다.

```
# 학습
results = model.fit(X_train_min, y_train_min,
                    validation_data=(X_test_min, y_test_min),
                    epochs=200, batch_size=32)
```

학습 데이터

테스트 데이터

```
Epoch 1/200
18/18 [========] - 1s 10ms/step - loss: 0.1120 - mae: 0.2579 - val_loss: 0.0432 - val_mae: 0.1577
Epoch 2/200
18/18 [========] - 0s 4ms/step - loss: 0.0419 - mae: 0.1540 - val_loss: 0.0291 - val_mae: 0.1132
Epoch 3/200
18/18 [========] - 0s 4ms/step - loss: 0.0285 - mae: 0.1099 - val_loss: 0.0216 - val_mae: 0.1107
Epoch 4/200
18/18 [========] - 0s 4ms/step - loss: 0.0213 - mae: 0.1002 - val_loss: 0.0143 - val_mae: 0.0827
Epoch 5/200
18/18 [========] - 0s 3ms/step - loss: 0.0151 - mae: 0.0832 - val_loss: 0.0119 - val_mae: 0.0832
Epoch 6/200
```

```
Epoch 194/200
18/18 [========] - 0s 3ms/step - loss: 8.0334e-04 - mae: 0.0217 - val_loss: 0.0046 - val_mae: 0.0493
Epoch 195/200
18/18 [========] - 0s 3ms/step - loss: 0.0011 - mae: 0.0266 - val_loss: 0.0043 - val_mae: 0.0476
Epoch 196/200
18/18 [========] - 0s 4ms/step - loss: 9.4772e-04 - mae: 0.0238 - val_loss: 0.0049 - val_mae: 0.0497
Epoch 197/200
18/18 [========] - 0s 3ms/step - loss: 0.0011 - mae: 0.0263 - val_loss: 0.0049 - val_mae: 0.0518
Epoch 198/200
18/18 [========] - 0s 3ms/step - loss: 0.0011 - mae: 0.0260 - val_loss: 0.0042 - val_mae: 0.0479
Epoch 199/200
18/18 [========] - 0s 3ms/step - loss: 0.0011 - mae: 0.0254 - val_loss: 0.0041 - val_mae: 0.0473
Epoch 200/200
18/18 [========] - 0s 4ms/step - loss: 0.0010 - mae: 0.0238 - val_loss: 0.0052 - val_mae: 0.0559
```

학습 결과가 저장된 변수는 다음과 같다.

```
# 학습모형에 저장된 키(변수)
print(results.history.keys())
```

```
dict_keys(['loss', 'mae', 'val_loss', 'val_mae'])
```

다음은 학습단계에 따른 손실함수 값의 변화를 나타낸 것이다. 학습단계에 따라 학습용 데이터의 손실함수 값이(loss) 줄어들며, 테스트 데이터의 검증 결과(val_loss)도 같이 줄어드는 현상을 볼 수 있다.

```
# 학습 수에 따른 loss 변화
plt.figure(figsize=(10, 5))
plt.plot(results.history['loss'])        학습 데이터의 손실
plt.plot(results.history['val_loss'])    테스트 데이터의 손실
plt.title('loss')
plt.xlabel('epoch')
plt.ylabel('loss')
plt.legend(['train', 'test'], loc='upper right')
plt.show()
```

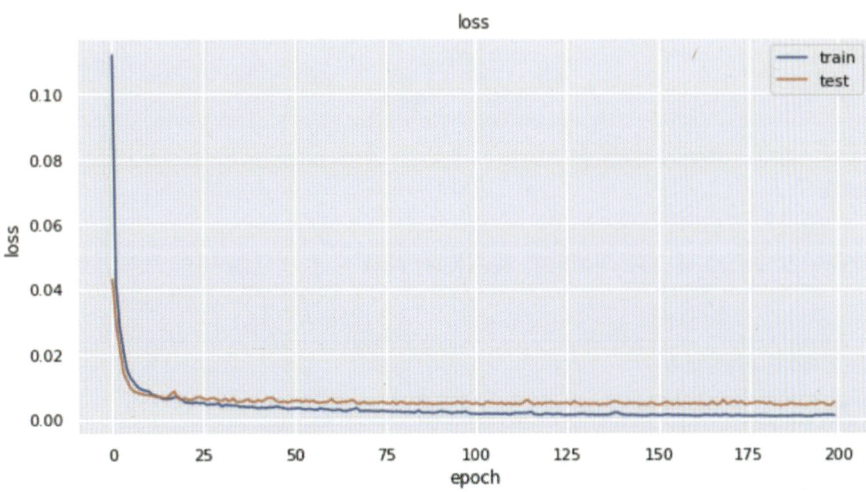

다음은 학습단계에 따른 정확도를 MAE로 나타낸 것이다. 학습단계에 따라 학습용 데이터의 MAE가 줄어들며, 테스트 데이터로 검증하면 같이 줄어드어 학습효과가 나타나는 현상을 볼 수 있다.

```
# 학습 수에 따른 정확도(mae) 변화
plt.figure(figsize=(10,5))
plt.plot(results.history['mae'])        학습 데이터의 오차
plt.plot(results.history['val_mae'])    테스트 데이터의 오차
plt.title('accuracy(MAE)')
plt.xlabel('epoch')
plt.ylabel('accuracy')
plt.legend(['train','test'],loc='upper right')
plt.show()
```

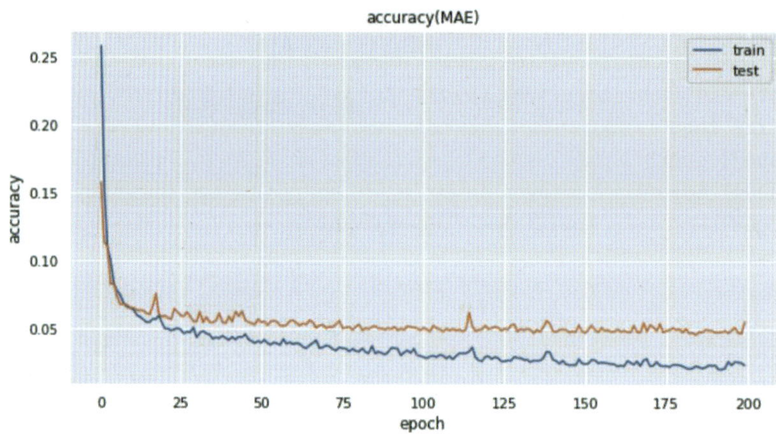

(7) 예측

학습된 모형으로 테스트 데이터를 예측한다. 예측 값은 정규화 전의 스케일로 변환한다.

```
# 테스트 데이터에 대한 예측
y_pred = model.predict(X_test_min).flatten()
# 예측 값의 역변환
y_pred_inverse = scalerY.inverse_transform(y_pred.reshape(-1,1))
print(y_pred_inverse[0:10])
```

```
[[24.4404  ]
 [23.283087]
 [47.73616 ]
 [22.901867]
 [24.387146]
 [21.155628]
 [18.79687 ]
 [32.0432  ]
 [20.667751]
 [12.652034]]
```

실제 값 대비 변환된 예측 값에 대한 오차 MAE를 계산하면 다음과 같다.

```
# 오차 측정(MAE)
print('MAE: %.2f' % mean_absolute_error(y_test, y_pred_inverse))
```

```
MAE: 2.51
```

실제 값 대비 예측 값을 산포도로 비교하면 예측력을 파악할 수 있다. 다음은 정규화된 데이터로 비교한 그래프이다. 실제 값(X축) 대비 예측 값(Y축)의 점들이 대각선 상에 위치하는 정도가 높을수록 정확도가 크게 된다.

```
# 실제 값 대비 예측 값의 산포도
plt.figure(figsize=(7, 7))
plt.scatter(y_test_norm, y_pred, c='r')
plt.xlabel('True Values')
plt.ylabel('Predictions')
plt.axis('equal')
plt.xlim(0, 1)
plt.ylim(0, 1)
plt.plot([0, 1], [0, 1])
plt.show()
```

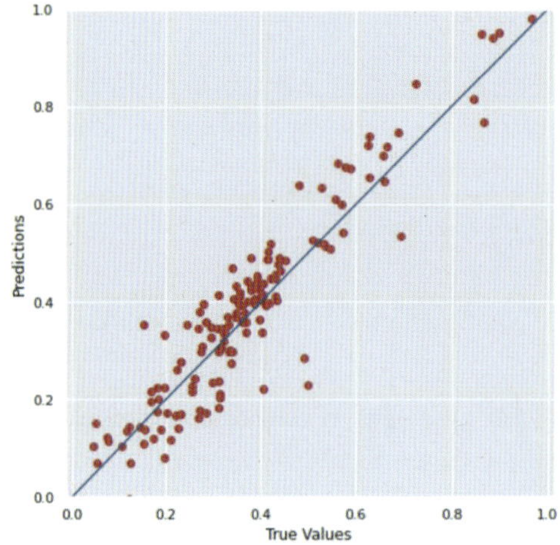

11.4 과적합과 드롭아웃 모형

과적합이란 모형이 학습용 데이터에 지나치게 최적화되면 테스트 데이터에 대한 예측률이 낮아지는 현상을 말한다. 과적합 현상을 줄이기 위한 한 방법으로 드롭아웃(drop-out) 네트워크 모형이 있다. 드롭 아웃 네트워크는 일부 노드 간 연결을 끊어 학습용 데이터에 대한 학습이 덜 되도록 하는 방법이다.

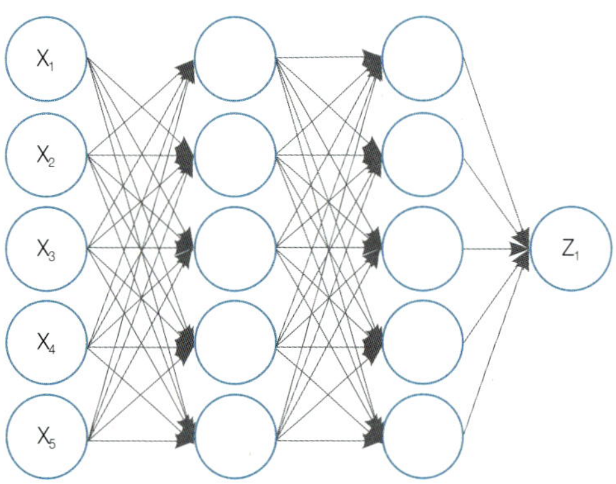

표준 네트워크(fully connected network)

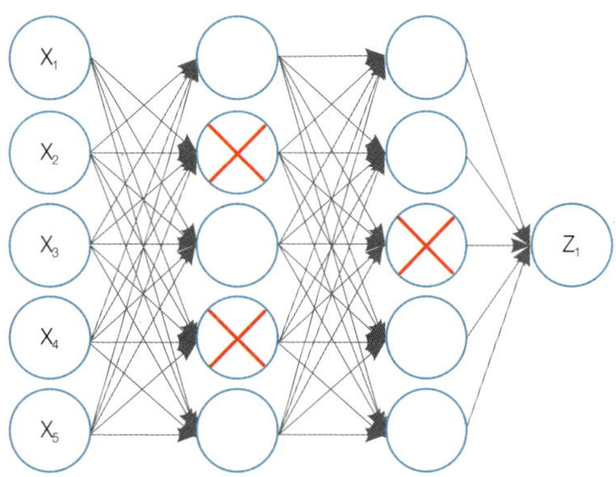

드롭아웃 네트워크

• 은닉층 노드의 드롭아웃

11.3절과 비교하면 Dropout 모듈을 추가하고, 모형구조에서 드롭아웃 비율을 설정하는 과정만 다르다. (2)~(5) 과정은 11.3절을 참고하기로 하자.

(1) 패키지 설정

keras.layers에 있는 Dropout 모듈을 추가한다.

```
from sklearn.datasets import load_boston
from sklearn.preprocessing import MinMaxScaler
from sklearn.model_selection import train_test_split
from sklearn.metrics import mean_absolute_error
from keras.models import Sequential
from keras.layers import Dense, Dropout
import pandas as pd                          Dropout 모듈 추가
import seaborn as sns
import matplotlib.pyplot as plt
```

(6) 모형화 및 학습

11.3절의 모형에서 제1은닉층과 제2은닉층의 드롭아웃은 0.5(50%)로 하고, 제3은닉층과 출력층 사이는 드롭 아웃을 0.2(20%) 비율로 하는 구조로 변형해보자.

```
# 모형 구조: 은닉층 노드의 드롭 아웃
model = Sequential()
# 제1은닉층의 60개 노드와 12개 입력 노드
model.add(Dense(60, activation='relu', input_shape=(12,)))
# 제1은닉층과 제2은닉층 사이의 드롭 아웃(50%)
model.add(Dropout(0.5))    Dropout 설정
# 제2은닉층의 60개 노드
model.add(Dense(60, activation='relu'))
# 제3은닉층의 30개 노드
model.add(Dense(30, activation='relu'))
# 제3은닉층과 출력층 사이의 드롭 아웃(50%)
model.add(Dropout(0.2))    Dropout 설정
# 1개 출력 노드
model.add(Dense(1))
```

모형 구조에 드롭아웃이 있고, 그 노드들은 실행 시에 무작위로 정해지게 된다.

```
# 모형 구조 출력
model.summary()
```

```
Model: "sequential_11"
_________________________________________________________________
 Layer (type)                Output Shape              Param #
=================================================================
 dense_41 (Dense)            (None, 60)                780

 dropout_12 (Dropout)        (None, 60)                0

 dense_42 (Dense)            (None, 60)                3660

 dense_43 (Dense)            (None, 30)                1830

 dropout_13 (Dropout)        (None, 30)                0

 dense_44 (Dense)            (None, 1)                 31

=================================================================
Total params: 6,301
Trainable params: 6,301
Non-trainable params: 0
_________________________________________________________________
```

모형구성은 11.3절과 같다.

```
# 모형 구성
model.compile(optimizer='adam',
     loss='mse',
     metrics=['mae'])
model.summary()
```

드롭아웃에 따른 학습 정도를 비교해보기 위해 11.3절의 학습 수를 200에서 1000으로 변경하였다.

```
# 학습
results = model.fit(X_train_min, y_train_min,
        validation_data=(X_test_min, y_test_min),
        epochs=1000, batch_size=20)
```

```
Epoch 1/1000
18/18 [=========] - 1s 10ms/step - loss: 0.1828 - mae: 0.3325 - val_loss: 0.0468 - val_mae: 0.1619
Epoch 2/1000
18/18 [=========] - 0s 4ms/step - loss: 0.0633 - mae: 0.1909 - val_loss: 0.0324 - val_mae: 0.1244
Epoch 3/1000
18/18 [=========] - 0s 4ms/step - loss: 0.0472 - mae: 0.1578 - val_loss: 0.0252 - val_mae: 0.1060
Epoch 4/1000
18/18 [=========] - 0s 4ms/step - loss: 0.0411 - mae: 0.1477 - val_loss: 0.0201 - val_mae: 0.0937
Epoch 5/1000
```

```
Epoch 994/1000
18/18 [=========] - 0s 4ms/step - loss: 0.0034 - mae: 0.0435 - val_loss: 0.0080 - val_mae: 0.0633
Epoch 995/1000
18/18 [=========] - 0s 4ms/step - loss: 0.0033 - mae: 0.0425 - val_loss: 0.0080 - val_mae: 0.0634
Epoch 996/1000
18/18 [=========] - 0s 4ms/step - loss: 0.0038 - mae: 0.0437 - val_loss: 0.0079 - val_mae: 0.0642
Epoch 997/1000
18/18 [=========] - 0s 5ms/step - loss: 0.0034 - mae: 0.0419 - val_loss: 0.0070 - val_mae: 0.0603
Epoch 998/1000
18/18 [=========] - 0s 4ms/step - loss: 0.0031 - mae: 0.0411 - val_loss: 0.0079 - val_mae: 0.0633
Epoch 999/1000
18/18 [=========] - 0s 4ms/step - loss: 0.0035 - mae: 0.0431 - val_loss: 0.0083 - val_mae: 0.0640
Epoch 1000/1000
18/18 [=========] - 0s 3ms/step - loss: 0.0032 - mae: 0.0433 - val_loss: 0.0080 - val_mae: 0.0619
```

학습 결과가 저장된 변수는 다음과 같다.

```
# 학습모형에 저장된 키(변수)
print(results.history.keys())
```

```
dict_keys(['loss', 'mae', 'val_loss', 'val_mae'])
```

11.3절과 비교하면 200 epoch 내에서 테스트 데이터의 손실함수 값이 더 줄어든 현상을 볼 수 있다.

```
# 학습 수에 따른 loss 변화
plt.figure(figsize=(10, 5))
plt.plot(results.history['loss'])
plt.plot(results.history['val_loss'])
plt.title('loss')
plt.xlabel('epoch')
plt.ylabel('loss')
plt.legend(['train', 'test'], loc='upper right')
plt.show()
```

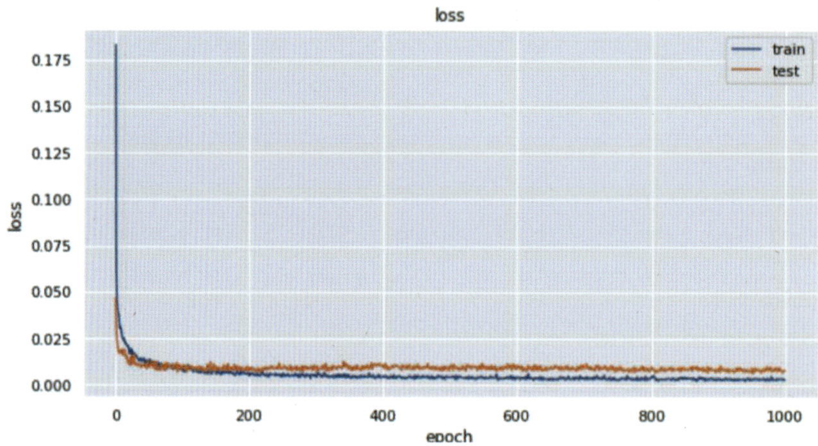

11.3절과 비교하면 200 epoch 내에서 테스트 데이터의 MAE가 더 줄어든 현상을 볼 수 있다.

```
# 학습 수에 따른 정확도(mae) 변화
plt.figure(figsize=(10, 5))
plt.plot(results.history['mae'])
plt.plot(results.history['val_mae'])
plt.title('accuracy(MAE)')
plt.xlabel('epoch')
plt.ylabel('accuracy')
plt.legend(['train', 'test'], loc='upper right')
plt.show()
```

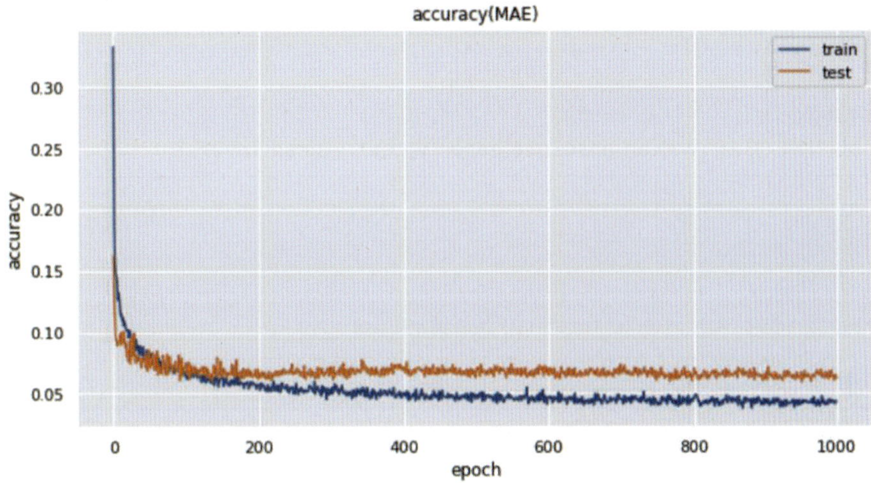

(7) 예측

학습된 모형으로 테스트 데이터를 예측한다. 예측 값은 정규화 전의 스케일로 변환한다.

```
# 테스트 데이터에 대한 예측
y_pred = model.predict(X_test_min).flatten()
# 예측 값의 역변환
y_pred_inverse = scalerY.inverse_transform(y_pred.reshape(-1,1))
print(y_pred_inverse[0:10])
```

```
[[23.613438]
 [19.913296]
 [35.274014]
 [23.186726]
 [21.386095]
 [21.369583]
 [20.320559]
 [24.111069]
 [19.26796 ]
 [14.170445]]
```

실제 값 대비 변환된 예측 값에 대한 MAE를 계산하면 다음과 같다. 정확도는 가중치의 초기 값과 학습 수에 따라 달라지기 때문에 여러 모형으로 학습하여 좋은 모형을 선택할 필요가 있다.

```
# 오차 측정(MAE)
print('MAE: %.2f' % mean_absolute_error(y_test, y_pred_inverse))
```

```
MAE: 2.79
```

실제 값 대비 예측 값을 산포도로 비교하면 다음과 같다.

```
# 실제 값 대비 예측 값의 산포도
plt.figure(figsize=(7, 7))
plt.scatter(y_test_min, y_pred, c='r')
plt.xlabel('True Values')
plt.ylabel('Predictions')
plt.axis('equal')
plt.xlim(0, 1)
plt.ylim(0, 1)
plt.plot([0, 1], [0, 1])
plt.show()
```

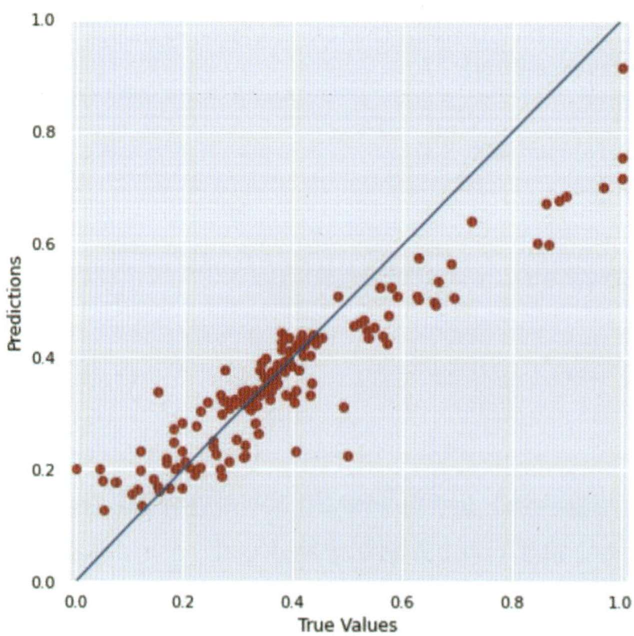

• 입력 노드의 드롭아웃

입력 노드에 대한 드롭아웃은 입력 노드가 설정된 부분에 지정하면 된다. 다음은 입력 노드의 드롭아웃 비율을 0.2로 설정한 예이다.

```
# 모형 구조: 입력 노드의 드롭아웃
model = Sequential()
model.add(Dropout(0.2, input_shape=(12,)))
model.add(Dense(60, activation='relu'))
model.add(Dense(60, activation='relu'))
model.add(Dense(30, activation='relu'))
model.add(Dense(1))
```

입력 노드에 대한 드롭아웃 (비율: 0.2)

요약

회귀분석 딥러닝 모형구조: 일반적으로 다수의 입력노드와 한 개의 출력노드로 구성하며, 여러 개의 은닉층이 있다. 필요에 따라 과적합 문제를 피하기 위해 드롭아웃을 설정한다.

활성화함수: 은닉층의 수가 많은 딥러닝의 경우, 가중치 소실문제를 해결하기 위해 일반적으로 ReLU 함수를 설정한다. 한편, 회귀분석의 경우, 출력 노드에는 활성화함수를 설정하지 않는다.

비용함수: 학습 데이터 표본에 대해 실제 값과 예측 값의 차이를 평균한 값으로 정확도를 평가하는 평균오차제곱(MSE, mean squared error)를 사용한다

최적화 기법: 가중치를 수정하는 최적화 방법으로는 딥러닝에서 일반적으로 Adam을 많이 사용한다.

정확도 평가: 학습모형의 평가 기준의 한 방법으로 평균절대오차(MAE: Mean Absolute Error)가 있다.

파이썬 분석 기본 절차: 패키지 설정 ➔ 데이터 준비 ➔ 탐색적 데이터 분석 ➔ 데이터 분리(학습용, 테스트용) ➔ 피처 스케일링 ➔ 모형화 및 학습 ➔ 예측

패키지: 딥러닝을 위한 keras 패키지가 있다. Sequential 모듈은 한 층씩 추가하여 네트워크를 만들어 가며, Dense 모듈은 층 간 노드들은 모두 연결되는 모형구조를 만들게 한다. 한편, 과적합을 피하기 위해 Dropout 모듈을 사용한다.

연습 문제

다음 데이터는 5개 표본의 입력 데이터에 대한 실제값(y)과 예측값($\hat{y}$)이다. 물음에 답하시오.

i	y	$\hat{y}$
1	20	22
2	42	38
3	30	32
4	25	22
5	38	35

1. 평균오차제곱(MSE)를 비용함수로 하는 비용을 계산하시오.

2. 평균절대오차(MAE)를 이용하여 학습모형을 평가하시오

3. 평균절대오차백분율(MAPE)를 이용하여 학습모형을 평가하시오

응용 문제1 당뇨병 진단

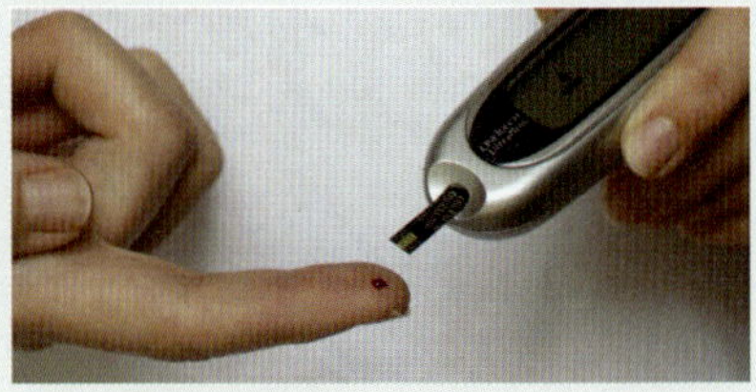

다음 당뇨병 데이터 세트(8.5절 참조)에 대해 딥러닝으로 학습하고 정확도를 평가하시오. 단, 학습용과 테스트용 데이터를 7:3으로 나누고, 정확도가 높은 모형을 찾아보시오. 당뇨병 데이터 세트는 2004년도에 Bradley Efron 등이 제공하였다. 샘플은 442명의 당뇨병 환자이며, 10가지 입력변수에 따른 1개의 목표변수로 구성되어 있다. 다음 입력 변수에서 age와 sex 변수는 제외하시오.

당뇨병 데이터 세트의 구성 항목

항목명	내용
age	나이
sex	성별
bmi	체질량 지수
bp	평균 혈압
s1	총 혈청 콜레스트롤
s2	저밀도 지단백질
s3	고밀도 지단백질
s4	고밀도 지단백질 대비 총 콜레스트롤 비율
s5	혈청 트리글리세리드 수준
s6	혈당 수치
y	연간 당뇨병 진행 정도

sklearn 패키지에서 당뇨병 데이터 세트를 불러오는 방법은 다음과 같다.

```
from sklearn.datasets import load_diabetes
# 데이터 불러오기
diabetes = load_diabetes()
print(diabetes)
# 입력 변수
print(diabetes.feature_names)
```

와인 평가

응용 문제2

UCI Machine Learning Repository에서 제공하는 Wine Quality 데이터 세트를 이용해서, 학습용과 테스트용 데이터를 7:3으로 분리하고 딥러닝으로 와인의 질을 평가하는 정확도 높은 모형을 찾아보자. 다음은 입력변수와 출력변수에 대한 설명이다. 입력변수는 11개이며 출력변수는 1개로 구성되고, 데이터는 총 4898개 표본의 행으로 구성되어 있다. 각 항목들은 누락된 데이터가 없다. 학습용과 테스트용 데이터를 7:3으로 분리하시오.

Wine Quality 데이터 세트의 구성 항목

구분	항목명	설명
입력변수	fixed acidity	결합산
	volatile acidity	휘발산
	citric acid	시트르산(구연산)
	residual sugar	알코올 발효가 끝난 후 와인에 남은 천연 포도당
	chlorides	염화물
	free sulfur dioxide	유리 이산화황
	total sulfur dioxide	총 이산화항
	density	밀도
	pH	수소 이온 농도
	sulphates	황산염
	alcohol	알코올 농도
출력변수	quality	포도주의 질(0~10 사이의 점수)

'winequality-red.csv' 데이터 파일을 불러오는 방법은 다음과 같다.

```
import pandas as pd
url="https://archive.ics.uci.edu/ml/machine-learning-databases/"\
    "wine-quality/winequality-red.csv"
data=pd.read_csv(url)
print(data)
```

CHAPTER

12 딥러닝: 분류분석

학습목표

딥러닝 분류문제의 이해

학습내용

딥러닝 원리 이해
딥러닝의 분류모형
드롭 아웃 모형과 활용

피에르 오귀스트 르누아르 – 물랭 드 라 갈레트의 무도회 (1876)

12.1 분류문제 예시: MINST 손글씨 분류

숫자 이미지를 분류하는 예를 보자. MNiST(Modified NIST) 데이터베이스는 미국 국립 표준기술연구소(NIST, National Institute of Standards and Technology)에서 제공하는 인구 조사국 직원들의 필기체 숫자 이미지 데이터세트를 기반으로 중등학교 학생들의 데이터 세트를 추가하여 만든 것이다. MNIST 데이터 세트는 6만 개의 학습용 데이터 세트와 1만 개의 테스트 데이터 세트가 있다. 각 숫자 이미지는 가로와 세로로 28 X 28개의 픽셀 단위로 0~255의 숫자로 표현된다[28].

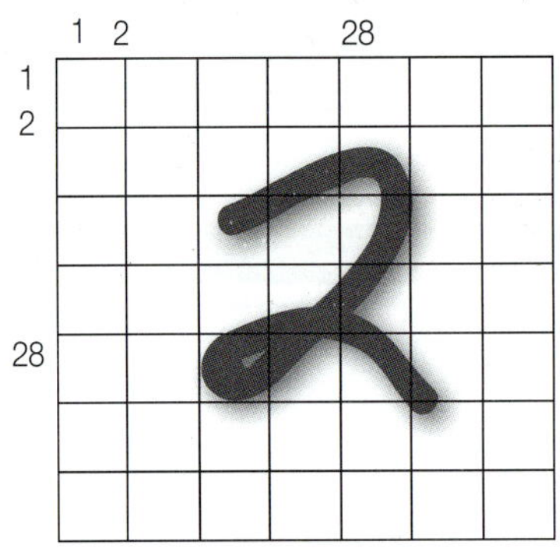

28X28 픽셀
(각 픽셀은 0~255)

0	0	0	0	0	0	0
0	0	3	5	5	1	0
0	2	4	0	5	1	0
0	0	0	0	5	0	0
0	2	4	5	5	0	0
0	5	3	0	0	4	0
0	0	0	0	0	0	0

7X7 픽셀의 예
(편의상 0~5로 표현함)

12.2 딥러닝 모형 개요

(1) MNIST 데이터 세트와 모형 구조

이미지 분류는 다중 분류 방법의 하나이다. 다중 분류는 입력 데이트를 여러 라벨로 분류하는 문제이다. 다음 그림은 MNIST 데이터세트를 분류하기 위해 784개의 입력노드, 여러 개의 은닉 층, 그리고 라벨 분류만큼의 10개 출력노드로 구성되는 심층신경망(DNN) 모형 개념도이다.

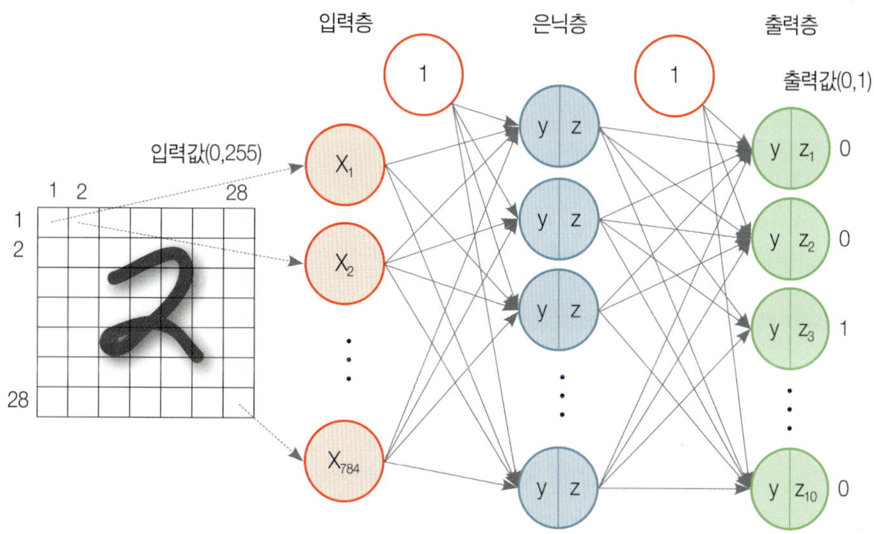

숫자 이미지 분류를 위한 DNN

(2) 입출력 데이터와 원-핫 인코딩

입력 데이터는 28×28 픽셀 크기의 숫자 이미지를 784개로 일렬화한 표본들이다. 한편, 출력 노드의 목표치는 각 라벨을 원-핫 인코딩(one-hot encoding)으로 변환하여 만든 1차원 벡터 구조이다. 원-핫 인코딩은 라벨의 분류 수(m개)에 해당하는 크기의 1차원 벡터에서 하나의 위치에만 1로 만들고 나머지는 모두 0인 이진값으로 만드는 기법이다. 즉 '0' 이라는 라벨은 1번째 노드에만 1이고 나머지는 모두 0이며, '1'이라는 라벨은 2번째 노드에만 1이고 나머지는 모두 0인 1차원 벡터가 된다.

(3) 활성화함수

각 은닉층의 노드의 활성화함수는 ReLU로 한다. 딥러닝의 경우, 미분값들로 인한 가중치 소실문제(gradient vanishing)를 해결하기 위해 일반적으로 ReLU 함수를 설정한다(10장 참조).

한편 출력층에는 출력 노드(m개)들의 합은 1이 되고, 각 노드들(i)의 출력(z_i)은 0~1 사이의 값을 갖는 softmax 함수를 활성화함수로 설정한다. 이는 한 노드의 값은 1에 가깝고, 나머지 노드들은 0에 가까운 값이 출력되도록 하여 분류를 용이하게 해준다.

$$\sum_{j=1}^{m} z_i = 1, \text{ where } z_i = \frac{e^{y_i}}{\sum_{j=1}^{m} e^{y_i}}$$

(3) 비용 함수

비용함수는 교차 엔트로피 오차 CEE를 사용한다. CEE는 다음과 같이 계산한다. i는 표본 데이터의 색인을 의미하며(1~n), j는 출력 노드의 색인을 의미한다(1~m). 한편, 그리고 R_{ij}은 각 표본 i에 대한 j번째 출력노드의 목표치(0 또는 1)이며, P_{ij}는 각 표본 i에 대한 j번째 출력노드의 출력값인 확률(0~1)이 된다.

$$CEE = \frac{1}{n}\sum_{i=1}^{n}\sum_{j=1}^{m} R_{ij}\, log\, P_{ij}$$

(4) 최적화 기법

가중치를 수정하는 최적화 방법으로는 딥러닝에서 일반적으로 많이 사용하는 Adam을 사용한다.

(5) 테스트 및 평가

학습모형의 평가 기준은 정확도(accuracy)를 설정한다. 정확도는 실제 분류 값과 예측한 분류 값의 일치 비율을 나타낸다. 실제 값 대비 예측 값의 분포는 혼동행렬로 표현할 수 있다.

12.3 파이썬 기반 분석

딥러닝 모형화를 위해 keras 패키지를 사용한다. MNIST 데이터 세트를 불러와서 탐색적 데이터 분석을 실행한다. 데이터는 학습용과 테스트용으로 분리하고, 입력 데이터는 피처 스케일링으로 정규화하며, 목표변수의 라벨은 원-핫 인코딩으로 변환한다. 모형화 및 학습을 거쳐 테스트 데이터로 예측한다.

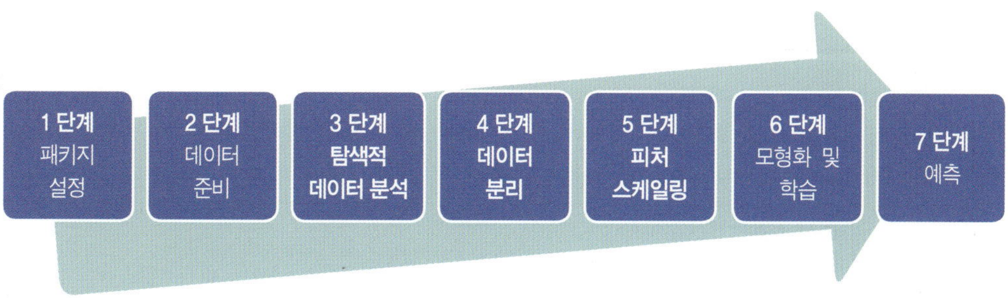

(1) 패키지 설정

MNIST 데이터 세트를 불러오기 위해 keras 패키지의 mnist 모듈을 설정한다. 학습용과 테스트용으로 분리하기 위해서는 train_test_split 모듈을 사용한다. 딥러닝 모형화를 위해 keras 패키지를 사용한다. Sequential 모듈은 한 층씩 추가하여 네트워크를 만들어 가며, Dense 모듈은 층 간 노드들은 모두 연결되는 모형구조를 만들게 한다.

```
from keras.datasets import mnist
from keras.models import Sequential
from keras.layers import Flatten, Dense
from keras.utils import np_utils
import matplotlib.pyplot as plt
import pandas as pd
import numpy as np
```

(2) 데이터 준비

학습용과 출력용으로 분리하여 MNIST 데이터 세트를 불러온다.

```
# 데이터 불러오기
(X_train, y_train), (X_test, y_test) = mnist.load_data()
```

학습용의 입력 데이터는 총 6만 개의 28X28 픽셀로 구성되는 3차원으로 되어 있으며, 목표값은 6만 개의 1차원으로 구성되어 있다. 한편, 테스트용의 입력 데이터는 총 1만 개의 28X28 픽셀로 구성되는 3차원으로, 목표값은 1만 개의 1차원으로 구성되어 있다.

```
# 학습용 데이터의 차원
print(X_train.shape, y_train.shape)
# 테스트용 데이터의 차원
print(X_test.shape, y_test.shape)
```

```
(60000, 28, 28) (60000,)
(10000, 28, 28) (10000,)
```

학습용의 입력 데이터에서 첫 번째 손글씨 이미지에 대한 픽셀 단위의 값을 확인하면 다음과 같다. 0은 흰 부분이고 255는 검은 색이며, 그 사이는 회색 계열의 값으로 구성되어 있다.

```
# 학습용 데이터: 첫 번째 손글씨 데이터
print(X_train[0])
```

```
[[  0   0   0   0   0   0   0   0   0   0   0   0   0   0   0   0   0   0
    0   0   0   0   0   0   0   0   0   0]
 [  0   0   0   0   0   0   0   0   0   0   0   0   0   0   0   0   0   0
    0   0   0   0   0   0   0   0   0   0]
 [  0   0   0   0   0   0   0   0   0   0   0   0   0   0   0   0   0   0
    0   0   0   0   0   0   0   0   0   0]
 [  0   0   0   0   0   0   0   0   0   0   0   0   0   0   0   0   0   0
    0   0   0   0   0   0   0   0   0   0]
 [  0   0   0   0   0   0   0   0   0   0   0   0   0   0   0   0   0   0
    0   0   0   0   0   0   0   0   0   0]
 [  0   0   0   0   0   0   0   0   0   0   0   0   3  18  18  18 126 136
  175  26 166 255 247 127   0   0   0   0]
 [  0   0   0   0   0   0   0   0  30  36  94 154 170 253 253 253 253 253
  225 172 253 242 195  64   0   0   0   0]
 [  0   0   0   0   0   0   0  49 238 253 253 253 253 253 253 253 253 251
   93  82  82  56  39   0   0   0   0   0]
 [  0   0   0   0   0   0   0  18 219 253 253 253 253 253 198 182 247 241
```

한편, 목표변수의 라벨에 대해 앞 부분 10개를 보면, 첫 번째 손글씨는 5임을 알 수 있다.

```
# 테스트 데이터: 1~10행 출력
print(y_train[0:10])
```

```
[5 0 4 1 9 2 1 3 1 4]
```

그래프로 확인해보면 다음과 같다.

```
# 학습용 데이터의 그래프 출력: 첫 번째 손글씨 데이터
plt.imshow(X_train[0], cmap="Greys")
plt.show()
```

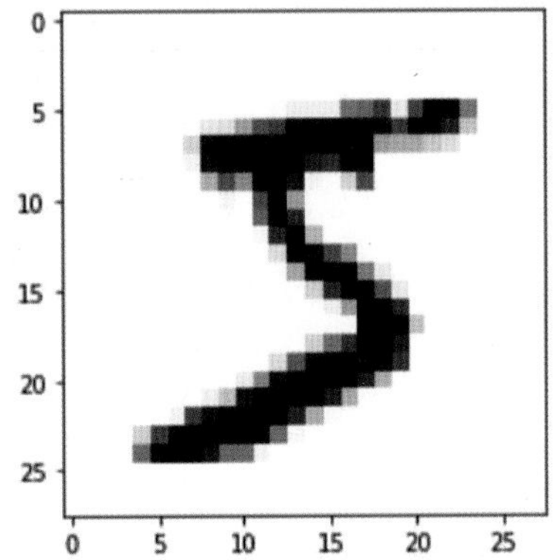

(3) 탐색적 데이터 분석

학습용과 출력용은 같은 구조이기 때문에 학습용에 대해서만 탐색적 데이터 분석을 예시하기로 한다. 그래프 출력을 위해 데이터 프레임으로 변형하면 편리하다. 다음은 3차원 입력 데이터를 2차원으로 변형하는 방법이다. 행의 수는 이미지 수의 6만 개로 한다. 열의 수는 2차원 28X28 픽셀을 1차원으로 변형한 한 784개로 하였다.

```
# 입력 데이터의 차원 변환 : 2차원(이미지 수 X 784)
X_train_2 = X_train.reshape(X_train.shape[0], 784)
```

데이터 프레임으로 변형하여 널 값을 확인한다. 784개 열에 대한 각 널 값의 수가 모두 0이 되기 때문에 데이터를 그대로 활용할 수 있다.

```
# 각 열별 널 값의 빈도
nan = pd.DataFrame(X_train_2).isnull().sum()
print(nan)
```

```
0      0
1      0
2      0
3      0
4      0
      ..
779    0
780    0
781    0
782    0
783    0
Length: 784, dtype: int64
'\nSeries([], dtype: int64)\n-> No missing values\n'
```

각 열에 대해 널 값의 수가 0이 아닌 것만 확인할 때는 다음과 같이 조건을 설정하면 된다. 결과는 해당 항목이 없는 경우이다.

```
# 널 값이 있는 열 출력
print(nan[nan != 0])
```

```
Series([], dtype: int64)
'\nSeries([], dtype: int64)\n-> No missing values\n'
```

참고로 각 열별로 픽셀의 강도를 분석하면 다음과 같다. 각 열에 대해 총 개수, 평균, 표준편차, 최숫값, 1사분위수, 2사분위수, 3사분위수, 최댓값을 볼 수 있다.

```
# 각 열별 픽셀의 강도 분석
X_train_2_pd = pd.DataFrame(X_train_2)
X_train_2_pd.describe()
```

	0	1	2	3	12	13	14
count	60000.0	60000.0	60000.0	60000.0	60000.000000	60000.000000	60000.000000
mean	0.0	0.0	0.0	0.0	0.002100	0.007833	0.003600
std	0.0	0.0	0.0	0.0	0.475324	1.361189	0.881816
min	0.0	0.0	0.0	0.0	0.000000	0.000000	0.000000
25%	0.0	0.0	0.0	0.0	0.000000	0.000000	0.000000
50%	0.0	0.0	0.0	0.0	0.000000	0.000000	0.000000
75%	0.0	0.0	0.0	0.0	0.000000	0.000000	0.000000
max	0.0	0.0	0.0	0.0	116.000000	254.000000	216.000000

8 rows × 784 columns

한편, 목표변수의 라벨별로 빈도를 보면 다음과 같다.

```
# 라벨별 빈도
y_cnt = pd.DataFrame(y_train).value_counts()
print(y_cnt)
```

```
1     6742
7     6265
3     6131
2     5958
9     5949
0     5923
6     5918
8     5851
4     5842
5     5421
dtype: int64
```

바차트로 그려보면, 빈도 수가 높은 순서의 라벨은 1, 7, 3, 2, 9, 0, 6, 8, 4, 5이다. 총 6만 개 중에서 각 라벨의 빈도는 크게 차이가 나지 않는다.

```
# 라벨별 빈도에 대한 바 차트 출력
y_cnt.plot(kind='bar')
plt.xlabel('Label')
plt.ylabel('Frequency')
plt.show()
```

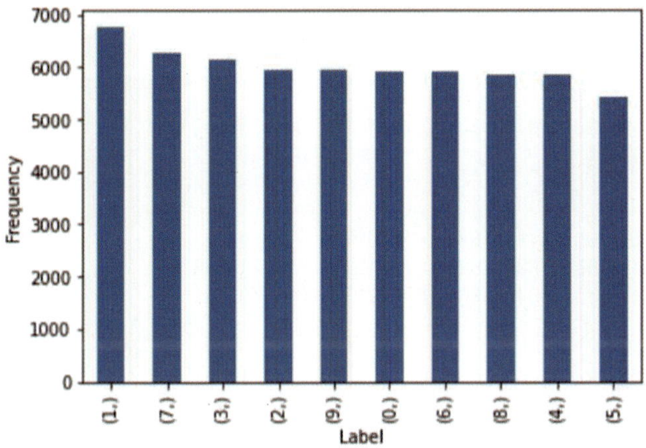

(4) 피처 스케일링

입력 데이터는 모두 0~255 사이의 값이기 때문에 각각 255로 나누어 0~1로 정규화한다.

```
# 입력 데이터 정규화
X_train_norm = X_train.astype('float32') / 255
X_test_norm  = X_test.astype('float32') / 255
# 1행 출력
print(X_train_norm[0])
```

```
[[0.         0.         0.         0.         0.         0.
  0.         0.         0.         0.         0.         0.
  0.         0.         0.         0.         0.         0.
  0.         0.         0.         0.         0.         0.
  0.         0.         0.         0.         ]

  0.         0.         0.         0.         0.         0.
  0.         0.         0.         0.         0.         0.
  0.         0.         0.         0.         0.         0.
  0.         0.         0.         0.         ]
 [0.         0.         0.         0.         0.         0.
  0.         0.         0.         0.         0.         0.
  0.01176471 0.07058824 0.07058824 0.07058824 0.49411765 0.53333336
  0.6862745  0.10196079 0.6509804  1.         0.96862745 0.49803922
  0.         0.         0.         0.         ]
 [0.         0.         0.         0.         0.         0.
  0.         0.         0.11764706 0.14117648 0.36862746 0.6039216
  0.6666667  0.99215686 0.99215686 0.99215686 0.99215686 0.99215686
  0.88235295 0.6745098  0.99215686 0.9490196  0.7647059  0.2509804
  0.         0.         0.         0.         ]
 [0.         0.         0.         0.         0.         0.
  0.         0.19215687 0.93333334 0.99215686 0.99215686 0.99215686
  0.99215686 0.99215686 0.99215686 0.99215686 0.99215686 0.9843137
  0.3647059  0.32156864 0.32156864 0.21960784 0.15294118 0.
```

(5) 원-핫 인코딩

학습용과 테스트용의 목표변수의 라벨은 원-핫 인코딩한다. 앞부분의 10개 행 중에서 첫 번째 행은 5로서, 6번째 위치는 1이고 나머지는 모두 0임을 확인할 수 있다.

```
# 출력 데이터의 원-핫 인코딩
y_train_class = np_utils.to_categorical(y_train)
y_test_class = np_utils.to_categorical(y_test)
# 1~10행 출력
print(y_train_class[0:10])
```

```
[[0. 0. 0. 0. 0. 1. 0. 0. 0. 0.]
 [1. 0. 0. 0. 0. 0. 0. 0. 0. 0.]
 [0. 0. 0. 0. 1. 0. 0. 0. 0. 0.]
 [0. 1. 0. 0. 0. 0. 0. 0. 0. 0.]
 [0. 0. 0. 0. 0. 0. 0. 0. 0. 1.]
 [0. 0. 1. 0. 0. 0. 0. 0. 0. 0.]
 [0. 1. 0. 0. 0. 0. 0. 0. 0. 0.]
 [0. 0. 0. 1. 0. 0. 0. 0. 0. 0.]
 [0. 1. 0. 0. 0. 0. 0. 0. 0. 0.]
 [0. 0. 0. 0. 1. 0. 0. 0. 0. 0.]]
```

라벨 '5'의 원-핫 인코딩

(6) 모형화 및 학습

먼저, Sequential 모듈을 이용해서 입력부터 출력 노드까지 순차적으로 더해 주는 순차 모형을 만든다. 먼저 각 표본별 2차원의 28×28 구조를 일렬 구조로 변형한 입력노드를 추가한다. 은닉층은 여러 개 추가 가능하며, 다음은 1개 은닉층을 추가한 예이다. 노드의 수는 512개로 하였으며, 활성화함수는 ReLU로 설정한다. 한편, 출력노드는 원-핫 인코딩 구조의 10개이며, 활성화함수는 소프트맥스를 설정한다.

```
# 모형 구조
model = Sequential()
model.add(Flatten(input_shape=(28, 28)))
model.add(Dense(512, activation='relu'))
model.add(Dense(10, activation='softmax'))
```

모형 구조를 출력하면 다음과 같다. 입력부터 출력까지 노드 간 연결 수와 편향을 포함한 총 수를 볼 수 있다.

```
# 모형 구조 출력
model.summary()
```

```
Model: "sequential_10"
_________________________________________________________________
Layer (type)                 Output Shape              Param #
=================================================================
flatten_3 (Flatten)          (None, 784)               0

dense_6 (Dense)              (None, 512)               401920

dense_7 (Dense)              (None, 10)                5130

=================================================================
Total params: 407,050
Trainable params: 407,050
Non-trainable params: 0
_________________________________________________________________
```

다음으로 모형 구성에 관한 손실 함수, 최적화 기법, 정확도 평가 지표를 설정한다. 순서대로 Cross-entropy, Adam, Accuracy로 설정한 예이다.

```
# 모형 구성
model.compile(loss='categorical_crossentropy',
      optimizer='adam',
      metrics=['accuracy'])
```

모형 학습은 학습용의 입력과 출력 데이터로 한다. 학습 과정에서 모형 검증은 테스트 데이터를 설정한다. 학습 반복 수는 100, 배치 크기는 128이다. 실행하면 학습 단계마다 테스트 데이터에 대한 비용과 정확도가 변하는 과정을 볼 수 있다. loss는 학습 데이터의 비용, mae는 학습 데이터의 오차, val_loss는 테스트 데이터의 비용, val_mae는 테스트 데이터의 오차를 의미한다.

```
# 학습
results = model.fit(X_train_norm, y_train_class,    학습 데이터
                    validation_data=(X_test_norm, y_test_class),
                    epochs=100, batch_size=128)    검증 데이터
```

```
Epoch 1/200
600/600 [======] - 5s 7ms/step - loss: 0.2474 - accuracy: 0.9297 - val_loss: 0.1197 - val_accuracy: 0.9638
Epoch 2/200
600/600 [======] - 4s 6ms/step - loss: 0.1013 - accuracy: 0.9703 - val_loss: 0.0912 - val_accuracy: 0.9733
Epoch 3/200
600/600 [======] - 4s 6ms/step - loss: 0.0655 - accuracy: 0.9803 - val_loss: 0.0723 - val_accuracy: 0.9771
Epoch 4/200
600/600 [======] - 4s 6ms/step - loss: 0.0466 - accuracy: 0.9860 - val_loss: 0.0700 - val_accuracy: 0.9770
Epoch 5/200
600/600 [======] - 4s 6ms/step - loss: 0.0333 - accuracy: 0.9900 - val_loss: 0.0701 - val_accuracy: 0.9775

Epoch 196/200
600/600 [======] - 4s 6ms/step - loss: 1.9709e-09 - accuracy: 1.0000 - val_loss: 0.1427 - val_accuracy: 0.9841
Epoch 197/200
600/600 [======] - 4s 6ms/step - loss: 1.9411e-09 - accuracy: 1.0000 - val_loss: 0.1426 - val_accuracy: 0.9842
Epoch 198/200
600/600 [======] - 4s 6ms/step - loss: 1.9232e-09 - accuracy: 1.0000 - val_loss: 0.1427 - val_accuracy: 0.9842
Epoch 199/200
600/600 [======] - 4s 6ms/step - loss: 1.9232e-09 - accuracy: 1.0000 - val_loss: 0.1428 - val_accuracy: 0.9840
Epoch 200/200
600/600 [======] - 4s 7ms/step - loss: 1.9054e-09 - accuracy: 1.0000 - val_loss: 0.1428 - val_accuracy: 0.9841
```

```
# 학습모형에 저장된 키(변수)
print(results.history.keys())
```

```
dict_keys(['loss', 'accuracy', 'val_loss', 'val_accuracy'])
```

다음은 학습단계에 따른 비용의 변화를 나타낸 것이다. 학습단계에 따라 학습용 데이터의 비용은 줄어든 반면, 테스트 데이터는 조금씩 증가하는 현상을 볼 수 있다(12.4절 드롭아웃 참조).

```
# 학습 수에 따른 loss 변화
plt.figure(figsize=(10,5))
plt.plot(results.history['loss'])
plt.plot(results.history['val_loss'])
plt.title('loss')
plt.xlabel('epoch')
plt.ylabel('loss')
plt.legend(['train','test'],loc='upper right')
plt.show()
```

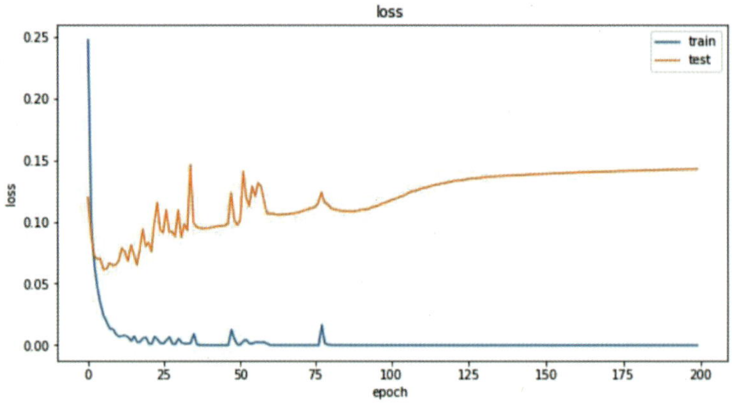

다음은 학습단계에 따른 정확도를 나타낸 것이다. 학습단계에 따라 학습용 데이터와 테스트 데이터의 정확도가 점점 증가하다가 일정하게 유지되는 현상을 볼 수 있다.

```
# 학습 수에 따른 정확도 변화
plt.figure(figsize=(10, 5))
plt.plot(results.history['accuracy'])
plt.plot(results.history['val_accuracy'])
plt.title('accuracy')
plt.xlabel('epoch')
plt.ylabel('accuracy')
plt.legend(['train', 'test'], loc='upper right')
plt.show()
```

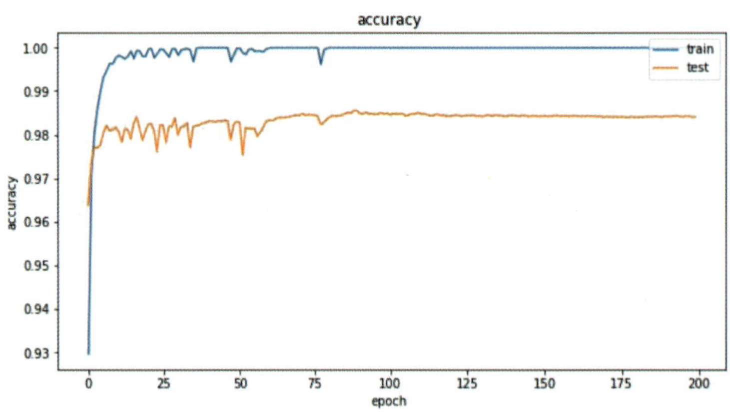

최종 학습 후의 비용과 정확도를 보면, 각각 0.1428, 0.98(98%)로서 정확도가 높게 잘 분류하는 결과를 볼 수 있다.

```
# 모형 테스트
score = model.evaluate(X_test_norm, y_test_class)
print("Test loss:", score[0])
print("Test accuracy:", score[1])
```

```
313/313 [==============================] - 1s 3ms/step - loss: 0.1428 - accuracy:
테스트 데이터의 손실함수 값: 0.14283938705921173
테스트 데이터의 정확도: 0.9840999841690063
```

(7) 예측

학습된 모형으로 테스트 데이터를 예측한다. 0~1의 각 예측 값에서 가장 큰 수의 위치를 변환하면 0~9의 라벨로 확인할 수 있다.

```
# 예측 [2]
y_pred = model.predict(X_test_norm)
print(y_pred)
```

```
[[1.7695116e-26 1.6475574e-31 1.3073918e-26 ... 1.0000000e+00
  3.3075994e-33 7.2236294e-27]
 [5.5617643e-38 7.0228114e-26 1.0000000e+00 ... 0.0000000e+00
  1.4036921e-33 0.0000000e+00]
 [3.1114848e-25 1.0000000e+00 3.7547165e-16 ... 1.1167137e-14
  8.5086492e-14 2.3733497e-25]
 ...
 [0.0000000e+00 0.0000000e+00 0.0000000e+00 ... 1.7531310e-26
  1.6080820e-34 9.9317649e-30]
 [1.3313490e-32 0.0000000e+00 0.0000000e+00 ... 0.0000000e+00
  2.4229754e-19 0.0000000e+00]
 [2.1616410e-35 0.0000000e+00 2.5905625e-35 ... 0.0000000e+00
```

예측 값으로부터 라벨로 변화하면 다음과 같다.

```
# 예측 값의 라벨
y_pred_class = np.argmax(y_pred, axis=1)
print(y_pred_class)
```

```
[7 2 1 ... 4 5 6]
```

실제 대비 예측 라벨의 분류 상황을 교차표로 출력하면 다음과 같다. 행은 실제 라벨, 열은 예측 라벨로서, 주대각원소의 값이 정확하게 분류된 빈도이며 그 외는 오분류 빈도가 된다.

```
# 교차표: 실제 값 대비 예측 값
pd.crosstab(y_test, y_pred_class)
```

col_0 row_0	0	1	2	3	4	5	6	7	8	9
0	974	1	1	1	1	0	0	1	1	0
1	0	1126	2	2	0	0	2	1	2	0
2	2	1	1017	2	3	0	1	2	3	1
3	1	0	4	992	0	4	0	3	2	4
4	1	1	4	1	961	1	2	2	1	8
5	2	0	0	7	1	871	4	1	4	2
6	2	3	1	1	3	2	946	0	0	0
7	1	3	6	1	1	0	0	1009	2	5
8	5	0	2	3	3	0	0	2	956	3
9	2	3	0	4	7	2	0	1	1	989

12.4 과적합과 드롭아웃 모형

12.3절의 분류모형에 대해 드롭아웃을 설정하면 다음과 같다.

• 은닉층 노드의 드롭아웃

12.3절과 비교하면 Dropout 모듈을 추가하고, 모형구조에서 드롭아웃 비율을 설정하는 과정만 다르다. (2)~(5) 과정은 12.3절을 참고하기로 한다.

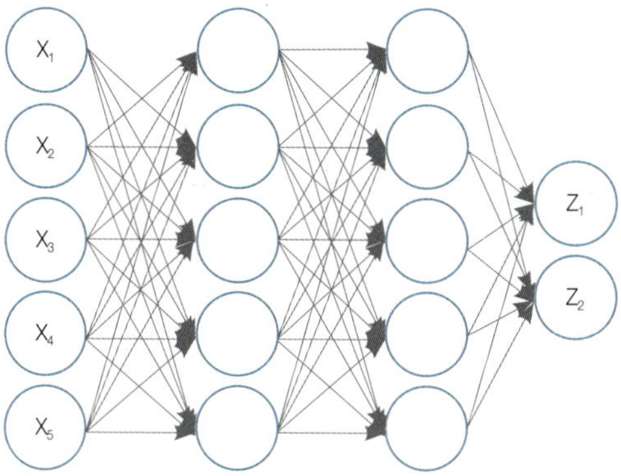

표준 네트워크(fully connected network)

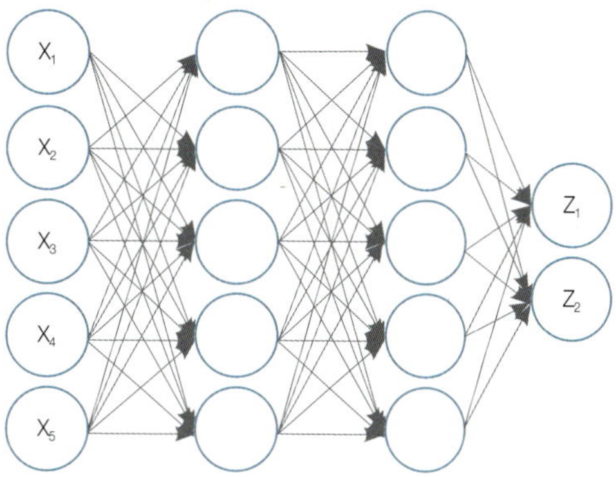

드롭아웃 네트워크

(1) 패키지 설정

keras.layers에 있는 Dropout 모듈을 추가한다.

```
from keras.datasets import mnist
from keras.models import Sequential
from keras.layers import Flatten, Dense, Dropout
from keras.utils import np_utils
import matplotlib.pyplot as plt
import pandas as pd
import numpy as np
```

Dropout 모듈 추가

(6) 모형화 및 학습

12.3절의 모형에서 제1은닉층의 드롭아웃 비율을 0.5(50%)로 하는 구조로 변형해보자.

```
# 모형 구조
model = Sequential()
model.add(Flatten(input_shape=(28, 28)))
model.add(Dropout(0.5))                              Dropout 설정
model.add(Dense(512, activation='relu'))
model.add(Dense(10, activation='softmax'))
```

모형 구조에 드롭아웃이 있고, 그 노드들은 실행 시에 무작위로 정해지게 된다.

```
# 모형 구조 출력
model.summary()
```

```
Model: "sequential_12"
_________________________________________________________________
Layer (type)                 Output Shape              Param #
=================================================================
flatten_5 (Flatten)          (None, 784)               0

dropout (Dropout)            (None, 784)               0

dense_10 (Dense)             (None, 512)               401920

dense_11 (Dense)             (None, 10)                5130

=================================================================
Total params: 407,050
Trainable params: 407,050
Non-trainable params: 0
_________________________________________________________________
```

모형구성은 12.3절과 같다.

```
# 모형 구성
model.compile(loss='categorical_crossentropy',
        optimizer='adam',
        metrics=['accuracy'])
```

드롭아웃에 따른 학습 정도를 비교해보기 위해 12.3절의 학습 수를 100에서 200으로 변경하였다.

```
# 학습
results = model.fit(X_train_norm, y_train_class,
          validation_data=(X_test_norm, y_test_class),
          epochs=200, batch_size=128)
```

```
Epoch 194/200
600/600 [=======] - 4s 7ms/step - loss: 0.0275 - accuracy: 0.9912 - val_loss: 0.0664 - val_accuracy: 0.9855
Epoch 195/200
600/600 [=======] - 4s 7ms/step - loss: 0.0261 - accuracy: 0.9920 - val_loss: 0.0650 - val_accuracy: 0.9849
Epoch 196/200
600/600 [=======] - 4s 7ms/step - loss: 0.0286 - accuracy: 0.9910 - val_loss: 0.0662 - val_accuracy: 0.9850
Epoch 197/200
600/600 [=======] - 4s 7ms/step - loss: 0.0256 - accuracy: 0.9923 - val_loss: 0.0661 - val_accuracy: 0.9843
Epoch 198/200
600/600 [=======] - 4s 7ms/step - loss: 0.0253 - accuracy: 0.9918 - val_loss: 0.0649 - val_accuracy: 0.9861
Epoch 199/200
600/600 [=======] - 4s 7ms/step - loss: 0.0245 - accuracy: 0.9923 - val_loss: 0.0624 - val_accuracy: 0.9860
Epoch 200/200
600/600 [=======] - 4s 7ms/step - loss: 0.0252 - accuracy: 0.9920 - val_loss: 0.0597 - val_accuracy: 0.9864
```

학습 결과가 저장된 변수는 다음과 같다.

```
# 학습모형에 저장된 키(변수)
print(results.history.keys())
```

```
dict_keys(['loss', 'accuracy', 'val_loss', 'val_accuracy'])
```

다음은 학습단계에 따른 비용의 변화를 나타낸 것이다. 학습단계에 따라 학습용 데이터의 비용이 줄어들며, 테스트 데이터는 드롭아웃이 없는 경우(12.3절 참조)보다 비용이 줄어들어 과적합 현상이 적어지게 된다.

```
# 학습 수에 따른 loss 변화
plt.figure(figsize=(10,5))
plt.plot(results.history['loss'])
plt.plot(results.history['val_loss'])
plt.title('loss')
plt.xlabel('epoch')
plt.ylabel('loss')
plt.legend(['train','test'], loc='upper right')
plt.show()
```

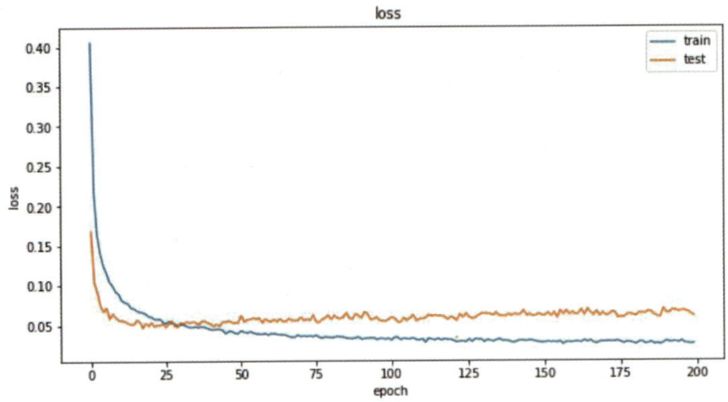

다음은 학습단계에 따른 정확도를 나타낸 것이다. 학습단계에 따라 학습용 데이터와 테스트 데이터의 정확도 간 차이가 드롭아웃이 없을 때보다(12.3절 참조) 적어지는 현상을 볼 수 있다.

```
# 학습 수에 따른 정확도 변화
plt.figure(figsize=(10, 5))
plt.plot(results.history['accuracy'])
plt.plot(results.history['val_accuracy'])
plt.title('accuracy')
plt.xlabel('epoch')
plt.ylabel('accuracy')
plt.legend(['train', 'test'], loc='upper right')
plt.show()
```

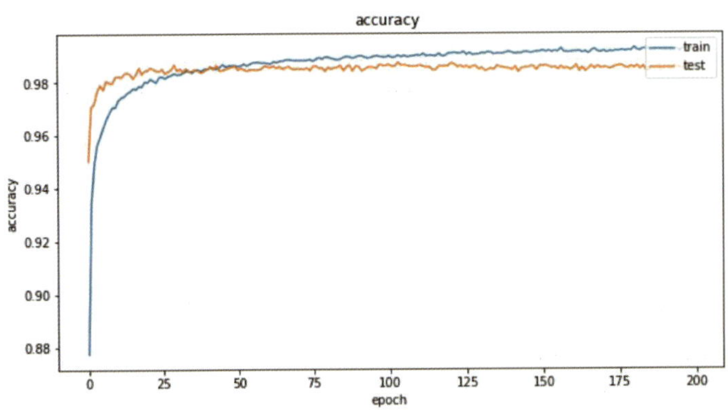

```
# 모형 테스트
score = model.evaluate(X_test_norm, y_test_class)
print("Test loss:", score[0])
print("Test accuracy:", score[1])
```

```
313/313 [==============================] - 1s 3ms/step - loss: 0.0597 - accuracy:
테스트 데이터의 손실함수 값: 0.05970095098018646
테스트 데이터의 정확도: 0.9864000082015991
```

(7) 예측

학습된 모형으로 테스트 데이터를 예측한다. 각 예측 값에서 가장 큰 수의 위치를 변환하면 0~9의 라벨로 확인할 수 있다.

```
# 예측 [2]
y_pred = model.predict(X_test_norm)
print(y_pred)
```

```
[[8.70423051e-18 3.73853767e-16 1.48603844e-16 ... 1.00000000e+00
  8.79378330e-16 1.17046663e-14]
 [1.64533100e-27 1.00508692e-14 1.00000000e+00 ... 4.33608194e-25
  4.28867854e-22 7.19916585e-29]
 [4.68756222e-18 1.00000000e+00 1.95090006e-08 ... 1.39121710e-08
  4.29495284e-09 1.18420464e-11]
 ...
 [1.35451925e-17 3.78929852e-13 8.69116089e-17 ... 1.65781184e-08
  2.01845429e-10 6.69779823e-08]
 [5.02294907e-23 4.41419893e-20 1.50743085e-25 ... 4.02680117e-20
  4.10194601e-10 2.02915502e-21]
 [2.56620212e-18 2.36572376e-30 2.90770381e-15 ... 1.51440987e-26
  1.10782143e-20 4.32560175e-20]]
```

예측 값으로부터 라벨로 변화하면 다음과 같다.

```
# 예측 값의 라벨
y_pred_class = np.argmax(y_pred, axis=1)
print(y_pred_class)
```

```
[7 2 1 ... 4 5 6]
```

실제 대비 예측 라벨의 분류 상황을 교차표로 출력하면 다음과 같다. 행은 실제 라벨, 열은 예측 라벨로서, 주대각원소의 값이 정확하게 분류된 빈도이며 그 외는 오분류 빈도가 된다.

```
# 교차표: 실제 값 대비 예측 값
pd.crosstab(y_test, y_pred_class)
```

col_0	0	1	2	3	4	5	6	7	8	9
row_0										
0	976	0	0	0	0	0	2	1	1	0
1	1	1128	3	0	0	0	2	0	1	0
2	4	0	1020	1	0	0	0	2	4	1
3	0	0	0	999	0	1	0	4	4	2
4	0	0	2	0	966	0	3	1	1	9
5	2	0	0	9	0	869	4	1	3	4
6	1	2	1	0	1	2	949	0	2	0
7	2	2	4	0	0	0	0	1010	4	6
8	4	0	1	2	0	2	0	1	960	4
9	2	3	0	4	8	0	0	2	3	987

요약

분류분석 딥러닝 모형구조: 일반적으로 다수의 입력노드와 라벨의 분류 수에 해당하는 출력노드로 구성한다. 라벨은 원-핫 인코딩으로 데이터 구조를 변환한다. 은닉층은 여러 개로 설정할 수 있다. 필요에 따라 과적합 문제를 피하기 위해 드롭아웃을 설정한다.

활성화함수: 은닉층에는 가중치 소실문제를 해결하기 위해 일반적으로 ReLU 함수를 설정한다. 한편, 각 출력 노드에는 0~1 사이의 값을 갖는 소프트맥스를 활성화함수로 설정한다.

비용함수: 교차 엔트로피 오차를 사용한다.

최적화 기법: 가중치를 수정하는 최적화 방법으로는 딥러닝에서 일반적으로 Adam을 많이 사용한다.

정확도 평가: 실제 값과 추정한 값과의 일치 비율을 의미하는 정확도(accuracy)를 이용한다.

파이썬 분석 기본 절차: 패키지 설정 ➔ 데이터 준비 ➔ 탐색적 데이터 분석 ➔ 데이터 분리(학습용, 테스트용) ➔ 피처 스케일링 ➔ 모형화 및 학습 ➔ 예측

패키지: 딥러닝을 위한 keras 패키지가 있다. Sequential 모듈은 한 층씩 추가하여 네트워크를 만들어 가며, Dense 모듈은 층 간 노드들은 모두 연결되는 모형구조를 만들게 한다. 한편, 과적합을 피하기 위해 Dropout 모듈을 사용한다.

연습문제

1. 이미지가 0, 1, 2로 분류되어 있는 데이터 세트가 있다. 5개 표본의 라벨이 각각 2, 1, 1, 0, 2일 때 원-핫 인코딩으로 변환하시오.

2. 다음은 3개 라벨(0, 1, 2)로 분류되는 5개 표본의 입력 데이터에 대해 원-핫 인코딩한 목표값과 학습모형의 소프트맥스에 의해 계산된 값이다. 교차 엔트로피를 계산하시오.

표본	목표값(R)	계산값(P)
1	0, 1, 0	0.10, 0.80, 0.10
2	1, 0, 0	0.90, 0.03, 0.07
3	0, 0, 1	0.12, 0.05, 0.83
4	1, 0, 0	0.85, 0.05, 0.10
5	0, 0, 1	0.05, 0.15, 0.80

3. 다음 혼동 행렬로부터 정확도(accuracy)를 평가하시오

		예측값		
		0	1	2
실제값	0	25	0	5
	1	1	30	2
	2	3	1	33

붓꽃의 종 분류

응용 문제1

2장에서 소개한 붓꽃(iris) 데이터 세트에는 150개 붓꽃 식물 종이 각각 setosa, versicolor, virginica로 분류되어 있다. 학습용과 테스트 데이터를 7:3으로 나누어, 딥러닝의 인공신경망으로 정확도를 평가하시오. 그리고 드롭아웃을 설정하여 비교해 보시오.

setosa versicolor virginica

붓꽃의 종

다음 iris 데이터 세트를 불러오는 방법을 참고하시오.

```
from sklearn import datasets

# iris 데이터세트 읽기
data = datasets.load_iris()
data
```

응용 문제2 패션 MNIST 이미지 분류

Fashion MNIST 데이터 세트는 10가지 패션 분류에 대한 이미지 정보로 구성되어 있으며, MNIST 데이터 세트와 같은 데이터 구조로 되어 있다. 즉, 6만 개의 학습용 데이터 세트와 1만 개의 테스트 데이터 세트가 제공되며, 각 패션 이미지는 28 × 28 픽셀 단위로 0 ~ 255의 회색 계열 값으로 되어 있다. 10개 클래스는 0~9로 분류되며 각 라벨의 의미는 다음과 같다.

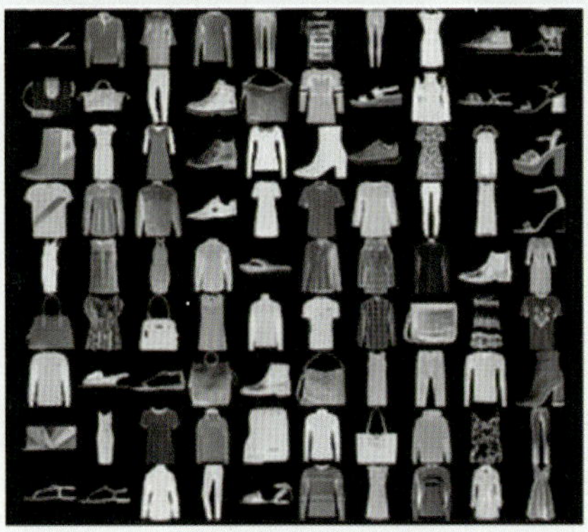

Fashion MNIST 이미지

Fashion MNIST 이미지의 라벨

다음 Fashion MNIST 데이터 세트를 불러오는 방법을 참고하여, 딥러닝 모형으로 테스트 데이터의 정확도를 평가하시오.

```
from keras.datasets import fashion_mnist

# 데이터 불러오기
(X_train, y_train), (X_test, y_test) = fashion_mnist.load_data()
```

와인 분류

응용 문제3

UCI Machine Learning Repository에서 제공하는 Wine 데이터 세트를 sklearn 패키지에서 이용할 수 있다. 총 178개 표본이 있으며, 13개 항목으로 와인을 분류한다. 라벨과 입력변수에 대한 데이터 구조는 다음과 같다.

Wine 데이터 세트

구분	항목명	설명
라벨		1(59개 표본), 2(71개 표본), 3(48개 표본)의 3개 클래스로 분류
입력변수	Alcohol	알코올
	Malic acid	말산(사과산)
	Ash	회분
	Alcalinity of ash	회분의 알카리도
	Magnesium	마그네슘
	Total phenols	총 페놀
	Flavanoids	플라보노이드
	Nonflavanoid phenols	비플라보노이드 페놀
	Proanthocyanins	로안토시아니딘
	Color intensity	색상 강도
	Hue	색조
	OD280/OD315 of diluted wines	희석 와인의 OD280/OD315 비율
	Proline	프롤린

다음 wine 데이터 세트를 불러오는 방법을 참고하여 와인을 분류하시오.

```
from sklearn import datasets

# iris 데이터세트 읽기
data = datasets.load_wine()
data
```

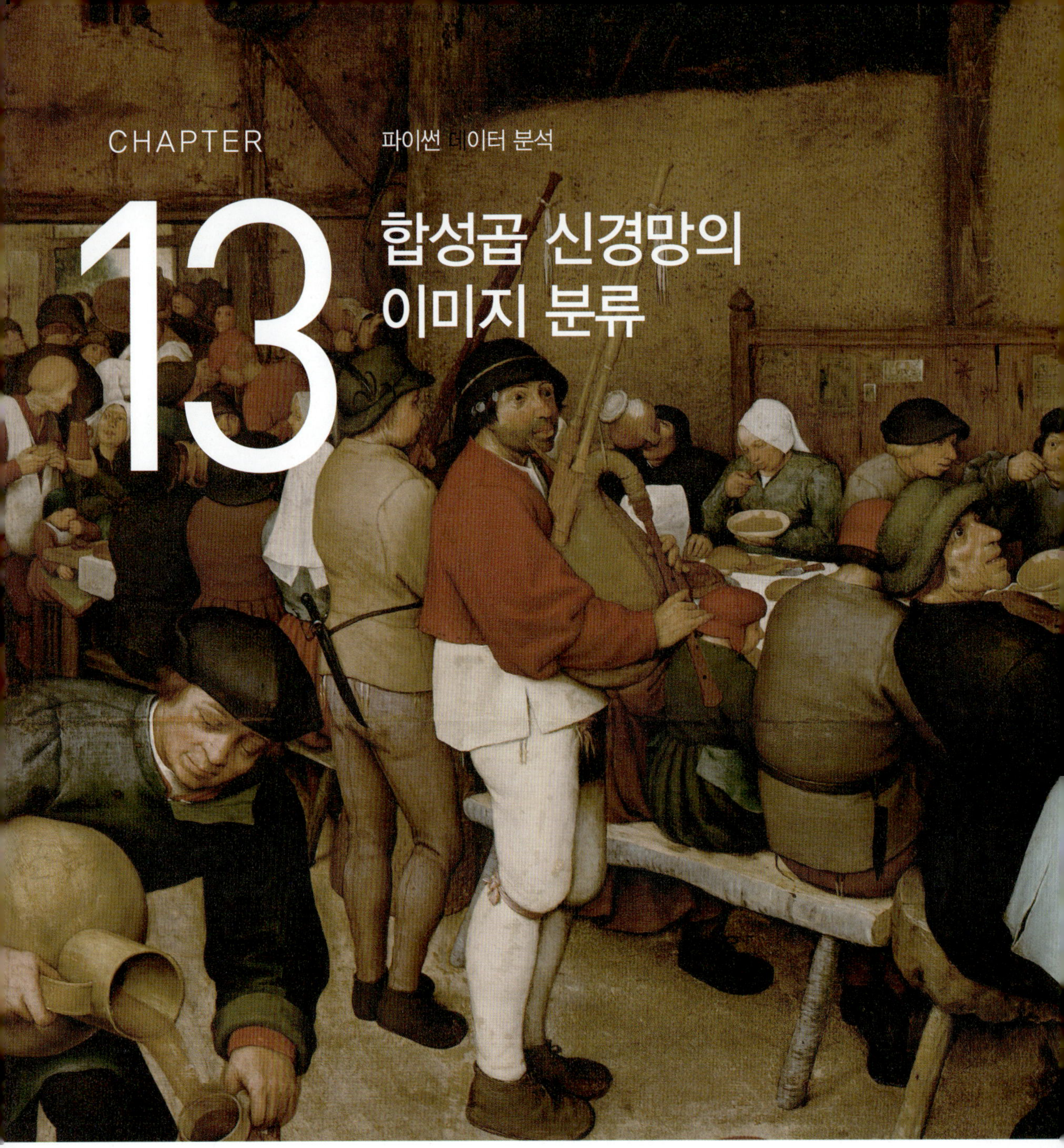

CHAPTER

13 합성곱 신경망의 이미지 분류

학습목표

합성곱 신경망의 이해

학습내용

합성곱 신경망의 모형 구조와 원리 이해
합성곱 신경망의 활용

피터르 브뤼헐 더 아우더 – 농민 결혼식 (1567)

13.1 합성곱 신경망의 개요

합성곱 신경망(CNN: convolutional neural network)은 신경망의 일차원적 입력구조의 한계를 개선한 것이다[29]. 12장의 MNIST 이미지 분류를 위한 심층심경망(DNN)은 다음 그림과 같이 28×28 픽셀의 2차원 데이터를 784개의 1차원으로 일렬화하여 입력노드로 받아들인다. 이 경우, 2차원(또는 3차원) 구조의 평면적(또는 공간적) 특징은 무시되어 데이터의 특징이 일부 사라지게 된다.

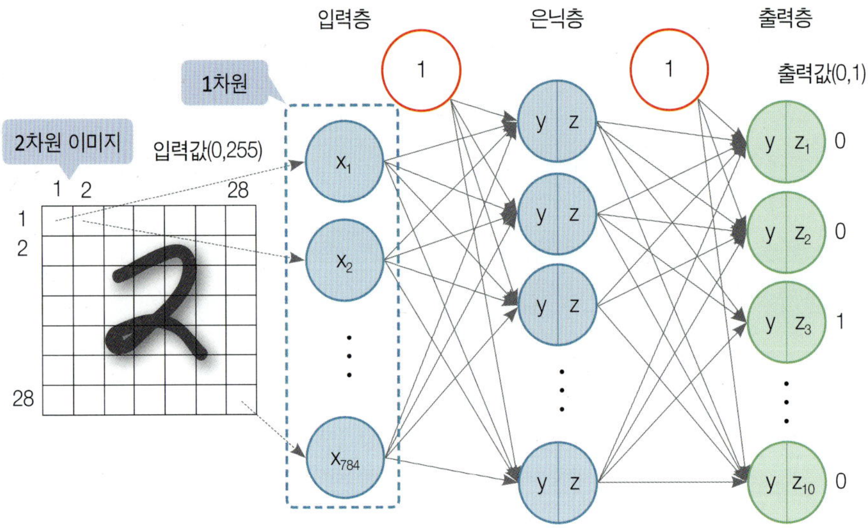

CNN은 데이터 인접 성분의 특징 추출을 통한 패턴을 반영하는 모형 구조이다. 다음은 2차원 이미지 데이터의 특징을 추출하기 위해 필터(커널)를 적용한 예이다. CNN은 합성곱(convolution)과 풀링(pooling) 과정으로 구성된다.

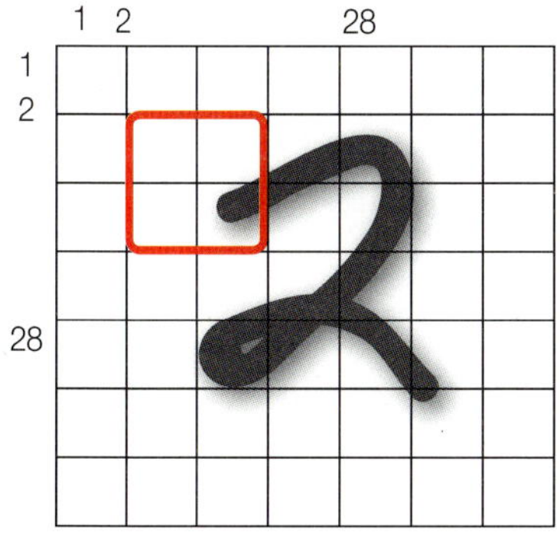

28X28 픽셀
(각 픽셀은 0~255)

0	0	0	0	0	0	0
0	0	3	5	5	1	0
0	2	4	0	5	1	0
0	0	0	0	5	0	0
0	2	4	5	5	0	0
0	5	3	0	0	4	0
0	0	0	0	0	0	0

7X7 픽셀의 예
(편의상 0~5로 표현함)

13.2 합성곱 신경망의 모형 구조와 기본 원리

다음은 2차원 이미지 분류를 위한 CNN 모형의 예이다. 입력 데이터를 받아 합성곱층(convolution layer)과 풀링층(pooling layer)을 거쳐 완전 연결 신경망으로 분류하는 과정을 나타낸 것이다. 합성곱층에서는 특징을 추출하고, 풀링층에서는 합성곱 과정의 결과에 대해 크기를 축소하는 역할을 한다. 합성곱과 풀링층, 그리고 완전 연결 신경망(fully-connected network)은 1개 이상 가능하다. 또한, 완전 연결 신경망은 드롭아웃을 적용할 수 있다.

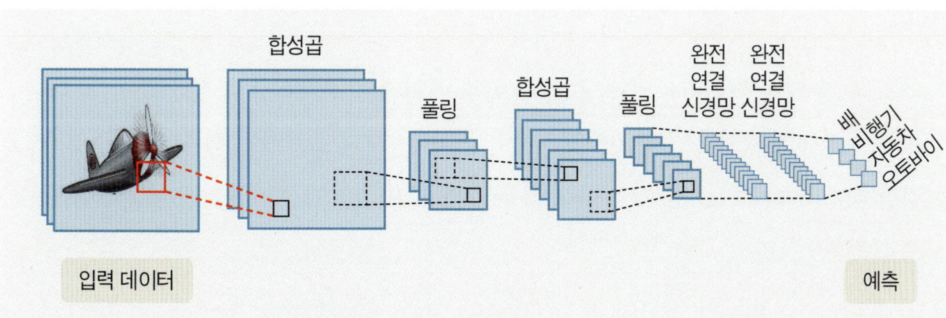

(1) 합성곱층의 연산

합성곱층에서 입력 데이터에 대해 필터를 적용하여 특징을 추출하는 과정을 보자. 먼저 스트라이드(stride)와 패딩(padding) 개념을 살펴보고, 특성 맵을 만드는 과정을 보기로 하자.

• 스트라이드

스트라이드는 입력데이터에 필터를 적용할 때 필터가 이동할 간격을 의미한다. 스트라이드가 1인 경우, 3×3 크기의 필터가 합성곱 연산을 위해 이동하는 과정은 다음과 같다.

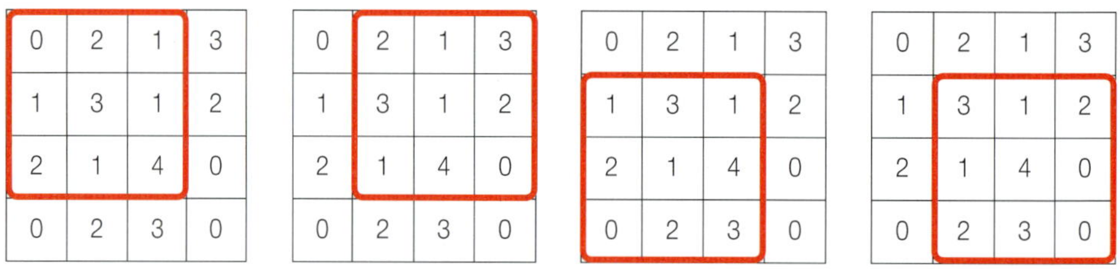

필터의 1번째 위치 필터의 2번째 위치 필터의 3번째 위치 필터의 4번째 위치

합성곱층의 결과를 특성 맵(feature map)이라고 한다. 이 경우, 특성 맵의 크기는 2×2가 된다.

• 패딩

패딩이란 입력 데이터의 손실을 막기 위해 이미지 가장자리를 확장한 것이다. 다음은 입력 데이터에 패딩의 크기를 1만큼 적용한 예이다. 패딩으로 커진 행과 열은 주로 0으로 설정한다(zero padding). 앞에서 특성 맵을 입력 데이터 크기로 만들기 위해서는 패딩을 3으로 설정하면 된다.

0	0	0	0	0	0
0	0	2	1	3	0
0	1	3	1	2	0
0	2	1	4	0	0
0	0	2	3	0	0
0	0	0	0	0	0

• 특성 맵 만들기 (예시)

다음은 입력 데이터, 필터, 편향의 예이다. 패딩은 0, 스트라이드는 1로 한다.

0	2	1	3
1	3	1	2
2	1	4	0
0	2	3	0

입력 데이터

1	3	2
2	0	1
0	2	1

필터

3

편향

연산 순서는 다음과 같다. 먼저 입력 데이터에 필터를 적용하여 합성곱 연산을 하고, 편향을 반영하여 특성 맵을 만든다.

❶ 합성곱 연산

합성곱 연산은 입력 데이터에 필터를 일정 간격으로 이동하면서 입력 데이터와 필터 간 대응하는 원소끼리 곱한 후에 총합을 구하는 과정이다. 이를 단일 곱셈-누산(FMA: fused multiply-add)이라고 한다.

순서	합성곱 연산	단일 곱셈-누산
1	$\begin{bmatrix} 0 & 2 & 1 & 3 \\ 1 & 3 & 1 & 2 \\ 2 & 1 & 4 & 0 \\ 0 & 2 & 3 & 0 \end{bmatrix} * \begin{bmatrix} 1 & 3 & 2 \\ 2 & 0 & 1 \\ 0 & 2 & 1 \end{bmatrix} = \begin{bmatrix} 17 & \\ & \end{bmatrix}$	0×1 + 2×3 + 1×2 + 1×2 + 3×0 + 1×1 + 2X0 + 1×2 + 4×1 = **17**
2	$\begin{bmatrix} 0 & 2 & 1 & 3 \\ 1 & 3 & 1 & 2 \\ 2 & 1 & 4 & 0 \\ 0 & 2 & 3 & 0 \end{bmatrix} * \begin{bmatrix} 1 & 3 & 2 \\ 2 & 0 & 1 \\ 0 & 2 & 1 \end{bmatrix} = \begin{bmatrix} 17 & 27 \\ & \end{bmatrix}$	2×1 + 1×3 + 3×2 + 3×2 + 1×0 + 2×1 + 1×0 + 4×2 + 0×1 = **27**
3	$\begin{bmatrix} 0 & 2 & 1 & 3 \\ 1 & 3 & 1 & 2 \\ 2 & 1 & 4 & 0 \\ 0 & 2 & 3 & 0 \end{bmatrix} * \begin{bmatrix} 1 & 3 & 2 \\ 2 & 0 & 1 \\ 0 & 2 & 1 \end{bmatrix} = \begin{bmatrix} 17 & 27 \\ 27 & \end{bmatrix}$	1×1 + 3×3 + 1×2 + 2×2 + 1×0 + 4×1 + 0×0 + 2×2 + 3×1 = **27**
4	$\begin{bmatrix} 0 & 2 & 1 & 3 \\ 1 & 3 & 1 & 2 \\ 2 & 1 & 4 & 0 \\ 0 & 2 & 3 & 0 \end{bmatrix} * \begin{bmatrix} 1 & 3 & 2 \\ 2 & 0 & 1 \\ 0 & 2 & 1 \end{bmatrix} = \begin{bmatrix} 17 & 27 \\ 27 & 18 \end{bmatrix}$	3×1 + 1×3 + 2×2 + 1×2 + 4×0 + 0×1 + 2×0 + 3×2 + 0×1 = **18**

❷ 특성 맵 출력

합성곱 연산 결과에 편향을 적용하면 특성 맵은 다음과 같다.

$$\begin{bmatrix} 17 & 27 \\ 27 & 18 \end{bmatrix} + \begin{bmatrix} 3 \end{bmatrix} = \begin{bmatrix} 20 & 30 \\ 30 & 21 \end{bmatrix}$$

(2) 풀링층의 연산

풀링은 특성 맵의 크기를 축소하고 특징을 강조하는 과정이다. 풀링에는 최대 풀링(max-pooling)과 평균 풀링(average pooling)이 있다. 최대 풀링은 해당 영역의 최대값을 사용하며, 평균 풀링은 해당 영역의 평균값을 사용한다. 특성 맵이 다음과 같다고 가정하자.

3	5	2	4
2	3	1	3
4	2	6	0
0	3	5	0

풀링 크기는 2×2, 스트라이드는 2, 그리고 최대 풀링으로 하는 예시를 보자. 풀링 크기는 정사각형으로 하며, 일반적으로 풀링 크기와 스트라이드를 같은 크기로 설정하여 모든 원소가 한 번씩 처리되도록 한다.

순서	최대 풀링
1	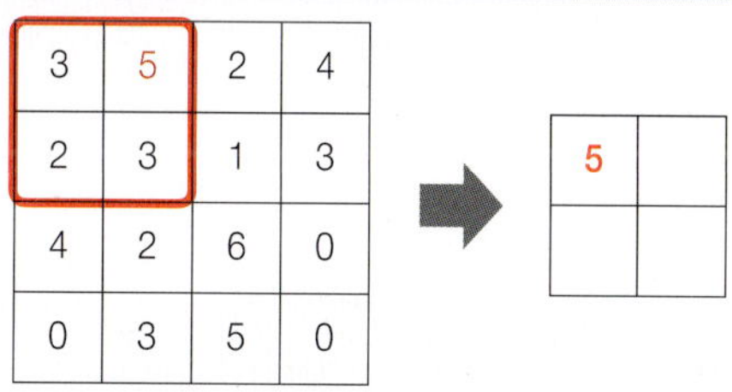
2	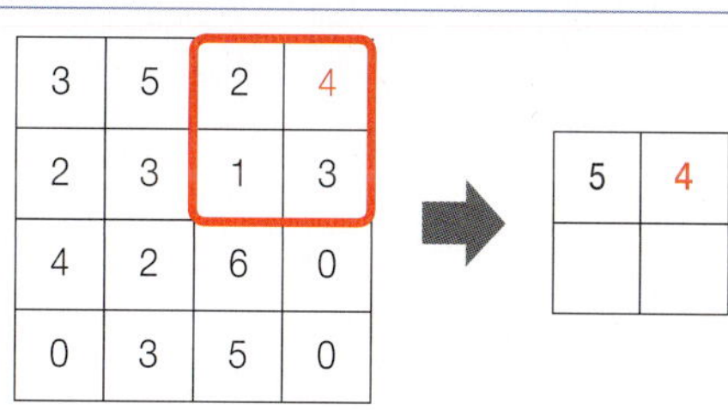

순서	최대 풀링
3	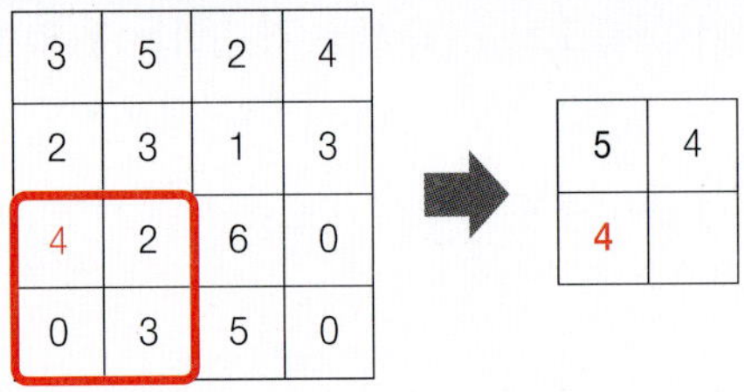
4	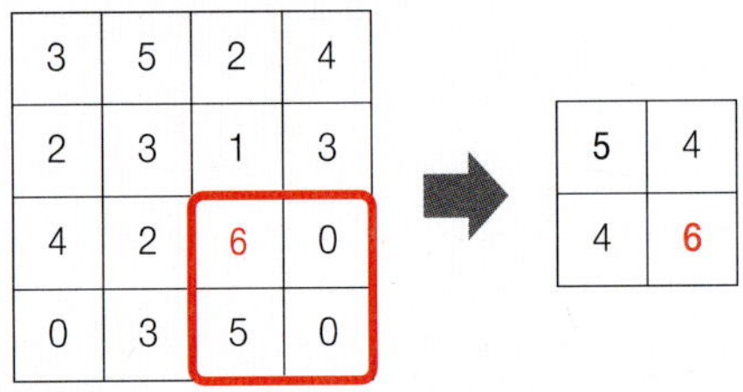

13.3 파이썬 기반 분석

MNIST 손글씨 이미지 분류를 위한 CNN 모형화 및 학습을 위한 기본 절차는 12장의 딥러닝의 분류모형과 같다. CNN 모형으로 개선해서 정확도를 비교해보자.

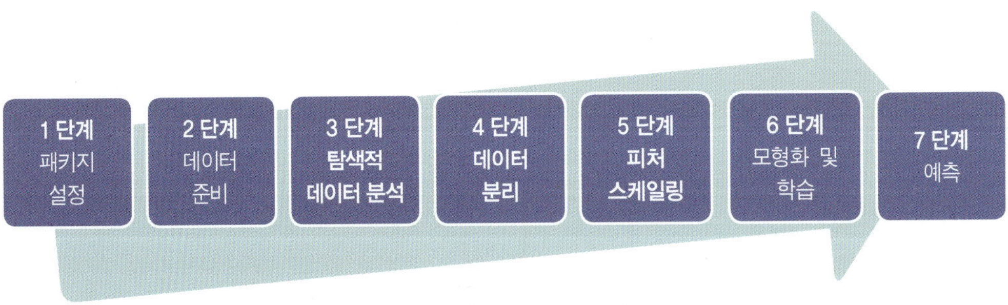

(1) 패키지 설정

CNN 모형을 위해 keras 패키지에 있는 Conv2D, MaxPooling2D 모듈을 추가한다.

Conv2D 모듈은 합성곱층을 만들고, MaxPooling2D 모듈은 최대 풀링층을 만들기 위해 사용한다.

```
from keras.datasets import mnist
from keras.models import Sequential
from keras.layers import Dense
from keras.layers import Dropout
from keras.layers import Flatten, Conv2D, MaxPooling2D
from keras.utils import np_utils
import matplotlib.pyplot as plt
import pandas as pd
import numpy as np
```

(2) 데이터 준비

학습용과 출력용으로 분리하여 MNIST 데이터 세트를 불러온다.

```
# 데이터 불러오기
(X_train, y_train), (X_test, y_test) = mnist.load_data()
```

(3) 탐색적 데이터 분석

탐색적 데이터 분석은 12.3절을 참고하기로 한다.

(4) 피처 스케일링

입력 데이터는 모두 0~255 사이의 값으로, 각각 255로 나누어 0~1로 정규화한다.

```
# 입력 데이터 정규화
X_train_nor = X_train.astype('float32') / 255
X_test_nor = X_test.astype('float32') / 255
# 1행 출력
print(X_train_nor[0])
```

```
[[0.          0.          0.          0.          0.          0.
  0.          0.          0.          0.          0.          0.
  0.          0.          0.          0.          0.          0.
  0.          0.          0.          0.          0.          0.
  0.          0.          0.          0.          ]
 [0.          0.          0.          0.
  0.          0.          0.          0.          0.          0.
  0.          0.          0.          0.          0.          0.
  0.          0.          0.          0.          0.          0.
  0.          0.          0.          0.          ]
 [0.          0.          0.          0.          0.          0.
  0.          0.          0.          0.          0.          0.
  0.01176471  0.07058824  0.07058824  0.07058824  0.49411765  0.53333336
  0.6862745   0.10196079  0.6509804   1.          0.96862745  0.49803922
  0.          0.          0.          0.          ]
 [0.          0.          0.          0.          0.          0.
  0.          0.          0.11764706  0.14117648  0.36862746  0.6039216
  0.6666667   0.99215686  0.99215686  0.99215686  0.99215686  0.99215686
  0.88235295  0.6745098   0.99215686  0.9490196   0.7647059   0.2509804
  0.          0.          0.          0.          ]
 [0.          0.          0.          0.          0.          0.
  0.          0.19215687  0.93333334  0.99215686  0.99215686  0.99215686
  0.99215686  0.99215686  0.99215686  0.99215686  0.99215686  0.9843137
  0.3647059   0.32156864  0.32156864  0.21960784  0.15294118  0.
```

(5) 원-핫 인코딩

학습용과 테스트용의 목표변수의 라벨은 원-핫 인코딩한다. 앞부분의 10개 행 중에서 첫 번째 행은 5로서, 6번째 위치는 1이고 나머지는 모두 0임을 확인할 수 있다.

```
# 출력 데이터의 원-핫 인코딩
y_train_class = np_utils.to_categorical(y_train)
y_test_class = np_utils.to_categorical(y_test)
# 1~10행 출력
print(y_train_class[0:10])
```

```
[[0. 0. 0. 0. 0. 1. 0. 0. 0. 0.]
 [1. 0. 0. 0. 0. 0. 0. 0. 0. 0.]
 [0. 0. 0. 0. 1. 0. 0. 0. 0. 0.]
 [0. 1. 0. 0. 0. 0. 0. 0. 0. 0.]
 [0. 0. 0. 0. 0. 0. 0. 0. 0. 1.]
 [0. 0. 1. 0. 0. 0. 0. 0. 0. 0.]
 [0. 1. 0. 0. 0. 0. 0. 0. 0. 0.]
 [0. 0. 0. 1. 0. 0. 0. 0. 0. 0.]
 [0. 1. 0. 0. 0. 0. 0. 0. 0. 0.]
 [0. 0. 0. 0. 1. 0. 0. 0. 0. 0.]]
```

(6) 모형화 및 학습

CNN 모형을 다음과 같이 구성해보자.

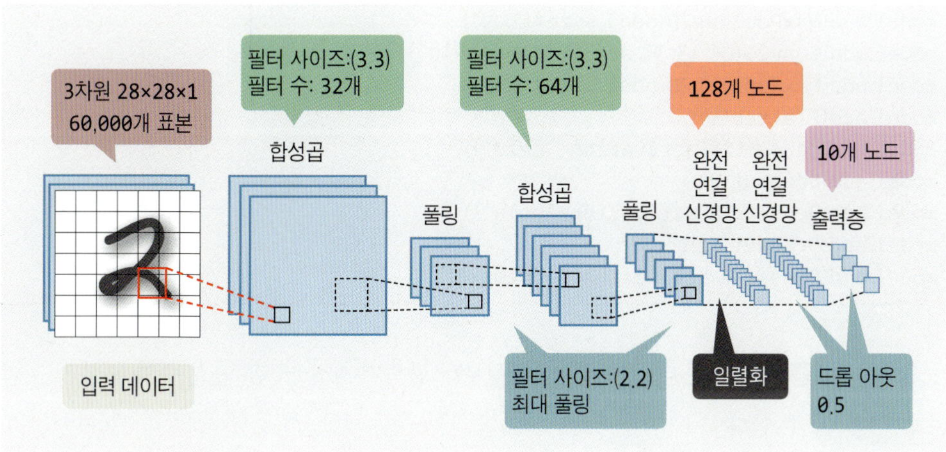

입력 데이터는 28(픽셀)×28(픽셀)×1(채널)로 설정한다. MNIST 이미지는 흑백 이미지로 회색 계열의 1개 채널로 표현된다. RGB 컬러 디지털 이미지의 경우, R, G, B의 3개 채널을 사용한다. 첫 번째 합성곱층에서는 필터(커널)는 3×3 크기의 32개로 구성하고, 활성화함수는 ReLU로 설정한다. 다음은 최대 풀링층으로 풀링 크기는 2×2로 설정한다. 다음 층은 합성곱층으로 필터는 3×3 크기의 64개로 구성하고, 활성화함수는 ReLU로 설정한다. 다음은 최대 풀링층으로 풀링 크기는 2×2로 설정한다. 최대 풀링을 거친 출력 데이터를 일렬화(flatten)하고, 각각 128개의 노드를 가진 2개의 은닉층을 추가한다. 활성화함수는 ReLU로 설정한다. 마지막에는 출력층을 추가하였고 소프트맥스 함수를 활성화함수로 설정한다. 은닉층과 출력층 사이에는 드롭아웃을 설정하고 비율은 0.5로 한다.

```
# 모형 구조
model = Sequential()
model.add(Conv2D(32, kernel_size=(3, 3),
          activation='relu',
          input_shape=(28, 28, 1)))
model.add(MaxPooling2D(pool_size=(2, 2)))
model.add(Conv2D(64, (3, 3), activation='relu'))
model.add(MaxPooling2D(pool_size=(2, 2)))
model.add(Flatten())
model.add(Dense(128, activation='relu'))
model.add(Dropout(0.5))
model.add(Dense(128, activation='relu'))
model.add(Dropout(0.5))
model.add(Dense(10, activation='softmax'))
```

모형 구조를 출력하면 다음과 같다. 입력부터 출력까지 노드 간 연결 수와 편향을 포함한 총 수를 볼 수 있다.

```
# 모형 구조 출력
model.summary()
```

```
Model: "sequential_6"
_________________________________________________________________
 Layer (type)                Output Shape              Param #
=================================================================
 conv2d_9 (Conv2D)           (None, 26, 26, 32)        320

 max_pooling2d_3 (MaxPooling  (None, 13, 13, 32)       0
 2D)

 conv2d_10 (Conv2D)          (None, 11, 11, 64)        18496

 max_pooling2d_4 (MaxPooling  (None, 5, 5, 64)         0
 2D)

 flatten_4 (Flatten)         (None, 1600)              0

 dense_4 (Dense)             (None, 128)               204928

 dropout_4 (Dropout)         (None, 128)               0

 dense_5 (Dense)             (None, 128)               16512

 dropout_5 (Dropout)         (None, 128)               0

 dense_6 (Dense)             (None, 10)                1290

=================================================================
Total params: 241,546
Trainable params: 241,546
Non-trainable params: 0
_________________________________________________________________
```

다음으로 모형 구성에 관한 손실 함수, 최적화 기법, 정확도 평가 지표를 설정한다. 순서대로 Cross-entropy, Adam, Accuracy로 설정한 예이다.

```
# 모형 구성
model.compile(loss='categorical_crossentropy',
     optimizer='adam',
     metrics=['accuracy'])
```

학습 과정은 12.3절, 12.4절과 같다. CNN은 학습이 오래 걸리기 때문에 학습 반복 수를 100으로 하였다. 학습시간을 확인하기 위해 학습 전후의 시간을 측정하면 도움이 된다. 다음은 학습에 1시간 20분이 소요된 경우이다. 처음에는 학습 수를 작게 하여 먼저 실행해보는 것이 좋다.

```
# 학습 시작 시간
start_time = time.time()

# 학습
results = model.fit(X_train_nor, y_train_classes,
        validation_data = (X_test_nor, y_test_classes),
        epochs=100, batch_size=100)

# 학습 종료 시간
elapsed_time = time.time() - start_time
print("경과 시간:", time.strftime("%H:%M:%S", time.gmtime(elapsed_time)))
```

```
Epoch 1/100
600/600 [=======] - 50s 83ms/step - loss: 0.4148 - accuracy: 0.8681 - val_loss: 0.0660 - val_accuracy: 0.9792
Epoch 2/100
600/600 [=======] - 49s 81ms/step - loss: 0.1258 - accuracy: 0.9650 - val_loss: 0.0425 - val_accuracy: 0.9880
Epoch 3/100
600/600 [=======] - 49s 81ms/step - loss: 0.0914 - accuracy: 0.9747 - val_loss: 0.0416 - val_accuracy: 0.9867
Epoch 4/100
600/600 [=======] - 49s 81ms/step - loss: 0.0721 - accuracy: 0.9800 - val_loss: 0.0307 - val_accuracy: 0.9899
Epoch 5/100
600/600 [=======] - 49s 82ms/step - loss: 0.0620 - accuracy: 0.9827 - val_loss: 0.0325 - val_accuracy: 0.9901

600/600 [=======] - 48s 80ms/step - loss: 0.0076 - accuracy: 0.9980 - val_loss: 0.0630 - val_accuracy: 0.9916
Epoch 96/100
600/600 [=======] - 48s 80ms/step - loss: 0.0067 - accuracy: 0.9980 - val_loss: 0.0634 - val_accuracy: 0.9930
Epoch 97/100
600/600 [=======] - 48s 81ms/step - loss: 0.0057 - accuracy: 0.9984 - val_loss: 0.0651 - val_accuracy: 0.9923
Epoch 98/100
600/600 [=======] - 49s 82ms/step - loss: 0.0056 - accuracy: 0.9983 - val_loss: 0.0620 - val_accuracy: 0.9925
Epoch 99/100
600/600 [=======] - 49s 81ms/step - loss: 0.0075 - accuracy: 0.9978 - val_loss: 0.0666 - val_accuracy: 0.9929
Epoch 100/100
600/600 [=======] - 49s 81ms/step - loss: 0.0071 - accuracy: 0.9981 - val_loss: 0.0536 - val_accuracy: 0.9925

경과 시간: 01:20:22
```

학습 결과가 저장된 변수는 다음과 같다.

```
# 학습모형에 저장된 키(변수)
print(results.history.keys())
```

```
dict_keys(['loss', 'accuracy', 'val_loss', 'val_accuracy'])
```

다음은 학습단계에 따른 손실함수 값의 변화를 나타낸 것이다. 학습단계에 따라 학습용 데이터의 손실함수 값이 줄어들며, 테스트 데이터는 조금씩 증가하는 현상을 볼 수 있다.

```
# 학습 수에 따른 loss 변화
plt.figure(figsize=(10,5))
plt.plot(results.history['loss'])
plt.plot(results.history['val_loss'])
plt.title('loss')
plt.xlabel('epoch')
plt.ylabel('loss')
plt.legend(['train','test'],loc='upper right')
plt.show()
```

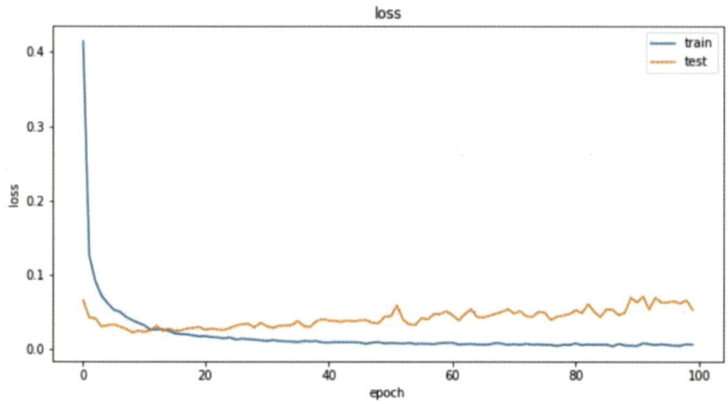

다음은 학습단계에 따른 정확도를 나타낸 것이다. 학습단계에 따라 학습용 데이터의 정확도는 점점 증가하고, 테스트 데이터는 일정 수준에서 일정하게 유지되는 현상을 볼 수 있다.

```
# 학습 수에 따른 정확도 변화
plt.figure(figsize=(10, 5))
plt.plot(results.history['accuracy'])
plt.plot(results.history['val_accuracy'])
plt.title('accuracy')
plt.xlabel('epoch')
plt.ylabel('accuracy')
plt.legend(['train', 'test'], loc='upper right')
plt.show()
```

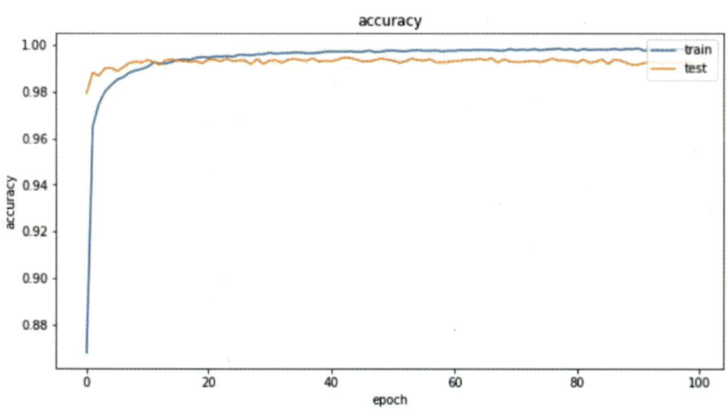

최종 학습 후의 비용과 정확도를 보면, 각각 0.0539, 0.993(99.3%)로서 정확도가 높게 나타나고 있다.

```
# 모형 테스트
score = model.evaluate(X_test_nor, y_test_classes)
print("테스트 데이터의 비용:", score[0])
print("테스트 데이터의 정확도:", score[1])
```

```
313/313 [==============================] - 4s 11ms/step - loss: 0.0536 - accuracy:
테스트 데이터의 비용: 0.05358095094561577
테스트 데이터의 정확도: 0.9925000071525574
```

(7) 예측

학습된 모형으로 테스트 데이터를 예측한다. 각 예측 값에서 가장 큰 수의 위치를 변환하면 0~9의 라벨로 확인할 수 있다.

```
# 예측
y_pred = model.predict(X_test_nor)
print(y_pred)
```

```
[[0.0000000e+00 1.3620864e-29 3.8970022e-28 ... 1.0000000e+00
  0.0000000e+00 9.7662532e-33]
 [0.0000000e+00 3.5259482e-33 1.0000000e+00 ... 5.3962185e-32
  1.7542711e-38 0.0000000e+00]
 [0.0000000e+00 1.0000000e+00 6.5257826e-34 ... 9.4119814e-26
  1.3984482e-34 0.0000000e+00]
 ...
 [0.0000000e+00 0.0000000e+00 0.0000000e+00 ... 0.0000000e+00
  0.0000000e+00 9.4746767e-38]
 [4.9259244e-32 3.7709960e-30 0.0000000e+00 ... 4.1563660e-29
  1.5814381e-25 3.3668593e-25]
 [1.2030420e-21 2.8896844e-27 1.3442031e-26 ... 1.8812149e-34
  3.9531279e-24 1.2498747e-34]]
```

예측 값으로부터 라벨로 변화하면 다음과 같다.

```
# 예측 값의 라벨
y_pred_classes = np.argmax(y_pred, axis=1)
print(y_pred_classes)
```

```
[7 2 1 ... 4 5 6]
```

실제 대비 예측 라벨의 분류 상황을 교차표로 출력하면 다음과 같다. 행은 실제 라벨, 열은 예측 라벨로서, 주대각원소의 값이 정확하게 분류된 빈도이며 그 외는 오분류 빈도가 된다

```
# 교차표: 실제 값 대비 예측 값
pd.crosstab(y_test, y_pred_classes)
```

col_0	0	1	2	3	4	5	6	7	8	9
row_0										
0	975	1	0	0	0	0	2	1	1	0
1	0	1133	0	1	0	0	0	1	0	0
2	1	1	1028	1	0	0	0	1	0	0
3	0	0	1	1006	0	2	0	0	1	0
4	0	0	0	0	976	0	3	0	1	2
5	0	0	0	4	0	886	1	1	0	0
6	3	1	0	0	1	4	947	0	2	0
7	1	1	7	2	0	1	0	1013	0	3
8	1	0	2	2	0	1	0	0	967	1
9	0	0	0	3	6	2	0	2	2	994

요약

합성곱 신경망 개요: 합성곱 신경망(CNN: convolutional neural network)은 DNN의 일차원적 입력구조의 한계를 개선한 것으로, 데이터 인접 성분의 특징을 반영한다.

CNN 모형구조: CNN은 합성곱(Convolution)과 풀링(Pooling) 과정으로 구성된다. 합성곱층(Convolution layer)에서는 특징을 추출하고, 풀링층(Pooling layer)에서는 합성곱 과정을 거친 층의 크기를 축소하는 역할을 한다. 합성곱과 풀링층, 그리고 완전 연결 신경망은 1개 이상 가능하다. 또한, 완전 연결 신경망은 드롭아웃을 적용할 수 있다.

합성곱층의 연산: 입력 데이터에 대해 필터를 적용하여 합성곱 연산과 편향을 적용하여 특성 맵을 만든다.

풀링층 연산: 특성 맵의 크기를 축소하며 특징을 강조하는 과정이다. 풀링에는 최대 풀링(max-pooling)과 평균 풀링(average pooling)이 있다. 최대 풀링은 해당 영역의 최대값을 사용하며, 평균 풀링은 해당 영역의 평균값을 사용한다.

파이썬 분석 기본 절차: 패키지 설정 ➔ 데이터 준비 ➔ 탐색적 데이터 분석 ➔ 데이터 분리(학습용, 테스트용) ➔ 피처 스케일링 ➔ 모형화 및 학습 ➔ 예측

패키지: CNN 모형의 합성곱층을 위한 keras의 Conv2D 모듈, 최대 풀링을 위한 MaxPooling2D 모듈을 사용한다.

연습문제

1. 입력 데이터, 필터, 편향은 다음과 같다, 합성곱층의 특성 맵을 만드시오. 단, 패딩과 스트라이드는 각각 1로 하며, 패딩에 의한 가장자리는 모두 0으로 한다.

입력 데이터

3	5	1	2
1	4	2	2
2	3	3	1
0	1	2	0

필터

2	1	3
1	2	1
2	4	0

편향

5

2. 1항의 특성 맵에 최대 풀링을 적용하시오. 풀링 크기는 2X2로 하고, 스트라이드는 2로한다.

응용 문제

패션 MNIST 이미지 분류

Fashion MNIST 데이터 세트는 10가지 패션 분류에 대한 이미지 정보로 구성되어 있으며, MNIST 데이터 세트와 같은 데이터 구조로 되어 있다. 즉, 6만 개의 학습용 데이터 세트와 1만 개의 테스트 데이터 세트가 제공되며, 각 패션 이미지는 28×28 픽셀 단위로 0 ~ 255의 회색 계열 값으로 되어 있다. 10개 클래스는 0~9로 분류되며 각 라벨의 의미는 다음과 같다.

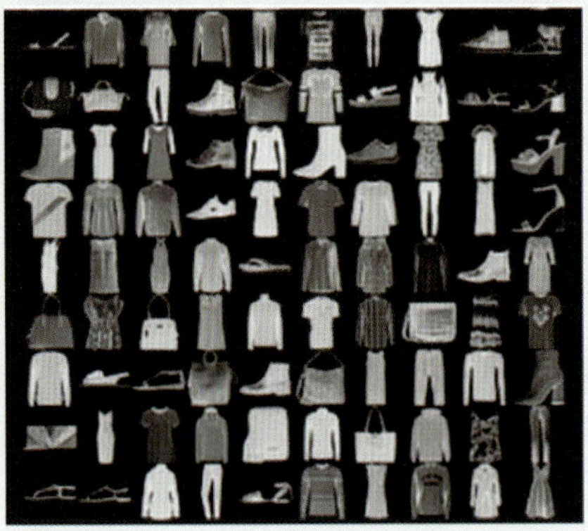

Fashion MNIST 이미지

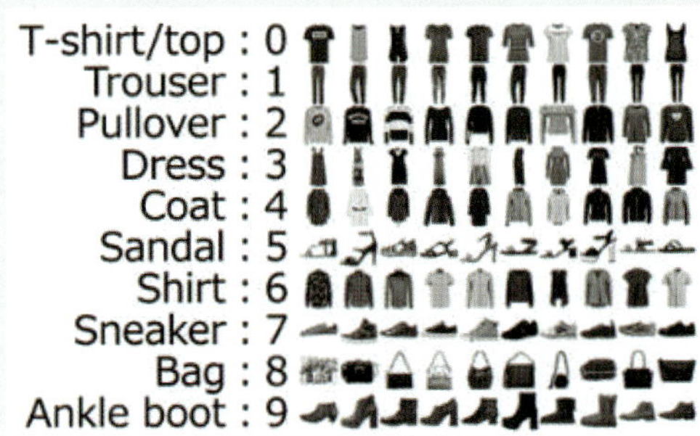

Fashion MNIST 이미지의 라벨

다음 Fashion MNIST 데이터 세트를 불러오는 방법을 참고하여 CNN 모형으로 테스트 데이터의 정확도를 평가하시오.

```
from keras.datasets import fashion_mnist

# 데이터 불러오기
(X_train, y_train), (X_test, y_test) = fashion_mnist.load_data()
```

파이썬 데이터 분석 APPENDIX

부록

부록 : Colab의 한글 폰트 설치 및 그래프 출력

Colab에서 그래프를 출력할 때, 한글 폰트는 깨짐 현상이 나타난다. 본문에서는 영문 폰트로 그래프를 출력했지만, 필요 시에 1.3절의 머신러닝 개발환경과 2장부터 13장까지 그래프 출력 시에 한글 폰트를 사용하는 방법을 활용해보자. 한글 '나눔' 폰트를 설치하고 그래프를 출력하는 절차는 다음과 같다.

(1) 한글 폰트 설치

새 노트를 만들 때마다 ②와 ③은 실행해야 하지만, ①과 ④는 생략해도 된다.

❶ 사용 가능한 폰트 확인

```
# 1. 사용 가능한 폰트 경로와 파일명을 확인
import matplotlib.font_manager as fm
font_list = fm.findSystemFonts(fontpaths=None, fontext='ttf')
sorted(font_list)
```

```
['/usr/share/fonts/truetype/humor-sans/Humor-Sans.ttf',
 '/usr/share/fonts/truetype/liberation/LiberationMono-Bold.ttf',
 '/usr/share/fonts/truetype/liberation/LiberationMono-BoldItalic.ttf',
 '/usr/share/fonts/truetype/liberation/LiberationMono-Italic.ttf',
 '/usr/share/fonts/truetype/liberation/LiberationMono-Regular.ttf',
 '/usr/share/fonts/truetype/liberation/LiberationSans-Bold.ttf',
 '/usr/share/fonts/tr                 on/LiberationSans-BoldItalic.ttf',
 '/usr/share/fonts/truetype/   eration/LiberationSans-Italic.ttf',
 '/usr/share/fonts/truetype/liberation/LiberationSans-Regular.ttf',
 '/usr/share/fonts/truetype/liberation/LiberationSansNarrow-Bold.ttf',
 '/usr/share/fonts/truetype/liberation/LiberationSansNarrow-BoldItalic.
 '/usr/share/fonts/truetype/liberation/LiberationSansNarrow-Italic.ttf'
 '/usr/share/fonts/truetype/liberation/LiberationSansNarrow-Regular.ttf
 '/usr/share/fonts/truetype/liberation/LiberationSerif-Bold.ttf',
 '/usr/share/fonts/truetype/liberation/LiberationSerif-BoldItalic.ttf',
 '/usr/share/fonts/truetype/liberation/LiberationSerif-Italic.ttf',
 '/usr/share/fonts/truetype/liberation/LiberationSerif-Regular.ttf',
```

'나눔' 폰트 없음

❷ 한글 '나눔' 폰트 설치

```
# 2. 나눔 폰트 설치
!sudo apt-get install -y fonts-nanum
!sudo fc-cache -fv
!rm ~/.cache/matplotlib -rf
```

❸ 런타임 다시 시작하기(상단 메뉴: '런타임' ➔ '런타임 다시 시작')

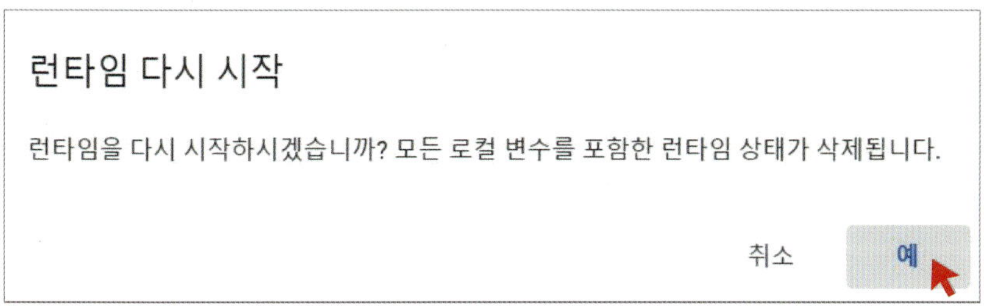

런타임이 다시 시작되면 앞에서 실행한 변수들은 인식되지 않기 때문에 필요한 코드는 다시 실행해야 한다.

❹ 사용 가능한 폰트 확인

```
# 4. 사용 가능한 한글 폰트 경로와 파일명 확인
import matplotlib.font_manager as fm
font_list = fm.findSystemFonts(fontpaths=None, fontext='ttf')
sorted(font_list)
```

```
['/usr/share/fonts/truetype/humor-sans/Humor-Sans.ttf',
 '/usr/share/fonts/truetype/liberation/LiberationMono-Bold.ttf',
 '/usr/share/fonts/truetype/liberation/LiberationMono-BoldItalic.
 '/usr/share/fonts/truetype/liberation/LiberationMono-Italic.ttf'
```

```
 '/usr/share/fonts/truetype/liberation/LiberationSerif-Regular.tt
 '/usr/share/fonts/truetype/nanum/NanumBarunGothic.ttf',
 '/usr/share/fonts/truetype/nanum/NanumBarunGothicBold.ttf',
 '/usr/share/fonts/truetype/nanum/NanumGothic.ttf',
 '/usr/share/fonts/truetype/nanum/NanumGothicBold.ttf',
 '/usr/share/fonts/truetype/nanum/NanumMyeongjo.ttf',
 '/usr/share/fonts/truetype/nanum/NanumMyeongjoBold.ttf',
 '/usr/share/fonts/truetype/nanum/NanumSquareB.ttf',
 '/usr/share/fonts/truetype/nanum/NanumSquareR.ttf',
 '/usr/share/fonts/truetype/nanum/NanumSquareRoundB.ttf',
 '/usr/share/fonts/truetype/nanum/NanumSquareRoundR.ttf']
```

'나눔' 폰트

나눔 고딕

(2) 그래프 출력

❶ 폰트 설치 (나눔 고딕)

```
# 한글 폰트 설정(예: 20번째 폰트(나눔고딕) 설정)
import matplotlib.pyplot as plt
plt.rc('font', family='NanumGothic')
```

❷ 데이터 작성

```
# 데이터 작성
X = [160, 170, 180]
Y = [55, 60, 75]
```

❸ 그래프 출력

```
# 그래프 출력
plt.plot(X, Y)
plt.title('키와 몸무게의 관계')
plt.xlabel('키')
plt.ylabel('몸무게')
plt.show()
```

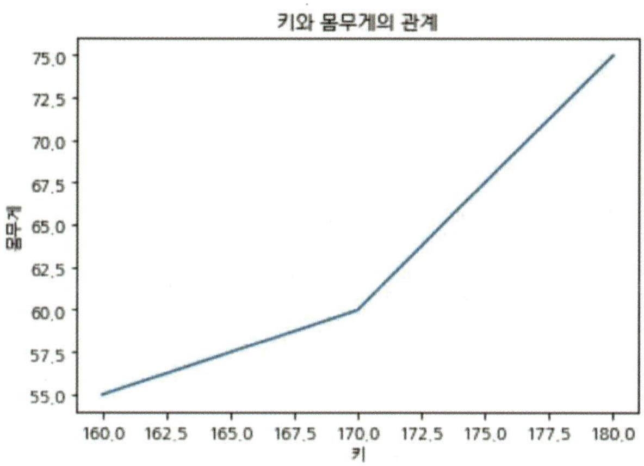

참고문헌

[1] Pearson, K. (1901). "On Lines and Planes of Closest Fit to Systems of Points in Space". Philosophical Magazine. 2 (11): 559 - 572.

[2] Hotelling, H. (1933). Analysis of a complex of statistical variables into principal components. Journal of Educational Psychology, 24: 417 - 441 and 498 - 520.

[3] Wikipedia, "principal component analysis", https://en.wikipedia.org/wiki/Principal_component_analysis, (2022.1.20)

[4] MacQueen, J. B. (1967). Some Methods for classification and Analysis of Multivariate Observations. Proceedings of 5th Berkeley Symposium on Mathematical Statistics and Probability. Vol. 1. University of California Press: 281 - 297.

[5] Lloyd, Stuart P. (1957). "Least square quantization in PCM". Bell Telephone Laboratories Paper. Published in journal much later: Lloyd, Stuart P. (1982). "Least squares quantization in PCM" (PDF). IEEE Transactions on Information Theory. 28 (2): 129 - 137.

[6] Forgy, Edward W. (1965). "Cluster analysis of multivariate data: efficiency versus interpretability of classifications". Biometrics. 21 (3): 768 - 769.

[7] Wikipedia, "k-means clustering", https://en.wikipedia.org/wiki/K-means_clustering, (2022.1.20)

[8] Agrawal, R., and Srikant, R. (1944). Fast algorithms for mining association rules. Proceedings of the 20th International Conference on Very Large Data Bases, VLDB, pages 487-499, Santiago, Chile, September 1994.

[9] Fix, E., Hodges, Joseph L. (1951). Discriminatory Analysis. Nonparametric Discrimination: Consistency Properties, USAF School of Aviation Medicine, Randolph Field, Texas.

[10] Wikipedia, "k-nearest neighbors algorithm", https://en.wikipedia.org/wiki/K-nearest_neighbors_algorithm, (2022.1.20)

[11] Cortes, Corinna, C., Vapnik, V. (1995). "Support-Vector Networks". Machine Learning. 20 (3): 273 - 297.

[12] Quinlan, J. R. C4.5: Programs for Machine Learning. Morgan Kaufmann Publishers, 1993.

[13] Wikipedia, "c5.0", https://en.wikipedia.org/wiki/C4.5_algorithm#Improvements_in_C5.0/See5_algorithm, (2022.1.20)

[14] Lemaréchal, C. (2012). "Cauchy and the Gradient Method". Doc Math Extra: 251 - 254.

[15] Curry, Haskell B. (1944). "The Method of Steepest Descent for Non-linear Minimization Problems". Quart. Appl. Math. 2 (3): 258 - 261.

[16] Wikipedia, "gradient descent", https://en.wikipedia.org/wiki/Gradient_descent#cite_note-1, (2022.1.20)

[17] McCulloch, W., Pitts, W. (1943). "A Logical Calculus of Ideas Immanent in Nervous Activity". Bulletin of Mathematical Biophysics. 5 (4): 115 - 133.

[18] Hebb, Donald (1949). The Organization of Behavior. New York: Wiley.

[19] Rosenblatt, F. (1958). "The Perceptron: A Probalistic Model For Information Storage And Organization In The Brain". Psychological Review. 65 (6): 386 - 408.

[20] Widrow, B., Hoff, M. E. (1960). "Adaptive Switching Circuits," 1960 IRE WESCON Convention Record: 96-104

[21] Minsky, M., Papert, S. (1969). An Introduction to Computational Geometry. MIT Press.

[22] Wikipedia, "neural network", https://en.wikipedia.org/wiki/Neural_network, (2022.1.20)

[23] Werbos, P.J. (1974). Beyond Regression: New Tools for Prediction and Analysis in the Behavioral Sciences.

[24] Werbos, Paul J. (1994). The Roots of Backpropagation : From Ordered Derivatives to Neural Networks and Political Forecasting. New York: John Wiley & Sons.

[25] Rummelhart, D.E., Hinton, G.E., Williams, R.J. (1986) : Learning representations by back-propagating errors. Nature 323 : 533-536

[26] Wikipedia, "neural network", https://en.wikipedia.org/wiki/Neural_network, (2022.1.20)

[27] Wikipedia, "deep learning", https://en.wikipedia.org/wiki/Deep_learning, (2022.1.20)

[28] LeCun, Y., Cortes, C., Burges, C.J.C., "THE MNIST DATABASE of handwritten digits". http://yann.lecun.com/exdb/mnist/, (2022.1.20).

[29] Valueva, M.V., Nagornov, N.N., Lyakhov, P.A., Valuev, G.V., Chervyakov, N.I. (2020). "Application of the residue number system to reduce hardware costs of the convolutional neural network implementation". Mathematics and Computers in Simulation. Elsevier BV. 177: 232 - 243.

찾아보기